TEACHING OF ARABIC LANGUAGE

Suhaib Alam

(Ph. D in Arabic Language and Literature, Jamia Millia Islamia, New Delhi)

ISBN: 978-81-7541-445-7

First Published in India in 2009

Rs. 220/-
SHIPRA

Published by:
SHIPRA PUBLICATIONS
115-A, Vikas Marg, Shakarpur
Delhi – 110092 (India)
Ph.: 91-11-65277210, 22500954, Fax: 22458662;

Email: info@shiprapublications.com
Website: www.shiprapublications.com

طرق تدريس اللغة العربية

طرق تدريس اللغة العربية

صهيب عالم

(الدكتوراه، اللغة العربية وآدابها، الجامعة الملية الإسلامية)

SHIPRA

شبرا بليكيشن

اسم الكتاب: طرق تدريس اللغة العربية

اسم المؤلف: صهيب عالم

الطبعة الأولى: ٢٠٠٩م

الناشر:

شيبرا بليكيشن

١١٥ إيه، شكربور، دلهي (الهند)

إهداء

إلى

شخصية محورية تلعب دوراً أساسياً للحفاظ على الثقافة الإسلامية الهندية.

شخصية متعددة الجوانب وخبير للدراسات الإسلامية والعلوم الشرقية.

شخصية متصفة بالأقدار الصحيحة للتعليم والتعلم.

مؤلف كتب رائعة في مختلف المواضيع.

شخصية تضطلع بإزالة الشكوك والشبهات ضد الإسلام.

الأستاذ أختر الواسع

فهرس

(Contents)

الجوانب التربوية والعقلية ،Features for Teaching Foreign Languages) في تعلم اللغات (Educational and Intellectual Aspects of Learning ،Languages) مظاهر الدافعية في تعلم اللغات (Defensive Aspect for ،Learning Languages) معيار تقويم الذات (Self Evaluation Criterion)، اتجاهات الطالب (Student's Trends) ، خصائص اللغة العربية وتدريسها لغير الناطقين بها (Features of Arabic Language and its Teaching to ،Non-Speaking People) صعوبات تدريس اللغة العربية (Difficulties of ،Arabic Language Teaching) تدريس اللغة العربية لغير الناطقين بها (Teaching of Arabic Language to its Non-Speaking People)

فوائد التعليم الجمعي (Advantages of Group Teaching Method)، مضار التعليم الجمعي من الوجهتين: الفردية والاجتماعية (Disadvantages of ،Group Method Teaching) التعليم الفردي (Individual Method ،Teaching) مضار التعليم الفردي (Disadvantage of Individual Method .Teaching)

القواعد الأساسية التي تبني عليها طرق التدريس (Basic Principles of ،Methods of Teaching) طريقة هربارت (Herbert Method)، المقدمة أو التحضير (Introduction) (Preparation)، العرض (Presentation) ، الربط (Connection)، الاستنباط (Conclusion)، التطبيق (Application) ، وطريقة ديوي (Dewey Method) ، خطة دالتون (Dalton Plan) ، خطوات الدروس التفكيرية (Steps of Cognitive Lessons)، الطريقة الإلقائية (Recitation Method)، الطريقة القياسية (Example Method)، الطريقة الاستقرائية (Inductive Method) ، الطريقة الجمعية (Collective

(Awareness of Problems)

تصميم اختبارات اللغة العربية بوصفها لغة أجنبية ١٥٩-١٦٣

(Designing of Arabic Language Test Paper as a Foreign Language)

الأسس العامة في وضع الاختبارات (General Principles of Test Papers)، أنواع اختبارات اللغة (Kind of Language Test) ، تصميم اختبارات اللغة (Designing of Language Test) ، اختبارات المهارات اللغوية (Examing the Linguistic Skills)

الكتاب المدرسي لتعليم اللغة العربية ١٦٥- ١٨٣

(Text Book of Arabic Language)

قواعد النطق (Speaking Method) ، قواعد الإملاء (Dictation Method) قواعد الكتابة (Writing Method) ، الترجمة (Translation) ، وسائل الإيضاح (Means of Explanation)، قواعد اللغة (Principles of Language)، الموضوعات ولغتها (Subjects and Its Language)، أسلوب العرض(Style of Presentation)، عدم توفر الكتاب المدرسي (Unavailability of Text Books)، كتاب التمارين التحريرية-Hand) Writing Exercise Book)، كتاب التمارين الصوتية (Voice Exercise Book)، كتاب المطالعة المتدرجة(Book of Study)، كتب الاختبارات (Self-Tests Book)، مرشد المعلم (Teacher's Guide) ، الوسائل السمعية (Audio Means)، الوسائل البصرية (Video Means)

خصائص الكتاب المدرسي ١٨٥- ٢٠١

(Features of Text Book)

ملائمة الكتاب للمتعلمين(Suitability of Book for Students) ، التحليل اللغوي التقابلي(Comparative Linguistic Analysis) ، التحليل الحضاري (Cultural Analysis)، التحليل التربوي(Educational Analysis) ، عمر المتعلم(Age of Student) ، قابلية المتعلم اللغوية (Linguistic Ability of

بسم الله الرحمن الرحيم

تقديم

(Preface)

الحمد لله رب العالمين، والصلاة والسلام على أشرف المرسلين نبينا محمد وعلى آله وصحبه أجمعين، ومن سار على نهجه واتبع هداه إلى يوم الدين.

هناك أسباب عديدة لتأليف هذا الكتاب، وأبرزها خلو المكتبات الهندية من الكتب التي تعالج مشكلة تعليم اللغة العربية كلغة أجنبية ومنها تشجيع الناشر على مثل هذا الكتاب. وتوجد بعض الكتب التي تناقش نظريات التعلم دون التطرق إلى طرق الاختلاف بين تعلم بعض المعارف أو العادات وتعلم اللغة، سواء كانت لغة أم أو أجنبية. وكأن عملية تعلم معرفة من المعارف هي نفس العملية التي تتم عند تعلم لغة. وهناك عدد ضئيل من الكتب يناقش طرق تدريس اللغة القومية أو اللغة الأجنبية أو تتناول بشيء من التفصيل طريقة تدريس كل مهارة من المهارات اللغوية المختلفة كالمحادثة والقراءة والكتابة كل على حدة. أو تدخل في تفاصيل أكثر فتوصي باستخدام أساليب عملية معينة لتدريس أنواع مختلفة من التدريبات والتمارين أو استخدام الوسائل السمعية أو البصرية للمساعدة في إحدى عمليات التعليم المختلفة.

وقمت بتأليف هذا الكتاب في ضوء المقررات الدراسية لعديد من الجامعات الهندية. وأود أن أوضح أنني لم أقم ببحث هذا الموضوع وإنما جمعت المواد المنتشرة في الصحف والمجلات والكتب المتاحة في مكتبات العاصمة الهندية "نيودلهي". وبعد ذلك، قمت بتأليف المواد حسب المواضيع لطلاب مرحلة البكالوريوس في التعليم والتربية الذين لا

يستطيعون الحصول على الكتب العربية بسبب البُعد من المكتبات وقلتها. وليس لي في ذلك أي مأثرة.

أود أن أعبر عن شكري وامتناني للأساتذة الكرام الذين شجعوني دائماً على المطالعة والقراءة وهم: أ. د. شفيق أحمد خان وأ.د. زبير أحمد الفاروقي وأ.د. فرحانة طيب صديقي وأ.د. محمد أيوب تاج الدين الندوي والدكتور حبيب الله خان والدكتور عبد الماجد القاضي والشيخ أبو الفيض الإصلاحي (أستاذ الفقه الإسلامي بمدرسة الإصلاح).

وأود أيضاً أعبر عن خالص الشكر للأخ الدكتور نجم السحر ثاقب الذي ينصحني دائماً للبحث والتحقيق اللذين لهما مكانتهما بين الأوساط الأكاديمية بدلا من التأليف والترجمة. وكما أعبر الشكر للأخ عمير منظر الذي ينتقدني دائماً نقداً إيجابياً أو سلبياً لكي أصل إلى الهدف المنشود. كما أعبر عن الشكر والامتنان للأصدقاء العزاء الأخ الدكتور محمد أرشد والأخ الدكتور محمد خالد خان والأخ الدكتور محمد عمر الفاروق والأخ شباب عالم خان والأخ عبد الحفيظ الذين يمدون إليّ دائماً يد العون والمساعدة. كما أعبر أيضاً عن شكري الأخ محمد عفان بيغ المترجم في السفارة السورية لدى الهند والأخ محمد وجه القمر اللذين ساعداني خلال مرحلة طباعة هذا الكتاب.

وأخيرا، ليس آخراً، أدين بالشكر والامتنان للوالدين الكريمين والأشقاء منهم: وهيب عالم، مسعود عالم، معاذ عالم، أميمة وزوجها شميم أحمد، سليمى، بشرى ومُنى الدارسة في مرحلة البكالوريوس في الجامعة الملية الإسلامية، نيودلهي.

صهيب عالم

سيكولوجية اللغة

(Psychology of Language)

اللغة هي الوسيلة التي يستخدمها الإنسان في تحليل الصورة أو الفكرة الذهنية إلى أجزائها أو خصائصها. واللغة في وضعها النفسي تتصل بجانبين لهما أهميتهما بالنسبة للإنسان فاللغة لها ارتباط كبير بالتفكير والذكاء.

اللغة والتفكير (Language and Thinking)

من الناحية النفسية، تعتبر اللغة الوسيلة التي تنتقل عن طريقها أفكار الفرد ومشاعره إلى الغير. واللفظ هو الوسيلة الأرقى للتعبير عن الأفكار في حالة عجز الإشارة أو الحركة. فالأصم الأبكم لا ينطق بلسانه، بل يستخدم الإشارة في الذهن، يقابلها -في العادة- لفظ يرتبط بها، ويعبر عنها والفرد لا يستطيع التبعير عن فكرته إلا إذا وجد اللفظ أو الألفاظ التي تتسع لهذه الفكرة.

وعند تعلم اللغة، نجد أنه عندما تتكون في ذهن الطفل فكرة من الأفكار فإنه يحتاج إلى اللفظ لتثبيت الفكرة وتحديدها.

والفكرة الذهنية أو الصورة الذهنية أو ما يطلق عليه المدرك الكلي، من المدركات الحسية التي تحتاج بعد تحليلها وتركيبها إلى اللغة لتحديد هذا المدرك وتثبيته.

فاللفظ هو الذي يساعد على تكوين الصور الذهنية باستخدامها في تسمية العناصر المختلفة التي يحلل إليها المدرك الحسي وفي تركيبها أيضاً.

واللغة ليست مجرد الأصوات المسموعة، وإنما هي المعنى الذي يدل عليه. والصلة بين الفكر واللغة قوية، فالأفكار لا تنمو إلا في مجتمع، والإنسان يحتاج إلى الوسيلة التي ينقل بها إلى المجتمع هذه الأفكار النامية، ولا بد أن يقابل نمو الأفكار نمو في اللغة - كلمات وأساليب- حتى يتم هذا النقل، فالصلة إذا قوية بين الفكر واللغة.

وتفوق الإنسان الذهني، يظهر في قدرته على استخدام اللغة كوسيلة لاستغلال ما عنده من قدرة على التفكير.

والتفكير ينمو بنمو العلاقات الاجتماعية عند الفرد، فالفرد يفكر فميا يدركه من ملاحظات، كما يفكر نتيجة لما يسمعه من الغير.

ومما يؤكد قوة الصلة بين اللغة والفكر، أن الفرد يفكر استجابة لما يسمعه من الغير، ورغبة منه في أن يحمل إلى الغير ما يفكر فيه.

هذا بالإضافة إلى أن الصلة بين اللغة والفكر تؤكدها حفظ بعض الحقائق حفظاً حرفياً عند تذكرها، وهذه الحقائق لا تؤدي إلا بالألفاظ المحفوظة فكثيراً ما يلجأ في حل المشكلات إلى تذكر هذه الحقائق والقوانين المحفوظة وذلك يتذكر العبارة التي حفظت بها.

ولما كان التفكير في معناه الخاص يتمثل في الإدراك والملاحظة والموازنة والوصول إلى نتائج، فقد تبين أن جزءاً من التفكير يجرى من غير لغة أو صورة ذهنية.

واللغة ذات صلة قوية بالنمو العقلي للطفل، ويظهر ذلك في مقارنة الطفل الأصم والأبكم، الذي لا يعرف وسيلة من وسائل التفاهم. فعند مقارنة الحالة العقلية للطفل الأصم الأبكم، بالحالة العقلية لطفل سوى، نجد أن الطفل السوى يمكنه أن يفهم لغة الغير، وأن يستخدم اللغة

ليعبر عن أفكاره وحاجاته، ويؤثر بها في سلوكه مع الغير.

والنمو اللغوي- والذي سنعرضه فيما بعد- والوصول إلى مستوى مناسب من اللغة قبل البدء في الحياة المدرسية، يعتبر من أسباب زيادة الصلة الاجتماعية والنمو الطبيعي في الحياة العلمية للطفل عند التحاقه بالدراسة.

فكلما كان النمو اللغوي مبكراً، وزادت الذخيرة اللغوية للطفل، وقدرته على استعمال اللغة، كان ذلك مؤثراً في تحصيله وفي حياته الاجتماعية والثقافية.

واللغة قوية الإرتباط بالذكاء، وهذا بدوره له أثره على القدرة اللفظية والقدرة اللفظية قد تتوافر في الحديث أو الكتابة المزخرفة التي لا تحمل فكرة أو قيمة، أو تلك التي تضيف رأياً أو آراء جديدة إل موضوع الحديث.

والطفل قد يتحدث بسهولة، ولكنه قد يكون غير قادر على الحكم، كما قد يكون سطحي التفكير، وتعتبر دروس القراءة والتعبير من فروع اللغة التي تساعد على تنمية القدرة على التكفير الصحيح عند الأطفال، وعلى إدراك العلاقات بين الأفكار المسموعة أو المقروءة، أو التي يعبرون عنها، وإلا صارت اللغة وسيلة غير محققة للتعبير. كما أنه من واجب المدرس التأكد من أن اللغة عند الطفل تشمل الناحية اللفظية والمعنوية معاً، فلا تهمل إحداهما أو تسرف في الأخرى.

اللغة والذكاء (Language and Intelligence)

جانب آخر له أهميته في سيكولوجية اللغة، وهو ارتباط اللغة بالذكاء فالتفكير من أنشطة العقل، والفكر يعبر عنه باللغة، واللغة مظهر من مظاهر سلوك الفرد، ويمكن الحكم على ذكاء الفرد من لغته، كما يمكن أن تكون اللغة مطابقة تماماً لأفكار الفرد.

والذكاء عامل عام لا بد من توافره ليتمكن الفرد من تنظيم أفكاره

والتبعير عما يجول يخاطره وإلى جانب الذكاء العام، هناك القدرات الخاصة كالقدرة الرياضية واللغوية..ألخ. كما أن هناك العوامل النوعية الخاصة بأنشطة أخرى عقلية. ويهمنا أن نوضح ما يتصل بالقدرة اللغوية باعتبارها أساسية في النشاط اللغوي للفرد.

القدرة اللغوية (Linguistic Ability)

لقدرة اللغوية تنقسم إلى العاملين: العامل اللفظي (Verbal Factor) والذي يدخل في العمليات الآلية مثل التهجي والإملاء والقراءة.

العامل الأدبي أو القدرة الأدبية (Literary Ability) وهي التي تدخل في العمليات العقلية العليا، كالإنشاء وفهم المقروء والمسموع.

وأوضح أن اللغة مظهرين: مظهر الفهم/ الإدراك Perception ويختص هذا المظهر باللغة المسموعة أو المقروءة.

مظهر التعبير عن الأفكار باللسان أو القلم ويختص هذا المظهر باللغة المنطوقة أو المكتوبة.

وفي كلتا الحالتين يمكنا التمييز بين نوعين من اللغة:

أ ــ معنى الكلمة بمفردها.

ب- معنى الجملة.

والعلاقة بين اللغة والذكاء

(Relationship between Language and Intelligence)

والعلاقة بين اللغة والذكاء لهما وجهان: هناك علاقة إيجابية بين ذخيرة الفرد من الكلمات، أو ما نسميه- جوازاً- قاموس الفرد من الكلمات، ونسبة ذكاء الفرد. فالأفراد الذين يفكرون تفكيراً عميقاً ومنوعاً مضطرون للبحث الجبري عن المعلومات والمعارف. ونتيجة لذلك يحصلون على أكبر مجموعة من الأفكار، وهذه الأفكار تستدعي الكلمات

والعبارات التي بها يكون التعبير والتحصيل.

العلاقة بين الذكاء ومفردات الكلمات، علاقة مضطردة. فكلما زادت قدرة الفرد على فهم ما يقرؤوه من الجمل، اتضحت العلاقة بين مدلولاتها والعكس صحيح. وكلما قلت نسبة الذكاء ضعف فهم الفرد- عن طريق اللغة- للعلاقات التي تتضمنها الجمل والعبارات المسموعة أو المقروءة، لهذا نجد أن نمو الفهم اللغوي مرتبط إلى حد كبير بنمو الذكاء.

النمو اللغوي (Linguistic Development)

في سيكولوجية اللغة، تعرض الباحث لدور النمو اللغوي وأثره في زيادة أو قلة الذخيرة اللغوية للطفل عند بدء التحاقه بالدراسة، وقدرة الطفل أو عجزه في استخدام اللغة، وأثر ذلك في تحصيله وفي حياته الاجتماعية والثقافية، والنمو اللغوي يمكن أن يوضح مراحل النمو في اللغة الأولى التي يتعلمه الطفل، والتي تنمو معه في مدارج العمر المختلفة. وهذا النمو اللغوي إذا كان يسير بدرجة طبيعية أو بتفوق فإن الحياة الاجتماعية والثقافية للفرد تسير في مجالها الطبيعي بينما عند تخلف النمو اللغوي للطفل وعجزه عن استخدام لغته الأصلية فإن ذلك بالضرورة يؤثر على تحصيله اللغوي وعلاقاته الاجتماعية والثقافية ويصعب عليه أيضاً تعلم لغات أخرى لغته الأصلية.

يبدأ النمو اللغوي اللفظي في عمر مبكر، كما يعتمد النمو اللغوي على مدى نضج وتدريب الأجهزة الصوتية، وعلى مستوى التوافق العقلي الحركي الحسسي الذي تقوم عليه المهارة اللغوية وخاصة في بدء تكوينها.

وتدل الأبحاث الحديثة على أن الأجهزة الصوتية المختلفة، كعضلات الفم واللسان والحنجرة، تصل في نموها إلى المستوى الذي يمكنها من أداء وظيفتها قبل بداية العام الأول، وفي المتوسط في حوالي ١٥ شهراً من العمر، وفي ضعيف العقل في سن ثلاث سنوات تقريباً.

وفي العادة يبدأ الحصول اللفظي للطفل فيما بين السنة الأولى

والثانية بطيئاً ثم يزداد بنسبة كبيرة تخضع في وجودها لعمر الطفل ومظاهر نموه الأخرى، والحصول اللفظي للطفل في بدء المرحلة الابتدائية يزيد على آلاف الألفاظ والتي تكون في أغلبها من اللهجة العامية، والتي تعوق إلى حد ما نمو اللغة الفصحى.

وبالنسبة للتعبير الشفهي والتحريري، يختلف تعبير الطفل في مداه ونوعه تبعاً لعمر الطفل وتبعاً لطريقته في التعبير شفهية كانت أم كتابية.

وتختلف ألفاظ الجمل في نوعها تعباً لاختلاف عمر الطفل، فتكثر نسبة الأسماء في البدء، ثم يتطور النمو حتى يصل مستواه إلى القدرة على معرفة العلاقات والروابط التي تصل بين المعاني المختلفة في تعبيراته اللغوية.

وهناك جانبان لهما أهميتهما في النمو اللغوي، أحدهما يتعلق بالفهم اللغوي وعلاقته بالتعبير اللغوي، والجانب الآخر يختص بمهارة القراءة أو ما يعرف بالاستعداد للقراءة. وهذان الجانبان هما:

الفهم اللغوي وعلاقته بالتعبير

(Linguistic Understanding & its Relation to Expression)

حيث تظهر قدرة الطفل على فهم معنى الكلام والحوار في سن مبكر، حيث يستطيع الطفل أن يفهم لغة الأفراد المحيطين به، قبل أن يستطيع التبعير عما يدور بعقله لغوياً صحيحاً، والطفل الذي ينتقل في طفولته المبكرة من بيئة إلى بيئة أخرى تخالف في لغتها وطرق حوارها عن بيئته الأولى، ينسي لغته الأصلية بالتدريج ويستطرد به النسيان فيتخفف أولا من القدرة على التعبير بها قبل أن تضعف قدرته على فهمها، ويستطرد به التعلم، فيكتسب من بيئته الجديدة لغتها التي تتحدث بها، وتبدأ خبرته اللغوية الجديدة بالفهم قبل التبعير.

لهذا يتباين (Differentiate) محصول الطفل اللغوي تبايناً شديداً لدى فهمه للألفاظ المختلفة، وتبعاً لمدى قدرته على استخدام هذه الألفاظ في

تبعيره، فالطفل قد يفهم العديد من الألفاظ.

مهارة القراءة (Reading Skill)

الاستعداد للقراءة يبدأ قبل دخول المدرسة حيث يكون الطفل قبل الالتحاق بالمدرسة مهتما بالصورة أو الرسوم التي تنشرها المجلات والكتب المصورة. وفي بدء المدرسة تتطور مهارة القراءة حيث يمكن للطفل التعرف على الجمل وربط مدلولاتها بأشكالها، ثم تتطور. بعد ذلك إلى مرحلة القراءة الفعلية التي تبدأ بالجملة فالكلمة فالحرف. وتتطور مهارة القراءة بعد ذلك إلى الأجود ينمو المهارات والعادات الخاصة بإتقان القراءة الجهرية والصامتة، ويستمر النمو في سرعة القراءة ومدى الفهم، حتى يصل إلى مرحلة الاستماع الفني والتذوق الأدبي لما يقرأ أو يفهم.

وتطور مهارة القراءة يعتمد على الفهم اللغوي والتدريب الحركي الحسي وبخاصة حركات العين أثناء القراءة والاختلاف القائم بين الكلمات والحروف، وإدارك التماثل والتشابه اللغوي يعتبران من العوامل الأساسية في نمو مهارة القراءة. هذا ما يتعلق بجانب النمو اللغوي، أما عن العوامل المؤثرة في النمو اللغوي فهي:

- التكوين العصبي النفسي العضوي للفرد.
- البيئة التي يحيا الطفل في إطارها.

فالنمو اللغوي يخضع لنسبة الذكاء والعاهات البصرية والسمعية والصوتية وجنس الطفل الذكر أو الأنثى، فالأنثى تسبق الذكر في بدء نطقها للكلمة الأولى وتستمر الفتاة متميزة عن الفتى في قدرتها اللغوية ويرتبط التأخر اللغوي ارتباطها كبيراً بالضعف العقلي.

وبالنسبة للبيئة، فإن البيئة الاجتماعية الاقتصادية الممتازة يتكلم أبناؤها أسرع وأدق وأقوى من أطفال البيئة الاجتماعية الاقتصادية الدنيا. وكلما تعددت خبرة الطفل واسع نطاق بيئته، ازداد نموه اللغوي. كما

يتأثر النمو اللغوي بمدى اختلاط الطفل بالبالغين الراشدين، لاعتماد النمو اللغوي على التقليد، فلغة الراشدين تساعد الطفل على كسب المهارة اللغوية.

سيكولوجيا الكبار (Adult Psychology)

مرحلة الكبار في العمر الزمني... من الناحية النفسية تعتبر مرحلة النضج وكتمال الشخصية. وهي في أطوار العمر تمثل مرحلة الرشد حتى الشيخوخة وتمتد هذه المرحلة من عمر ٢١ سنة إلى ما بعد ٦٠ سنة حتى نهاية العمر. وتقسم هذه المرحلة من الناحية البيلوجية النفسية إلى ثلاث مراحل جزئية تتمثل فيما يلي:

- **مرحلة الرشد المبكر:** وتمتد من ٢١ سنة إلى ٤٠ سنة.
- **مرحلة وسط العمر:** وتمتد من ٤٠ سنة إلى ٦٠ سنة.
- **الشيخوخة:** وتمتد من ٦٠ سنة حتى نهاية العمر.
- ويهمنا أن نوضح تقسيم هذه المرحلة من ناحية العقل والإنتاج، فهي تقسم إلى أربع مراحل رئيسية وهي:
- **مرحلة التكوين:** وتمتد هذه المرحلة من بدء الحياة إلى بدء الرشد.
- **مرحلة ذروة الإنتاج:** وهي تمثل مرحلة الرشد المبكر التي تمتد من ٢١ سنة إلى ٦٠ سنة.
- **مرحلة الراحة:** وهي تمثل مرحلة الإحالة إلى المعاش، وتمتد من ٦٠ سنة إلى نهاية العمر.

المظاهر السلوكية العامة للكبار

يهمنا أن نوضح المظاهر السلوكية لحياة الفرد خلال مراحل حياته المتدرجة إلى الكبر، وبصفة خاصة مرحلة الرشد المبكر، ووسط

العمر، حتى يكون ذلك مدخلاً لا يضاح الخصائص الفارقة للكبار، ولا يعنينا في هذه الدراسة التعرض للخصائص السلوكية لمرحلة الشيخوخة.

أهم خصائص مرحلة الرشد المبكر ما يلي:

يصل إنتاج الفرد في هذه المرحلة إلى ذروته، ويصل الفرد إلى تمام نضجه، وتعد هذه مرحلة الكفاح والتنافس وإرساء قواعد الحياة على أسس ثابتة.

يؤثر مدى نجاح الفرد أو فشله في تحقيق مطالب نموه على مدى نجاحه أو فشله في حياته المقبلة، وبخاصة في مرحلة وسط العمر، ويؤثر هذا النجاح أو الفشل على عمل الفرد، ومكانته الاجتماعية، وحياته العائلية.

وعندما يتخلف النضج بالفرد في أي ناحية من النواحي الجسمية أو العقلية المعرفية، أو الانفعالية العاطفية، أو الاجتماعية، فإن الفرد يجد صعوبة في تكيفه لمطالب بيئته، ولهذا يصبح الفرد حساساً، يميل إلى العدوانية، ثائراً، مندفعاً في أغلب مظاهر سلوكه.

قرب نهاية هذه المرحلة تبدأ ظهور عوامل الانحدار والضعف التي تلازم الفرد بعد ذلك في شيخوخته. وهكذا يبدأ شعور الفرد يضعف قواه البدنية فيميل إلى تعويض هذا النقص عن طريق نشاطه العقلي المعرفي وعن طريق ابتكار حلول جديدة للمشكلات القديمة التي لا يقوي على مواجهتها بقوته البدنية كما كان يفعل من قبل.

الخصائص العامة لمرحلة وسط العمر: وأهم خصائص مرحلة وسط العمر ما يلي:

- التحرر من تبعات وظيفة الأبوة أو الأمومة.
- التخفف من الأعمال التي تدعو إلى شدة التنافس.
- شعور الفرد بأنه حقق الأهداف التي رسمها في بدء حياته، أو

عزوفه عنها لاستحالة تحقيقها فيما بقى له من العمر.

- شعور الفرد بزيادة حريته نتيجة لتخففه من كثير من أعباء الحياة.
- يجد الفرد في هذه المرحلة من حياته الفرص المتعددة للتعبير عن ذاته.

فيما يلي أهم الخصائص الفارقة لتعلم الكبار:

يجب أن نفرق بين القدرة على التعليم وبين سرعة التعلم. ولا تتأثر القدرة على التعلم تأثيراً واضحاً بزيادة العمر الزمني مثلما تتأثر سرعة التعلم لهذا يبدو التعلم بطيئاً عند الكبار، وخاصة في مراحله الأولى، ثم يمضي سريعاً بعد ذلك.

تواجه عملية التعلم عند الكبار عوائق شتى تحد من سرعتها وقوتها وبخاصة في بدئها، مثل المشكلات العائلية التي تشتت انتباه الكبار وضيق الوقت المخصص للتعلم لانشغال الكبار بكسب الرزق، أو كثرة المسؤوليات التي يواجهها الكبار في حياتهم اليومية.

منطق الكبار أوضح من منطق الصغار، وذلك في فهمهم وتحليلهم للأمور المختلفة، ولذا يجب أن تكون طريقة تعليم الكبار طريقة منطقية واضحة.

الإدراك عند الكبار يتم للأشياء الكلية حيث يقوم بتحليلها مباشرة إلى مكوناتها الرئيسية، وهو بذلك أسرع من الصغير في هذه العملية التحليلية.

يجب أن تكون أهداف عملية التعلم أهدافاً مباشرة، وأن تحقق نجاحاً سريعاً ملموساً.

يجب أن يكون التعلم إيجابياً وليس تلقينياً، ولذلك يميل الكبار إلى الاشتراك في تخطيط واختيار المواد التي سيتعلمونها.

يميل الكبار إلى التعلم الذاتي، ولذا يجب أن نساعدهم على أن يعلموا أنفسهم بأنفسهم حتى يصبحوا قادرين على تطوير معلوماتهم وإنمائهم بأنفسهم لأنفسهم.

يجب أن تكون للمعلومات التي يتعلمها الكبار فائدة ووظيفة مهمة في حياتهم المادية والاجتماعية، والكبير يقاوم تعلم المعلومات التي لا يدرك فائدتها.

التذكر وزيادة العمر (Memory and Age)

التذكر عملية ديناميكية متغيرة، وهو عملية مركبة معقدة ويعتبر الزمن ركناً من الأركان الرئيسية التي يتأثر بها التذكر. لهذا نجد أن التذكر في تغير تبعاً لتغير عمر الفرد في تزايده المستمر من الطفولة إلى المراهقة إلى الرشد حتى الشيخوخة.

ويختلف التذكر تبعاً لاختلاف مدى الفاصل الزمني القائم بين عملية التعلم وعملية الاسترجاع، فهناك: التذكر المباشر..التذكر البعيد..التذكر الحديث..التذكر القديم.

كما يختلف التذكر تبعاً لاختلاف مادة التذكر نفسها فهناك: التذكر العددي...التذكر الخاص بالأشكال والرسوم والصور والمجسمات والتذكر اللغوي..والخاص بالألفاظ والعبارات والجمل والفقرات، ويتأثر التذكر بعوامل عدة مثل الحالة الجسمية والصحية للفرد، كما يختلف معدل النسيان من موضوع لموضوع آخر، ومن مادة لأخرى، كما يؤثر مدى تعقيد المادة على مستوى تذكرها، ويرتبط التذكر بحداثة الموضوع أو قدمه، بنوع وشدة الشحنة الانفعالية التي أحاطت به أثناء تعلمه.

وأهم العوامل المؤثرة في عملية التذكر عند زيادة العمر الزمني حتى يصل إلى الشيخوخة هي:

قوة الدافع..ومستوى التعلم...ومولاة التدريب.. فالفرد يتذكر ما تعلم بدافع محدد يدعوه إلى هذا التذكر، وكلما كان الدافع قوياً، كان

التذكر واضحاً جلياً. لكن هذا الدافع نفسه يضعف في المراحل الأخيرة والنهائية من الحياة عندما يبدأ الفرد في التفكير والشعور باقتراب نهاية العمر، فتقل تبعاً لذلك حدة الدوافع التي كانت تزج به في معترك الحياة، وهكذا يضعف مستوى التذكر نتيجة لضعف مستوى الدافع.

وبما أن عملية التذكر تعتمد في جوهرها على مدى وضوح وتجريد التعلم السابق لها، والمؤدي إليها، وبما أن مدى انتباه الكبار يضعف تبعاً لزيادة السن لأنهم لا ينتبهون لها يدركون كما كانوا ينتبهون في صباهم ورشدهم، لهذا تصبح منابع .ومصادر معلوماتهم غير مؤكدة غامضة، يشوبها كثير من الزيف والتشويه ويصبحون ويمسون وكان بآذانهم وقراً وعلى أبصارهم غشاوة، وعندما تضعف الروافد الحسية المؤدية للتعلم يضعف التعلم نفسه ويكثر النسيان ويقل التذكر.

نوعية المعلومات وأثرها على مستوى التذكر

(Quality of Information and its Impact on Memory Level)

يهمنا في هذا المجال- تذكر اللغة- وهو محور دراستنا، فمن الناحية النفسية بصفة عامة- يهبط معدل التذكر تبعاً لزيادة العمر الزمني وخاصة بعد الرشد وفي مرحلة الشيخوخة. وقد دلت دراسة شاكو (Shakow) على أن مدى تذكر المعلومات الحديثة والقديمة يضعف تبعاً لزيادة العمر الزمني، إلا أن معدل النسيان بالنسبة للمعلومات الحديثة يزيد على معدل النسيان بالنسبة للمعلومات القديمة.

وقد أجريت "شاكو" على مجموعة من الأفراد تمتد أعمارهم من ١٥ إلى ٩٠ سنة، وأمكن قياس التذكر القديم والحديث والتذكر اللغوي عند هؤلاء الأفراد.

وبالرغم من هبوط التذكر في حالتي المعلومات القديمة والحديثة، إلا أن التذكر ظل ثابتاً بالنسبة للناحية اللغوية قديمها وحديثها حتى سن ٧٠ سنة ومرجع هذا..التدريب...الذي يؤثر على التذكر، ذلك لأن اللغة بألفاظها هي وسيلة الفرد للتعبير عن نفسه ولفهم الآخرين. وبما أن الفرد

لا يكف عن استخدام اللغة بألفاظها المختلفة طوال حياته فهو يتدرب على ألفاظها في أوقات كثيرة، ولهذا تبقى في ذهنه فعالة نشطة حيوية. ولذا تعتمد فكرة تعليم الكبار ومكافحة الأمية في مجالات رأسية مختلفة على مثل هذه النتائج في المناداة بالتعليم الممتد أو التعليم لمدى الحياة.

أثر زيادة العمر على التذكر اللغوي

(Impact of Age on the Linguistic Memory)

أجرى "غيلبرت" (Gilbert) في ١٩٤١م مجموعة من التجارب لاكتشاف الأثر النسبي للعمر الزمني على الأنواع المختلفة للتذكر وأهمها التذكر اللغوي وتذكر الرسوم والأشكال- والتذكر العددي.

ويهمنا في هذا المجال أن نوضح أثر العمر على التذكر اللغوي. فأقل أنواع التذكر اللغوي تأثراً بزيادة العمر الزمني هو تذكر الجمل والعبارات.

وأوسطها تأثراً بالسن هو التذكر القديم للفقرات، وأكثر أنواع التذكر اللغوي تأثراً بالعمر الزمني هو التذكر القديم للألفاظ.

لهذا يجب أن نعني في تعليمنا اللغوي للكبار بالعبارة أو الجملة، أكثر مما نعني باللفظ، ذلك لأن العبارة أو الجملة هي الرمز الصحيح للمعنى الواضح المستقل كما يعرفها علماء النحو.

القدرات العقلية عند الكبار (Intellectual Abilities of Adult)

يصنف النشاط العقلي المعرفي إلى قدرات:

طائفية أولية- مركبة- طائفية كبرى- قدرة عامة

وتعتبر القدرات الطائفية الأولى، اللبنات الأساسية لحياتنا العقلية وتتخلص هذه الفقرات في:

القدرات العددية- القدرة على الطلاقة اللفظية- القدرة على التعبير اللغوي القدرة المكانية- القدرة الاستقرائية- القدرة الاستنباطية- القدرة

الاستدلالية القدرة التذكيرية الثنائية المباشرة- قدرة السرعة الإدراكية.

يهمنا أن نوضح أثر كل من القدرة عل الطلاقة اللفظية، والقدرة على التعبير اللغوي بتقدم العمر. فقد دلت تجارب "سبيكمان" سنة ١٩٥٤م، على أن كلا من القدرة العددية والقدرة اللفظية لا يتأثران- لحدما- مثل باقي القدرات بزيادة العمر الزمني، وتفسيره في ذلك على أساس الدافع والتدريب في هاتين القدرتين بالنسبة للفرد في مدى طويل من العمر. فالفرد يعتمد اعتماداً مباشراً طوال حياته على الأرقام والألفاظ، فالأرقام –في العادة- تتصل بالحياة المالية للفرد وتستخدم في تنظيم دخله وإنفاقه، والألفاظ تتصل بتأكيد الذات والقدرة على التعبير عن النفس. وهكذا يكون لكل من عاملي الدافع والتدريب أثرهما في الاستمرار حتى عمر متأخر من حياة الفرد، ويقل الانحدار في استجابات الفرد من الناحية العددية واللفظية عن باقي القدرات الطائفية الأولية.

وبالنسبة للقدرة العقلية العامة أو ما تسمى "الذكاء" فإن معدل الهبوط في نسب الذكاء، ما زال يحتاج إلى بحث. فالموقف الواهن في علم النفس لا زال يحتاج إلى تجريب في معالجة مستويات الذكاء في الأعمار المتأخرة من العمر، لاسيما في تغير التكوين الخاص بالذكاء والسرعة فالمعروف إن الذكاء يرتبط ارتباطاً مباشراً بقدرة الفرد على سرعة التكيف للمواقف الجديدة. وتختلف هذه المواقف في مكوناتها وشدتها تبعاً لمراحل العمر المختلفة. فالمكونات الرئيسية للذكاء تتغير تبعاً لزيادة العمر الزمني، هذا بالإضافة إلى أن تكوين الذكاء يتغير من مرحلتي وسط العمر والشيخوخة تبعاً لتغير الخواص العقلية للفرد، فتضعف النواحي التي ترتبط بسرعة الاستجابة وتقوى النواحي التي ترتبط بدقة النتائج.

وبالنسبة لمعدلاتْ الهبوط في نسب الذكاء، فإن الذكاء الممتاز الذي يصل مستواه إلى ١٣٠ درجة يهبط إلى ١١٤ درجة في الشيخوخة، أي يصبح مقدار الهبوط ١٦ درجة، ويهبط الذكاء العادي الذي يكون ١٠٠ درجة إلى ما يقرب من ٦٥ درجة في الشيخوخة، وبذلك يصبح مقدار الهبوط مساوياً لـ ٣٥ درجة.

سيكولوجية تعلم اللغات الأجنبية

(Psychology of Foreign Language Learning)

يطرح كثير من المربين في العالم المعاصر، أمام أفكارهم التساؤل الخاص بالسن المناسب الذي يمكن البدء به في تعلم لغة أجنبية. وفي السنوات الأخيرة كانت أغلبية الآراء تتجه إلى البدء في تعلم اللغات الأجنبية في مراحل العمر الأولي...على الأقل قبل البلوغ.

كانت هذه الآراء مبنية على أن الأطفال عندما يقومون بتعلم أكثر من لغة في مراحل العمر المبكرة، فإن قدرتهم على تحصيل هذه اللغات بإجادة، تكون أكبر عما لو تأخير البدء في تعليمهم اللغات في مراحل العمر المتأخرة. وكانت هذه الآراء تشير إلى أنه يمكن تعلم الأطفال ثلاث أو أربع لغات، حيث تكون هناك سهولة في النطق، وقدرة لديهم على تعلم اللغة الأجنبية مثل قدرتهم على تعلم اللغة الأصلية.

ويؤيد هذه الآراء كثير من المهتمين بالدراسات اللغوية، فالعالم الكندي دكتور "ويلدر بنفيلد" (Wider Penfield) وهو مختص في جراحة الأعصاب يؤكد أن العقل البشري يفقد مرونة بعد البلوغ لهذا فإن تعلم اللغات بعد هذه الفترة من العمر تزداد صعوبة بمرور الزمن.

وعلى طرف آخر، هناك آراء معارضة من أولئك الذين يحذرون من تعلم اللغات في مراحل العمر الأولي، حيث أن هناك ما يعرف في نظرهم بميزان الأثر (Balancing Effect) وهو ما يشير إلى أن الوقت الذي يبذل في تعليم اللغة الأجنبية يؤثر بالضرورة على تعلم اللغة الأولى، وما يتبع ذلك من تعلم لغة الموطن، وعلى التربية بصفة عامة والنمو العقلي

في مراحل نموه الأولى.

من الناحية الفيسولوجية العصبية (Neuro Physiology) أجريت دراسات عن تطور الطاقة الوظيفية للعقل، فوجد أنه من العام التاسع إلى العام الثاني عشر من العمر، يكون الطفل إخضائياً. في تعلم الكلام A (Specialist in Learning to Speak) لهذا فإنه عندما يصل إلى هذا المدى من العمر، يستطيع أن يتعلم لغتين أو ثلاث لغات بدرجة جيدة، بالإضافة إلى أنه عندما يتقدم به العمر، فإنه يصبح فرداً مقاوماً، لذلك فإنه من واجب المعلم أن يراعي عند إعداد منهج اللغة، اختلاف القدرات العقلية عند الأولاد والبنات، كما يضع في اعتباره أن تعلم اللغات واستيعاب العقل البشري لها، يصبح صعباً بعد عمر تسع سنوات.

وفي رأي آخر للدكتور بنفيلد (Penfield) بأنه من المفيد لواضعي خطط مناهج اللغات، مراعاته تأجيل تدريس اللغات الأجنبية حتى العقد الثاني من العمر، وعليهم أن يضعوا في اعتبارهم أنه في حالة إخفاقهم في تعليم الأولاد للغات الأجنبية، فإن مرجع ذلك يعود إلى أنهم لم يراجعوا التوقيت الزمني الخاص بنمو المخ عند الأطفال، فهناك ساعة بيولوجية (Biological Clock) في العقل، تعمل تماماً مثلما تعمل الغدد الجسمية عند الأطفال.

والمنزل له دوره الفعال في تعلم اللغات، حيث يخطو المنزل خطى تعتمد في نهجها على النمو العقلي للطفل. فالأم تدفع طفلها لتعلم اللغة لكن الدافع الأكبر يكون من الطفل ذاته.

وعقل الطفل مرن في تقبل اللغات، بينما عقل البالغ يكون موجها في اتجاهات شتى، ولذلك فإن قدرة البالغ على تعلم اللغات تكون أقل نسبياً من قدرة الطفل ويمكن التأكد من ذلك بالملاحظة الظاهرة عند إعادة تعليم طفل أثر جراحة أو مرض يؤثر على مناطق الكلام (Speech Area) في النصف الأيسر من كرة المخ. فالطفل البالغ كلاهما –على حد سواء- يتساويان في عدم القدرة على الكلام أثرما ينجم من إصابات في المخ. لكن الطفل يستطيع الكلام مرة أخرى، بل ويفعل ذلك، في العادة بعد بضع شهور بينما البالغ قد لا يستطيع الكلام، وتتوقف قدرته على الكلام على مدى خطورة الإصابات.

الخصائص البيولوجية (Biological Features)

من المعروف أن تعلم اللغة الأولى، يعتمد على الميكانيزم البيولوجي للطفل (Biological Mechanism)، فميكانيزم المخ ينمو في فترات حرجة، ومالم يعود الطفل على التحدث بلغة الإنسان قبل وصوله مرحلة البلوغ فإنه يتعذر عليه كلية التحدث بلغة الإنسان، ويؤكد ذلك دكتور لينيبرج (Leneberg) في كتابه "الأسس البيولوجية للغة" ويؤكد دكتور لينيرج أن اللغة الأولى لا تكتسب بإمكانية متساوية خلال فترات النمو من الطفولة إلى الشيخوخة.

وفي نظره أن حدود اكتساب االلغة الأولى قرب البلوغ يمكن معرفتها بالنظر إلى المتخلفين عقلياً الذين يظهرون بدايات متواضعة وبطيئة في اكتساب اللغة حتى وصولهم إلى مرحلة المراهقة المبكرة، حيث يصبح المراهق (المتخلف عقلياً) قادراً على النطق في اللغة التي تصبح بالنسبة له أكثر تدعيماً في استخدامها عن ذي قبل.

لذلك فإنه عند تحديد المرحلة الحرجة في اكتساب اللغة، يلاحظ أنها تكون في البداية محددة نتيجة النقص في النضوج، ومرجع هذا يعود إلى نقص التكيف عند الفرد الناتج من التأثير الفسيولوجي العصبي.

ومن الملاحظ أن الأطفال المهاجرين إلى أوطان جديدة مع آبائهم إذا لم يكونوا قد بلغوا سن وسط المراهقة، يمكنهم تعلم لغة الوطن الجديد والتخاطب بهذه اللغة الجديدة بدرجة قريبة للغاية بطريقة نطق أهل هذا الوطن، وبدرجة أكثر إتقاناً من آبائهم.

الجوانب التربوية والعقلية في تعلم اللغات

(Educational and Intellectual Aspects of Language Learning)

يطرح دكتور "ماكنمارا" (Macnamara) التأثير الفسيولوجي العصبي وقدرة الأطفال على تعلم لغة أجنبية عن الكبار، ويؤكد عدم

أهمية هذا التأثير في تعلم اللغات الأجنبية.

وتؤكد دراسات "ماكتمارا" أن هناك أثراً متوازناً بين الأطفال المؤهلين لتعلم لغة أجنبية أو المستخدمين لهذه اللغة، أو الذين يتقرر تدريس لغتين لهم فإنه يصبح لديهم فهم ضعيف لكل من اللغتين عن الأطفال الذين يتخاطبون بلغة واحدة. فقد تبين لـ "ماكتمارا" بأن المواطنين الذين يتحدثون اللغة الإنجليزية في أيرلندا والذين أمضوا ٤٢% من وقت دراستهم في المدارس يتعلمون اللغة الأيرلندية، فإنهم لم يكونوا على ذات المستوى في كتابة اللغة الإنجليزية التي يكتبها أبناء إنجلترا الذين لم يتعلموا لغة أجنبية ثانية، كما أنهم لم يكتسبوا ذات المستوى في كتابة اللغة الأيرلندية مثل أبناء أيرلندا.

والواقع أن كثيراً من التجارب الخاصة بتعلم اللغات الأجنبية كانت نتائجها تتعارض بعضها البعض، ومرجع هذا التعارض كان نتيجة أن ظروف التجريب تختلف من بيئة لأخرى، كما أن هناك اعتبارات وعوامل معينة تؤثر في النتائج المتوقعة في كل تجربة من هذه الاعتبارات والعوامل المتداخلة النواحي: التربوية الاجتماعية، السياسية، الفلسفية.

وفي تقرير عام إلى اليونسكو في ١٩٦٣ عن "تعلم اللغة الأجنبية أو اللغة الثانية للأطفال الصغار " يشير مقدم التقرير دكتور "شتيرن" بأنه ليس من الضروري الحكم بأن تدريس اللغات في المراحل الأولى يعتبر أنسب المراحل في تعلم اللغات الأجنبية. ومرجع هذا في رأي الدكتور "شتيرن" الاعتبارات التالية:

- أن تعليم اللغات- بصفة عامة- يعتبر أمراً مرغوباً فيه من الناحيتين الاجتماعية والتربوية.
- أن تعليم اللغات، يجب أن يتناسب ومراحل النمو عند الأطفال بمعنى أنه ليست هناك مؤثرات فسيولوجية تعوق عملية تعليم اللغات في هذه المراحل من العمر.

- أنه دون البحث عن العمر المناسب في تعليم اللغات، فإنه من المعروف بأن السنوات الأولى من العمر، تعتبر أنسب السنوات لتعلم اللغات الأجنبية.

ويرى دكتور" شتيرن" أن تعلم لغة أجنبية لا يقتصر على أمر كونها ببساطة مسألة خاصة بالمنهج أو بطريقة التدريس أو بالتوقيت الفسيولوجي المناسب لعمر الفرد، بل هناك اعتبارات أخرى في تعلم اللغات. هذه الاعتبارات تختص بالطموح والاتجاهات الاجتماعية لدى الأفراد في مجتمع مدرسي معين.

وقد وضع "شتيرن" الجدول التالي، والذي يوضح فيه فوائد ومضار اكتساب اللغات في أعمار مختلفة.

مرحلة الطفولة (٣-١٠ سنوات)

الفوائد

- تتناسب هذه المرحلة مع النشاط الفسيولوجي العصبي للمنح.
- التعلم أسهل وأكثر فاعلية.
- النطق الطبيعي الجيد للغة في هذه المرحلة.
- هذا العمولة تأثير كبير في التذكر اللغوي في الأعمار التالية.
- يمكن هذا العمر، استخدام وقت أطول للغة.

المضار:

- هناك احتمال في اختلاط عادات اللغة الأجنبية باللغة الأولى.
- تعلم اللغة في هذه المرحلة لا يكون اكتسابه شعورياً (Conscious Acquisition)
- الوقت الذي يستخدم في تعلم اللغة لا يقارن بالنتائج المتحصل عليها.

مرحلة المراهقة (من عمر ١١ سنة حتى نهاية المدرسة الثانوية)

الفوائد:

- يتميز هذا العمر بطاقة متزايدة لتقبل أي مظاهر خاصة

باللغات أو الاتصالات الثقافية.

- لا يزال الفرد في هذا العمر قادراً على تحصيل مستوى أعلى.
- هذه المرحلة من العمر يتميز الفرد فيها بنمو المستوى العقلي عن المرحلة السابقة، وقدرته على التذكر عن المرحلة السابقة.
- لا يحدث في هذا العمر خلط بين تعلم كل من اللغة الأولى واللغة الثانية.

المضار:

- يحتاج التعلم في هذا العمر إلى جهد أكبر عن التعلم في مراحل أسبق.
- يتوقف نجاح الفرد على قدرته على تثبيت المعلومات.
- احتمال عدم الاستجابة للتذكر.
- أثبتت الخبرة، تكرار حدوث ونتائج ضحلة وليست ذات قيمة.
- هناك ازدحام في المناهج والدراسات المتخصصة المختلفة.

مرحلة الرشد (ما بعد نهاية المدرسة الثانوية).

الفوائد:

- التحصيل الغرضي في التعليم واضح في هذه المرحلة.
- الدافعية للتعلم في هذه المرحلة أكبر.
- كمية التعلم أكبر، والوقت المبذول أقل.

المضار:

- الوقت غير كاف للتعليم.

- تداخل الوظائف والأعمال الأخرى.

مظاهر الدافعية في تعلم اللغات
(Defensive Aspect for Language Learning)

ثنائية اللغة وتعدد اللغات، كلاهما يمثل مشكلة رئيسية في عالمنا المعاصر وفي أزمان سابقة تشدد البعض في دراسة لغتهم الأصلية وقاوموا دراسة اللغات الأجنبية. ومرجع هذا التشدد يعود إلى التعصب والنزعات القومية، وتأكيد الذات الثقافية، والتنافس الاقتصادي والاجتماعي وعادة ما تمثل اللغة القومية عند بعض الأفراد حياة ونمواً وانعكاساً مستمراً لما يدور في عقول هؤلاء الأفراد. وكما هو معروف أن تعلم اللغة الأجنبية يتبعه بالضرورة تعلم ثقافة أجنبية وهذه الثقافة الأجنبية -في نظر البعض- تشكل تهديداً لخبرات بعض الأفراد. وتدل دراسات بروفيسور "والاس لامبرت" (Wallace Lambert) والتي قام بها في السنوات العشر الأخيرة، عن الدافعية وأثرها في تعلم اللغات الأجنبية حيث أوضح التهديد في ثقافة الأفراد الراغبين في التزود بلغة أجنبية غير لغتهم الأصلية فهو يرى أن نجاح فرد في تحصيل لغة أجنبية يؤدي بالتدريج إلى اكتساب هذا الفرد مظاهر مختلفة من السلوك، والتي تشكل منه عضواً في جماعة أخرى من ثقافة لغوية (Linguistic Culture)، فنزعات المتعلم واتجاهاته نحو الجماعات الأخرى، تؤكد نجاحه وتصميمه في دراسة اللغة الأجنبية التي يريد تعلمياً. كما أن بعض الأفراد ينتابهم القلق عند تعلم لغة أجنبية، نتيجة رغبتهم ليصبحوا مقبولين ضمن جماعة أخرى، ذلك لأنهم لا يشعرون بالقبول والارتياح في جماعتهم وثقافتهم التي نشأوا فيها. بينما هناك أفراد آخرون تكون اهتماماتهم ودوافعهم إلى تعلم اللغة مرجعه أنهم متمتعون بأوضاعهم الطبيعية في ثقافتهم، ويطمحون في نفس الوضع في الثقافة الأجنبية الأخرى.

والواقع أنه مهما كانت كفاءة الفرد في تعلم لغة أجنبية، فإنه يرى ذاته ومكانته في مجتمعه الأصلي- جماعته الأولية (Original Group) في ذات الوقت الذي يرى ذاته ونفسه في جماعة أخرى، تعد جماعة ثانوية لجماعته الأولى أو الأصلية والتي يطلق عليها الجماعة المرجعية.

والتي تصبح في الواقع...عضوية ثانوية...بالنسبة له، واعتماداً إلى ما يصل إليه الفرد في مستوى الثقافتين، ثقافته الأولى والثقافة الثانية فإنه قد يمارس خبرات شعورية بالأسى والأسف، إذا ما فقد عملته بإحدى الثقافتين مع شعوره بالخوف عندما يدخل ثقافة جديدة.

ويؤثر في الدافعية لتعلم اللغات الأجنبية كل من العاملين التاليين:

معيار تقويم الذات (Self Evaluation Criterion)

فمن الملاحظات النفسية العامة، التي لا تكون ظاهرة، أن الفرد الذي يدرس لغة أجنبية، يمكن ان يقيم بتحديد تقدمه في هذه اللغة ويكون ذلك واضحاً فيما يعرف باللغات الشعبية.

يؤيد ذلك ما أشار إليه "هوننجسوالد" (Hoeningswald) من أن البعض لديهم القدرة على تقويم الذات. فالبعض لديهم شعور قوي في معرفة لغة معينة، بينما البعض الآخر يرون أنفسهم أنهم ليسوا لغويين. فالشخص الذي يعرف تركيب بعض الجمل بطريقة ميكانيكية، وينطق هذه الجمل بطريقة سليمة ويستخدم النحو استخداماً دقيقاً، هذا الشخص يكون...لغوياً حسناً... ويعرف اللغة جيداً. على حين أن الشخص الذي يكون نطقه غير سليم، واستخدامه في النحو ليس دقيقاً، هذا الشخص قد يدرك أنه غير قادر على التخاطب باللغة الأجنبية كأحد أبنائها.

والطالب الذي يستطيع قراءة مواد متقدمة في اللغة الأجنبية، بينما في نفس الوقت قد لا يستطيع فهم لغة التخاطب، فإن ذلك يقلل من تحصيله الفعلي ومعرفته باللغة الأجنبية، بينما الطالب الذي يتحدث اللغة الأجنبية يتردد، ويستخدم اللغة في بعض الأحيان بطريقة توضح النقص أو عدم القدرة على الاستخدام الأمثل في الألفاظ اللغوية، هذا الطالب في

تقويمه لذاته، يكون تقديره لنفسه مرجعه إنه دائماً يقارن تقدمه في استخدام هذه اللغة الأجنبية.

اتجاهات الطالب (Student's Language Learning Trends)

العامل الثاني المؤثر في الدافعية لتعلم اللغات الأجنبية هو اتجاهات الطالب. فقد يبدون للطالب أن الغرض من الأنشطة المختلفة في تدريس اللغات الأجنبية داخل الفصل الدراسي أو في المعمل اللغوي، أو في الواجب المنزلي الذي يؤديه في منزله، أن هذه الأنشطة سخيفة. ومن المعروف أن الأطفال الصغار، أو بعض الكبار ذوي الذكاء أقل من المتوسط، قد لا يمارسون هذه الأنشطة مثل الكبار أو مثل الطلاب الأذكياء. ويرجع ذلك إلى اتجاهات الطالب في تعلم اللغة الأجنبية، فكثير من الطلاب في عصرنا الحاضر، يرى أن تدريس مادة معينة، يجب أن يرتبط بطموح هؤلاء الطلاب. لهذا كانت لاتجاهات الطالب وما يرتبط بدافعية، أموراً ضرورية في تقدمه الدراسي في تعلم اللغة الأجنبية.

ومما يدل على أهمية اتجاه الطالب في تعلم اللغات الأجنبية، ما تقيم به بعض الجامعات في الوقت الحاضر في اشتراك الطلاب الجامعيين في وضع مناهج اللغات، حتى تتمشى هذه المناهج مع اتجاهات الطلاب وعلى أساس دافعيتهم في التعلم.

والمدرس الخبير في تعليم اللغة الأجنبية، يعلم أن دافعية الطلاب في تعلم لغة أجنبية ذات محاور متعددة، وليست بسيطة، ويصعب إثارتها عن طريق حيل تعليمية. ونتيجة لذلك فإن دراسات "ميللر وهاريس" (Mueller & Harris) أمكن عن طريقها تقليل نسبة التخلف في عام دراسي في تعلم اللغات إلى ٢٠%، حيث كانت الدراسات قائمة على أساس تقليل مصادر الصعوبات بما لا يتفق ورغبات الطلاب في المنهج الدراسي، مع عدم المساس بالأهداف الرئيسية للمنهج.

هذان العاملان وهما معيار تقويم الذات واتجاهات الطالب هما المؤثران الرئيسيان في الدافعية لتعلم اللغات الأجنبية. إذن ما الأسس

التي يجب مراعاتها في تدريس اللغات الأجنبية؟

من المتفق عليه –حديثاً- أن الأسس التي توضع لتدريس اللغات الأجنبية في الوقت الحاضر، يجب أن تقوم على:

ليس هناك هدف واحد مناسب لتدريس اللغة الأجنبية، يمكن تطبيقه بطريقة منطقية. فليس هناك دليل على أن البدء في تعلم اللغات الأجنبية، يمكن أن يتم في لغة التخاطب أو في القراءة أو العكس، والسبب وراء ذلك، اختلاف ميول الطلاب وحاجاتهم واستعداداتهم.

يجب توضيح أهداف تدريس البرامج الخاصة في تعليم اللغات الأجنبية، مع أتباع المهارات الخاصة التي يمكن أن يتم عن طريقها تحقيق هذه الأهداف.

تدريس اللغات الأجنبية لا يقوم على تحقيق أهداف وأغراض معينة خاصة بهذه اللغات، بل يؤكد القدرات والاستعدادات الخاصة بتعلم هذه اللغات.

السؤال الخاص بالعمر المناسب لتعلم اللغات الأجنبية، يعتبر سؤالاً صعباً للغاية. فالأمر يتطلب اعتبارات سياسية واجتماعية وفلسفية نفسية، والاعتبارات النفسية يجب ألا نرجعها إلى الأحوال الفسيولوجية العصبية، فقد أصبح هذا التأثير في الوقت الحاضر، أمراً يحاول الكثير اعتباره عاملاً أساسياً في تعلم اللغات الأجنبية، على حين أن العوامل الأخرى، لها أهميتها الأساسية في تعلم اللغات الأجنبية.

يجب أن نضع في اعتبارنا في تعلم اللغات الأجنبية، زيادة الاهتمام بالجوانب النفسية الاجتماعية عند تدريس اللغات الأجنبية.

وتختلف طرق تدريس اللغات الأجنبية، تبعاً لاختلاف أنشطة المدرس، ومدى مساهمة الطالب في الموقف التعليمي.

من الضروري في تعليم اللغات الأجنبية زيادة الاهتمام بما يعرف بالمنافسة والتقدم، والمعرفة والسلوك. فقد دلت الخبرة على أنه

ليس هناك أثر انتقال ذو درجة عالية بين مهارات تعلم اللغات والتنافس لتعلم هذه اللغات كما أنه ليس صحيحاً أن القدرة على تعلم القراءة في لغة أجنبية، لا تؤكد القدرة على تعلم التخاطب بهذه اللغة والعكس قائم على أساس أن القدرة على التخاطب لا تؤكد بالضرورة القدرة على تعلم القراءة بطريقة مماثلة.

خصائص اللغة العربية وتدريسها لغير الناطقين بها

(Features of Arabic Language and its Teaching to Non-Speaking People)

اللغة العربية – لغة القرآن- نزل بها دستور الإسلام وكتاب الله العزيز "إنا جعلناه قرآناً عربياً لعلكم تعقلون" فهي لغة الإسلام والعروبة ولغة الإنسان العربي، "وهذا كتاب مصدق لساناً عربياً لينذر الذين ظلموا" واللغة العربية إحدى مقومات القومية العربية.

وقد عاشت اللغة العربية في تطور ونمو ودخل إلى منطوقها الكثير من الألفاظ الفارسية والأردية والهندية واليونانية. وفي القرآن الوسطى كانت المؤلفات العربية في الفلسفة والطب والعلوم الرياضية وغيرها تعتبر مراجع أساسية للأوروبيين. كما كانت اللغة العربية أداة التفكير ونشر الثقافة في بلاد الأندلس، حيث أشرقت منها الحضارة إلى أوربا وعملت على تبديد ظلماتها ودفعتها إلى التطور والنهوض.

وفي العصور الحديثة تهيأت اللغة العربية عوامل جديدة للتطور والتقدم، فقد أرتقت الصحافة وانتشر التعليم، وأنشئت مجامع اللغة العربية في بعض الأقطار العربية. واللغة العربية في الوقت الحاضر، هي اللغة الرسمية في جميع الأقطار ولغة التفاهم بين جميع الشعوب العربية، كما أنها لغة التعليم في جميع المدارس والمعاهد وأكثر الكليات الجامعية، وهي – كذلك - لغة الصحافة والإذاعة والقضاء والتأليف في البلاد العربية، كما اهتمت كثير من الدول العربية بتعليم اللغة العربية لغير الناطقين بها. وفي المحافل والمؤتمرات والاجتماعات الدولية أصبحت اللغة العربية إحدى اللغات الرسمية، ولهذا تبذل الجهود لدفع

شأنها وسيادتها في المجتمع العربي، كما يوليها المربون والمعلمون في الميدان التعليمي قسطاً كبيراً من العناية.

صعوبات تعليم اللغة العربية

(Difficulties of Arabic Language Teaching)

من الصعوبات التي تواجه تعليم اللغة العربية ما هو جوهري أصيل ومنها ما هو طارئ دخيل. ومن الصعوبات الجوهرية التي يلاحظ المعلمون في تعليم اللغة العربية ما يأتي:

تعدد صور الحروف العربية باختلاف مواقعها من الكلمة، وفي هذا ما يجعل تعلمها فيه صعوبة كبيرة سواء أ كان التعليم في مراحل العمر المبكرة أم المتأخرة.

إضافة الحركات والسكون إلى صورة الحرف، لضبط النطق وصحة الأداء، وفي هذا ما يضاعف من الصعوبة وخاصة عند تعليمها للصغار.

النحو والصرف وقواعد اللغة العربية بصفة عام، يزيد من صعوبة تعلم العربية فاللغة العربية تعتبر من أصعب اللغات في استخداماتها المختلفة لقواعد النحو والصرف، ويزيد من صعوبة تعلمها عدم قدرة المدرس الخبير باتباع التدرج في نقل مهارات استخدام قواعدها عند التلاميذ إذا لم يكن قادراً على اتباع الأساليب التربوية السليمة.

ومن الصعوبات الطارئة الداخلية التي تواجه تعليم اللغة العربية ما يأتي:

مزاحمة اللغة العامية وقوة نفوذها، وبسط نفوذها في المنزل والشارع والمدرسة أيضاً.

الوضع الاجتماعي للغة، حيث تأثر تعليم اللغة العربية أبان عهود

السيطرة الأجنبية على البلاد العربية، وعملت السياسة الاستعمارية على زحزحة اللغة القومية عن مكانها الطبيعي وتقديم الثقافة الأجنبية.

ولمعالجة هذه الصعوبات فإن:

الصعوبات الجوهرية: أمكن للتجارب التربوية والطرائق الحديثة تذليل الصعوبات وتيسير تدريس اللغة اللغة للصغار والكبار.

الصعوبات الطارئة: أمكن تذليلها أيضاً عن طريق انتشار التعليم وجهود المؤسسات الثقافية في رفع مستوى اللغة العربية واستخدام الأساليب الصحيحة والتعبيرات السلمية.

أما عن الوضع الاجتماعي للغة العربية في عالمنا المعاصر، فإن اللغة العربية في كافة الأقطار العربية، أخذت مكانها في الميدان التعليمي وصار النجاح فيها شرطاً أساسياً لنجاح التلاميذ، كما عرف لها قدرها وخطرها في إحياء القومية العربية رالدعاية لها.

تدريس اللغة العربية لغير الناطقين بها

(Teaching of Arabic Language to its Non-Speaking People)

معظم الدارسين للغة العربية ممن يرغبون في الدراسة من أجل فهم القرآن ودراسة الإسلام من أصوله العربية، أو من أولئك العاملين في مراكز ومعاهد اللغات أو من العاملين في السلك الدبلوماسي، وينذر أن نجد الدارس للغة العربية لذتها، أو لدراسة الأدب العربية أو الثقافة الإسلامية من أصولها العربية.

وتعلم اللغة العربية- من الناحية النفسية- يرتبط بمهارات أساسية تتمثل في: مهارة التخاطب (الكلام) – مهارة القراءة- مهارة استيعاب المسموع- مهارة الكتابة.

ولكل من هذه المهارات مدارج مختلفة في تعلمها:

فمهارة التخاطب (الكلام) تحتاج إلى تدريبات في الأصوات

ونطق الحروف والتدريب على طلاقة اللسان والتنغيم والنطق الشفهي واستخدام الوسائل المعينة في التمييز بين الأصوات في علاج عيوب النطق والأخطاء الصوتية.

ومهارة القراءة تحتاج إلى إتقان الأصوات ومعرفة قواعد القراءة العامة مثل.... الـ....الشمسية والقمرية، وهمزتي القطع والوصل، ومرحلة التدريب على القراءة بالجملة مع التنغيم، ثم مرحلة الطلاقة والسرعة ثم مرحلة ضبط الكلمات.

ومهارة الكتابة تحتاج إلى التدرج من البداية إلى النهاية في كتابة التدريبات التحريرية والتعبير عن موضوعات خاصة والتدريب على كتابة خطي الرقعة والنسخ.

ومهارة الاستيعاب يمكن أن تربط بين المهارات المختلفة المشار إليها في الربط بين ما يسمعه الطالب ويستطيع أن يتحدث كلاماً بقراءته أو يقيم بكتابته.

وتتوقف قدرة المعلم في إفادة الطلاب بما تتضمنه اللغة العربية من ميزات لغوية تختص بها دون سائر اللغات، فهناك مثلاً التمييز بين موضع الهمزات وضبط الحروف بالشكل (للنطق السليم)، والتمييز بين بعض الحروف التي يصعب نطقها على غير الناطقين باللغة العربية، مثل الهمزة والعين والهاء والحاء، والضاد والكاف والقاف، وهناك وسائل وطرق التدريس التي يتبعها بعض المدرسين بحيث تيسر للطالب النطق الصحيح وعدم الالتواء في الأسلوب أو الخطأ في التراكيب، بينما هناك الوسائل المعيقة التي يكون نتيجتها صعوبة النطق وعدم القدرة على استخدام الأساليب اللغوية السليمة.

هذه المهارات اللغوية التي يكتسبها الطالب في دراسته للغة العربية ترتبط بدرجة موجبة بميلة نحو تعلم اللغة العربية. والميل من الناحية النفسية يرتبط بمظاهر الحياة العقلية للفرد، كما يتصل أيضاً بالدعائم الأخرى للحياة النفسية الإنسانية وبأنماط الشخصية وسماتها.

فالميل كما هو معروف عبارة عن شعور يصاحب انتباه الفرد واهتمامه بموضوع ما. وهو في جوهره اتجاه نفسي يتميز بتركيز الانتباه في موضوع معين أو في ميدان خاص لذلك نجد أن الناحية الإيجابية في الميل توضح للفرد مساره وهدفه، وهذا بالتالي يرتبط بالنشاط العقلي للفرد، حيث يتذكر الفرد ما يميل إليه، وينشط بتفكيره في إطار ما يميل إليه، ويدرك ما يهتم به.

لهذا كلما كانت ميول الطالب واضحة، وعميقة كلما أدى ذلك إلى سهولة اكتساب المهارات اللغوية التي تساعده على النجاح في تعلم اللغة العربية. إن الميل مرتبط أيضاً بذكاء الفرد فمن المعروف أنه تتميز ميول الأذكياء بتنوعها وسعة مجالها وخصوبتها، بينما تتصف ميول أصحاب المستويات الضعيفة من الذكاء بالضيق والضحالة.

التعليم الجمعي والتعليم الفردي

(Group and Individual Methods of Teaching)

إن الطريقة في المدارس الهندية وفي كثير من مدارس البلاد الأخرى هي طريقة التعليم الجمعي (Group Teaching Method)، وهو النظام المعروف بالتعليم في الفصل، أي: أن الفصل الواحد يجتمع فيه عدد من التلاميذ يتفاوتون فيما حصلوا عليه من العلم، وما كسبوا من المهارة، وفي مقدار ما وهبه كل منهم من الذكاء والميول والاستعدادات وفي المزاج وفي القدرة على التعبير، كما يتفاوتون في السن، والحالة الجسمية ودرجة تأثرها بالأعمال المدرسية. وقد يكون التفاوت عظيماً جداً بحيث يجهل بعضهم ما يعمله البعض الآخر من مواد الدراسة، وقد يميل بعضهم إلى مادة من المواد فيقبل عليها ويندمج فيها بينما يبطئ في مادة أخرى فيعرض عنها، ومنهم من يصيبه الركود العقلي في مرحلة تعليمية بعينها ثم ينشط ويتقدم في مرحلة أخرى، بل إننا نشاهد التلميذ الواحد يختلف في كثير من الحالات قوة وضعفاً في المرحلة التعليمية الواحدة، ومنهم من يقضي الساعات الطوال في مزاولة العمل المدرسي بحيث لا يشعر بالسأم أو بالملل، بينما يشعر غيره بالفتور أو بالضعف إذا قضى وقتاً يسيراً في مزاولة هذا العمل بعينه. ويقوم بالتدريس في نظام التعليم الجمعي مدرس واحد، يلقي المدرس بأسلوب واحد وطريقة واحدة فلا يجد لديه من الوقت ما يجعله يخاطب كل تلميذ على قدر استعداداته ولا يوضح الدرس مراعياً ما بين التلاميذ من اختلاف في الميول.

والتدريس الجمعي أثر من آثار القرون الماضية ظل حتى هذا

القرن، وبمقتضاه كان يجتمع في الفصل الواحد عدد كبير من التلاميذ يقوم بالتدريس لهم معلم واحد يساعده عرفاء كثيرون، وطريقة العرفاء هذه ابتدعها كل من "أندرويول" (Andrew-Bell) وجوزيف لانكستر (Joseph Lancaster)، وكان عدد التلاميذ في المدارس التي يسودها نظام العرفاء كبيراً جداً فقد وصل إلى ١٨٢٠ تلميذاً يتعهدهم ناظر واحد وكان هذا الناظر يقسم مدرسته إلى مجاميع دائمة وعلى كل مجموعة عريف، وكان يختار العرفاء من التلاميذ المجدين في المدرسة. وكان التعليم تحت هذا النظام تافهاً لأن العرفاء كانوا يلمون بالقليل من المعرفة.

ولما كانت التربية الصحيحة تهدف إلى أن تعامل كل تلميذ المعاملة الملائمة لطبيعته وظروفه الخاصة حتى يستطيع أن يحصل على أعظم قدر ممكن من الفائدة في أقصر زمن وبأقل مجهد- تطلب هذا أن يكون تلاميذ كل فرقة وفصل من فصول التعليم الجمعي متقاربين في مستواهم العقلي والتحصيل العلمي ومتقاربين في السن وبذلك يتمكن التلاميذ من أن يجنوا أقصى ما يمكن من الفائدة.

فوائد التعليم الجمعي

(Advantages of Group Method of Teaching)

وللتعليم الجمعي محاسنه فهي:

أولاً: يحقق مبادئ الاقتصاد إذ يحتاج لأقل عدد من المدرسين بعكس المناقشات العلمية.

ثانياً: يربي في التلاميذ روح المنافسة ويحملهم على الدخول في ميادين المناقشات العلمية.

ثالثاً: ينفث في الأطفال روح الجماعة ويساعد على تربية كل فرد منهم تربية اجتماعية حقيقية.

رابعاً: يوجد بين التلاميذ الألفة والمحبة كما أنه يعود على النظام والتعاون.

خامساً: والمدرس المتوسط يفضل التعليم الفصلي على التعليم الفردي إذا كان الفصل جيداً وهذا لأن طبيعة هذا التعليم تساعد على النشاط وبذل الجهد فيذوب التعب الذي يلاقيه المدرس، ويكفي جداً أن يرى المدرس مثلاً فصلاً مكوناً من ثلاثين تلميذاً شاخصين إليه وعلى أتم الاستعداد للتلبية العلمية.

مضار التعليم الجمعي من الوجهتين: الفردية والاجتماعية (Disadvantages of Group Method of Teaching)

إن نظام الفصول في المدارس التقليدية وإن كان يقوم على أساس متين من المبادئ الاقتصادية خصوصاً مع وجود التعليم العام، إلا أنه معيب من الناحية البيداجوجية. فهو نظام يتجاهل الفروق الفردية بين التلاميذ، ويقوم على خرافة "التلميذ المتوسط" فقدماء البيداجوجيين كانوا يعتقدون بوجود مثال وسط للطفل يشبهه الجميع كثيراً أو قليلاً وبذلك ينكرون كل الاختلافات التي توجد بين الأطفال في جميع نواحي الحياة النفسية، ففصلهم قطيع لا يميزون فيه الوحدات، وإذن فهم يعطون نفس التعليم للجميع ويعاملونهم على نمط واحد ويطالبونهم بمجهود واحد.

واعتبار صنف واحد من التلاميذ وهو التلميذ المتوسط معناه: أن التربية لا تؤدي رسالتها للجميع، كما أن ذلك لا يأخذ بيد الضعفاء ويدعو إلى تبلد الأذكياء. وفي كل فصل يوجد تلاميذ لا يستفيدون مطلقاً من التلعيم الذي يعطي لهم لضعف عقولهم، وهؤلاء تجب العناية بهم عناية خاصة وتربيتهم بطريقة تلائمهم. ولكن كثيراً من المدرسين لا يهتمون بهذه المسألة لاعتقادهم أن الفصل الذي يوجد فيه أوائل يجب أن يكون فيه أيضاً أواخر. فهذه ظاهرة طبيعية كوجود الأغنياء والفقراء في مجتمع، ولا يصح أن يشغل المدرس باله بذلك.

وإذن فاعتبار الفصل كوحدة تدريس هو من أكبر معايب المدارس التقليدية، فالفروق الفردية بين التلاميذ هي من الأهمية بحيث لا يمكن تغافلها، فالاختلاف من الظواهر المهمة في الطبيعة، وكوننا قد خلقنا مختلفين في الذكاء والاستعدادات معناه أن الطبيعة تتطلب من كل

منا رسالة خاصة ليؤديها. وهذا هو ما يجعل التعليم الفردي أمراً حتمياً.

ونظام الفصول في المدارس التقليدية معيب أيضاً من الوجهة الاجتماعية، فالمدرسة يجب أن تحيط الطفل بظروف اجتماعية تجعله يشعر بأنه جزء من الجماعة وتابع لها حتى يتيقظ فيه الشعور بوجوب التضامن والتعاون- ولكن ما الذي قامت به المدرسة القديمة في هذه الناحية؟ إنها تعطي دورساً في الأخلاق والتربية الوطنية، ولكن ماذا يعمل التلميذ بهذه الدروس؟ إنه يحفظها فقط استعداداً للامتحان. ولكي يكون الطفل اجتماعياً يجب أن يعيش اجتماعياً. ومع هذا أفلم يكن الطفل في فرقته كما لو كان في وسط اجتماعي؟ الجواب نعم، وإن ظهر لأول وهلة أنه كذلك لأن الطفل يظل من الوجهتين: الاجتماعية والعقلية في عزلة عن أقرانه الذين يعاشرهم ويجلس إلى جانبهم. فإنه لا ينبغي الخلط بين التجمع في غرفة واحدة وبين الحياة الاجتماعية، فإن التجمع ضرب من التناسق الجامد، إذ عو عبارة عن اصطفاف التلاميذ بعضهم إلى جانب بعض، بينما الحياة الاجتماعية ضرب من القوة المتحركة فإن تفاعل هؤلاء الأولاد بعضهم مع بعض هو مصدر الحياة الاجتماعية. والواقع الآن أن هذا التفاعل منعدم بالمرة في المدرسة ولو حدث لعوقبوا بصرامة من أجله. فالمدرسة القديمة بدلاً من أن تضع التلاميذ في مواضع تتطلب حركة اجتماعية تقطع السبيل على الغريزة الاجتماعية فتحرم على أطفالها التحدث إلى بعضهم في غير أوقات الفراغ، ولا تدعهم يشتركون في عمل واحد فتحول بذلك دون معاونتهم بعضهم لبعض. والواقع أن التفاعل الاجتماعي بين التلاميذ لن يكون محتملاً ولا مسموحاً به في المدارس الجماعية.

غير أن مضار التعليم الجمعي لا يمكن إنكارها فالمدرس سوف لا يكون لديه فسحة من الوقت تمكنه من معونة ومساعدة كل تلميذ كما هو الحال في التعليم الفردي، وثمة صعوبة أخرى يشعر بها مدرس الفصل وهي أنه لا يمكن أن يكون الفصل متجانساً، وفي عدم تجانس تلاميذ الفصل يرهق الضعيف أو الغبي إذ سار المعلم بسير القوي أو الذكي ويصبح القوي أو الذكي أداة عبث للنظام إذ توخي المدرس في

تدريسه طريقة تناسب الضغيف أو الغبي.

ولما كان الغرض من التعليم تكوين الفرد وإيقاظ قواه وتنمية ميوله الطبيعية فمن الخطأ ألا يسير كل طفل في تعلمه سيراً يتناسب مع طبيعته وميوله في كل مادة من مواد الدراسة فلا ينبغي أن يحول ضعفه الطبيعي في مادة أو نوع من مواد الدراسة دون استمراره في التعلم إذا كان ميالاً بطبعه إلى مواد أخرى، وبذلك يسير كل تلميذ في كل مادة حسب ميوله ومواهبه وسرعته الطبيعية لا يتقيد في ذلك بسرعة زملائه: فمن الخطأ إذن أن نفرض على التلاميذ على السواء معرفة جميع المعلومات بنسبة واحدة مع العلم بأنهم مختلفون كل الاختلاف. وعلى هذا وجب علينا أن نبحث عن طريق تصلح به حال التعليم في الفصل. وقد وفقت التربية إلى نظام التعليم الفردي.

التعليم الفردي (Individual Method of Teaching)

والتعليم الفردي هو ذلك النوع من التعليم الذي تراعي فيه الفروق الفردية ولقد كان الالتجاء إليه نتيجة لتقدم علم النفس وللاهتمام بما بين التلاميذ من فروق فردية مما جعل المربين يلحون في ضرورة مراعاة هذه الفروق في التثقيف والتهذيب. فقد عمدوا أولا إلى تقليل مثالب التعليم الجمعي بوسائل وطرق مختلفة، ثم لجئوا إلى طريقة وسط بين هذين النوعين من التعليم، وأخيراً رأوا أن يتركوا نظام الفصول جملة فأنشأوا طرقاً أخرى للتعليم الفردي سوف نتعرض لذكرها عند الكلام عن طرق التربية الحديثة، وفي التعليم الفردي يتمكن المدرس من:

أولاً: معرفة ميول التلاميذ ورغباتهم معرفة دقيقة صحيحة: ففي ميدان الحرية التي يتمتع بها الطفل في حركاته، وقراءته، وألعابه ونشاطه- يتمكن المدرس من دراسة الطفل دراسة تحليلية تساعده في فهم ميوله وطبائعه ثم يعمل على تحقيقها بما يوافق الحال.

ثانياً: إلقاء المسؤلية على عاتق الطفل فيتعود الاعتماد على النفس فتقوي بذلك شخصيته ويتولد فيه الميل إلى الابتكار. فقيام المدرس بالدور

الرئيسي في التعليم تجاهل بطبيعة الطفل وميوله وقضاء على شخصيته وشل لحركة تفكيره.

ثالثاً: التغلب على التكرار الممل الذي يلازم التعليم الجمعي. فأي فصل من الفصول يحتوي في الغالب على ثلاثة مجموعات: أذكياء، وأغبياء، ومتوسطي الذكاء. والمدرس في تدريسه لا بد أن يضحي بمجموعة إن لم يكن بمجموعتين من تلاميذ هذا الفصل ولا بد أن يلجأ إلى التكرار الذي قد يصبح مملاً للمدرس ولفئة من الأطفال الأذكياء. أما في التعليم الفردي فيتخذ المدرس ذلك ويتمشى مع طبيعة كل فرد فينكب كل على عمله لأنه يشعر أنه مسؤول عنه ويود أن يؤديه على أحسن وجه وينجزه في الميعاد المحدد وبذلك لا يضيع وقت الأطفال سدى.

رابعاً: منح الحرية التي يحتاج إليها الطفل في نموه وتقدمه. فهذا النظام يجعل كل تلميذ له ميل خاص في ناحية من النواحي الدراسية أو غيرها، ينبغ ويبرز فيها فهو تحت هذا النظام حر في بحثه وتعلمه يصرف في الناحية التي يميل إليها ما يريد من النشاط، وهو حر في أن يستمر في عمله أو ينقطع عنه وهو حر كذلك في أن يعمل بمفرده أو يتعاون مع غيره.

خامساً: تعويد الطفل مجابهة المشاكل والتفكير في حلها، ففي التعليم الفردي يشتغل الطفل فيما يشاء من الدروس حسب ميوله فهو يسير فيها سيراً طبيعياً تلقائياً، ومن ثم نجده يبدي رغبة شديدة في حل ما يقابله من المشاكل، والتغلب على ما يعرض له من صعاب. وهذه الطريقة من أحسن الطرق في التعلم فهي تثير ميلاً وحاجة في نفس صاحبها يريد أن يحققها.

سادساً: لا يسمح التعليم الفردي بوجود الغيرة، والحقد والتنافس بين الأطفال فالدافع فيه على العمل هو حب الابتكار والرغبة في البحث وحب الاستطلاع والاستقلال في العمل والتلذذ بالنتيجة السارة التي يصل إليها الطفل، والغرض الذي جاهد من أجل تحقيقه.

سابعاً: إن نظام التعليم الفردي يوثق الصلة بين المدرس والتلميذ

فاحتكاك المدرس بالتلميذ عن قرب يساعده على تفهم ميوله ومزاجه وشخصيته وهذا لا يمكن أن يتحقق تحت نظام التعليم الجمعي.

مضار التعليم الفردي

(Disadvantage of Individual Method of Teaching)

إن التعليم الفردي لم يخل من النقد فقد زعم البعض أن هذا النظام الفردي ما هو إلا رجعة وتقهقر ونكسة إلى العصور الأولى، ورجوع إلى الطرق البدائية للتعليم التي كانت تستعمل في الأديرة. وهذا اعتراض باطل يجب ألا نأخذ به بعد أن ثبت من الأدلة السيكولوجية أن التعليم الفردي هو التعليم الذي يطابق ميول الأطفال ويتفق وحاجاتهم النفسية، وثمة اعتراض آخر وهو أن التعليم الفردي يعوزه روح تبعث على العمل وتحرك الهمم وهذا مردود عليه بأن المنافسة هنا منافسة فردية، هذا ويخشى البعض من استخدام الطريقة الفردية لأنها في نظرهم تشجع الكسالى من التلاميذ ومن لا يميلون إلى العمل بطبيعتهم، ولكن لو نظر هؤلاء إلى سير العمل في المدارس الحديثة وفي مدارس الحركة والنشاط لما أبدوا هذا الاعتراض فكل مدرسة منها ابتكرت طريقة تضمن سير العمل ومعرفة المجهود الذي يقوم به كل تلميذ على حدة معرفة دقيقة. وهناك اعتراض وجيه وهو أن التعليم الفردي ليس فيه ما يشبع ميول الفرد الاجتماعية ونحن نطمئن أنصار هذا الاعتراض بأن مؤسسي الطرق الحديثة قد فطنوا إليه وجعلوا في مدارسهم مجالاً للدروس الجمعية كالرقص، والغناء، والتمثيل، وبعض دروس التاريخ، والجغرافيا، والتربية الوطنية، والدين.

طرق التدريس

(Teaching Methods)

من الصعب إذا ما اطلع الباحث على كتب التربية، أن يخرج بتقسيم واضح لهذه الطرق، إذ يختلف الكتاب في وجهات نظرهم في التقسيم، فنجد أن البعض يقسم الطرق وفقاً لأنواع من الدروس، ويخص كل نوع بطريقة مناسبة له. ويحاول البعض الآخر أن يبنى التقسيم على العمليات الفكرية التي تستلزمها كل طريقة، ويضع الدروس تحت الطرق التي تناسبها. ويحاول فريق ثالث أن يقسم الطرق وفق ما يغلب على طريقة بعينها من صفات. ويخلط البعض هذه الطرق بعضها ببعض بناء على خلط في الأساس يبني عليه التقسيم. ويزيد الخلط إذا ما بدأنا نفكر في الوسائل المختلفة التي تستخدم في كل قسم، وكل طريقة من هذه الطرق: كالقصص، والوصف، والشرح.

لذلك يحار الباحث في إيجاد تقسيم واضح يستريح إليه، والواقع أن هذه الصعوبة وهذا الخلط يرجعان إلى:

١- عدم تحديد معنى كلمة (طريقة)- وكما يقول كلباترك Kilpatrick "هناك معنيان للفظ" "طريقة التدريس": معنى ضيق، المقصود به توصيل المعلومات، ومعنى واسع شامل وهو اكتساب المعلومات مضافاً إليه وجهات نظر وعادات في التفكير وغيرهما. هذه الوجهات مثل: حب العلم والمدرس يفيدنا في الكلام عن طرق التدريس بأنواعها.

٢- عدم توحيد أساس التقسيم حتى إننا إذا اتخذنا تقسيم كلباتريك مثلاً أساساً- نجد أنه لا يكفي لضم الأقسام الثانوية التي تنطوي تحت كل قسم رئيسي: فمثلاً تحت المعنى الضيق للطريقة (عند كلباتريك) يمكن أن ندخل عدة طرق نراها أصلح في حالة دون

أخرى: فالإلقاء في حالة أصلح من الاستنتاج وهكذا.

٣- أن الطفل يتعلم بكل الطرق معاً- ولا يمكن أن نفصل فصلاً تاماً بين هذه الطريقة وتلك إلا كان هذا الفصل صناعياً ومتكلفاً، ولكننا نحاول ذلك لكي نستعمل كل طريقة بأحسن ما يمكن.

٤- إغفال نقطة هامة، وهي: أن طريقة التدريس لها علاقة ويقة بعملية التعلم فهما صنوان لا يفترقان.

وعند اختيارنا طريقة من الطرق لا بد أن نساءل أنفسنا:

هل هذه الطريقة تتمشى مع ما نعرف عن عملية التعلم؟ فإذا كان الجواب بالإيجاب كان معنى ذلك أنها تؤدي الغرض المطلوب.

ويقولون: إن ما يمهد السبيل للتعليم ويقرب طريق الوصول إلى العلم الصحيح يطيل الحياة. ومعنى هذا: أن الطرق الصحيحة للتعليم توفر الوقت والجهد فيزداد الانتفاع بأيام الحياة ويجني الإنسان كثيراً في الزمن القليل وتصبح حياته مضاعفة الفوائد عظيمة الأجر. هذا إلى ما في اتباع طرق التعليم سن النظام وإجادة التدريس.

وهناك قواعد عامة يجدر بالمدرس أن يعرفها حتى ينجح نجاحاً باهراً في عملية التدريس. فيجب أن تكون الطريقة موافقة لطبائع الأطفال ونموهم العقلي، وليعلم المدرس أنه من الخير للتلميذ أن يصل إلى الحقائق بنفسه من أن يخبر بها، وأن التعليم الصحيح لا يكتسب بالألفاظ بل يفهم الحقائق، فما الألفاظ إلا رموز للحقائق ووسيلة للوصول إليها، وأن الثقة المتبادلة والعطف بين المعلم والمتعلم هما أساس التربية الصحيحة والتعليم المثمر، فالمدرس الذي لا قلب له ولا عطف عنده لا تنشرح له الصدور ولا يكون له كبير الأثر- والمدرس الناجح هو الذي يستغل خصائص الطفولة ويهتدي بها في تدريسه، وهو الذي يعلم أن الحركة وحب الاستطلاع أساسيان في عملية التعلم، وأن العلم والعمل يجب أن يسيراً معاً.

وأهم ما تجب مراعاته في التدريس: ألا نفرح يجذب انتباه التلاميذ وتشويقهم للدرس بشتى الطرق والحيل ووسائل الإيضاح وما إليها، فمثل هذا الانتباه مؤقت، ومثل هذا التشويق سطحي غير دائم، وإنما المهم أن ينجح المدرس في توجيه نشاط التلاميذ ومجهودهم توجيهاً دائماً بتعريفهم غرضاً ثابتاً يسعون من أجله، ويعملون للوصول إليه، وبدون هذا الغرض لا ينتظر أي تدريس صحيح أو أي نشاط تربوي سليم: فمثابرة التلاميذ واستمرارهم في العمل والنشاط لا يأتي إلا إذا شعروا بقيمة ما يعملون وماهية ما يدرسون، وعلموا تماماً أن ما يلقونه من المعلومات والتجارب ما هو إلا جزء من حياتهم هم محتاجون لمعرفته والإلمام به، فنستطيع إذن أن نحكم على التدريس الصحيح بمدى نجاحه في إثارة الرغبة في الأطفال أو التلاميذ وتوجيه نشاطهم إلى تحقيق غرض معين. ومعنى هذا أن التدريس لكي يحقق هذا لا بد أ، يسير وفقاً لقواعد خاصة أساسية نلخصها فيما يأتي:

القواعد الأساسية التي تبنى عليها طرق التدريس

(Basic Principles of Methods of Teaching)

حين نتكلم عن القواعد الأساسية التي تبنى عليها طرق التدريس- نذكر دائماً الفيلسوف الإنجليزي "هربرت سبنسر" فقد تناول بالبحث والشرح هذه القواعد في كتاب له اسمه: Education ويمكن إجمال هذه المعلومات كالآتي:

أولاً: التدرج من المعلوم إلى المجهول

تثبت المعلومات الجديدة وتهضم إذا ارتبطت بالمعلومات القديمة واستمدت منها ضوءاً يزيد في نشاط الطفل وشوقه وسروره- فإن الجديد المحض يكون غريباً لا يؤلف بسهولة، بينما ربط القديم بالجديد هو الذي تنشأ عنه الحقائق المتماسكة.

هذه القاعدة تتفق والخطوة الأولى من خطوات هربارت في التحضير ونقصد "المقدمة" التي نستفيد إبانها من معلومات الطلاب

السابقة (المعلومة) في إثارة شوقهم واهتمامهم بالمعلومات الجديدة (المجهولة).

ففي درس الجغرافيا مثلاً نبدأ بدراسة بيئة الطفل التي يسكن فيها، لأنها هي التي تهمه أولاً وبالذات- ثم نتوسع بعد ذلك ونخرج به إلى دراسة المركز أو المديرية ثم الأماكن المجاورة أو التي ترتبط ببلاده اقتصادياً وتاريخياً.

وفي درس مشاهد الطبيعة مثلاً نبدأ بالحيوانات المألوفة، كالقط، والكلب قبل غيرها: كالنمر، والذئب.

ولذا ينصح المربيون دائماً بأن يشير المدرس في الدرس ما عند التلاميذ من معلومات قديمة يمهد بها إلى معرفة المعلومات الجديدة.

ثانياً: التدرج من السهل إلى الصعب

ولمقصود هنا السهل والصعب بالنسبة للتلاميذ، فإن ما نراه سهلاً في نظرنا من تعاريف واصطلاحات قد لا يكون كذلك بالنسبة للطفل الذي لا يستطيع إدراك معناه، ويحتاج الأمر إلى تجارب وأمثلة حسية لكي يفهمها.

فما هو سهل عند التلميذ هو الأشياء التي تقع تحت حسه وترتبط بحياته أو بتجاربه، ولكن يجب أن نحتاط في هذه الناحية فلا نعطي التلميذ الأشياء السهلة التي لا تحتاج إلى إعمال الفكر، أو نعطي له الدروس صعبة يعسر عليه فهمها، وإنما نعتدل ونتدرج، مع علمنا بما هو السهل وما هو الصعب بالنسبة للطفل.

ففي دروس الرسم يحسن أن يبدأ الطفل برسم أشياء من الطبيعة الصامتة قبل أن جعله يرسم أشياء من الطبيعة الحية.

ثالثاً: التدرج من البسيط إلى المركب

وتبنى هذه القاعدة على أن العقل في إدراكه للأشياء يدركها أولا (ككل) ثم يحاول بعد ذلك دراسة التفاصيل أي: الأجزاء- فإذا رأينا "كرسياً" مثلاً أدركناه جملة وبعد ذلك أدركنا أجزاءه- وإذا رأينا حيواناً

أدركناه جملة كذلك ثم تظهر لنا أجزاؤه المختلفة بعد ذلك... وهذا يتفق مع نظرية "الجشتالت" في علم النفس- وقد رأى الجشتالت الوحدة في كل شيء، فإذا أردنا أن نقدر أخلاق شخص ما فال ننظر إليه على أنه مجموعة فضائل: كالصدق، والإخلاص والوفاء ألخ بل ننظر إليه كوحدة، ولهذه النظرية أثرها في التربية على اعتبار أن البدء بالكل أسهل من البدء بالجزء.

ففي اللغة يجب أن يكون البدء بتعليم الجملة أو الكلمة، وهذا أفضل من البدء بالحرف. ويمكن تطبيق هذه القاعدة في كثير من المواد: ففي الحساب نبدأ بالعدد الصحيح قبل الكسر- وبالكسر العشري قبل الاعتيادي. وفي الهجاء نبدأ بالكلمات الخالية من حروف المد، والتاء المربوطة أو المفتوحة، والهمزات ثم نتدرج إلى ما هو أكثر تركيباً. وبما لا شك فيه أننا نتعلم أي شيء بالتدرج من السهل إلى الصعب.

رابعاً: من المبهم إلى الواضح المحدد

وهذه القاعدة تالية للتدرج العقلي للطفل، فإن معلوماته عن الأشياء تكون في البداية عامة مبهمة وغير محدودة، ثم تتضح وتتحدد أطرافها فإذا عرف نوعاً من الحيوان فإنما يعرف شكله الإجمالي أولاً، ثم يعرف الأجزاء، والخواص والصفات الأخرى، ويتدرج في ذلك إلى أن يصل إلى الحقيقة العقلية.

وبناء على هذه القاعدة يجدر بنا في عملية التعليم أن نبدأ بما في عقل الطفل ونسير على حسب التدرج العقلي فنوضح الغامض ونحدد المبهم. وعلينا أن نعلم أن معلومات الطفل تنشأ من تجاربه، وتنمو من عمل العقل فيها، ومن التفاعل بينها. والقاعدة العامة في ذلك هي أن المعلومات الجديدة تدرك في ضوء المعلومات القديمة التي ترتبط بها وتقيم بناءها. فالقديم يكون وسيلة لبناء الجديد الذي يشبهه ويتصل به. وبذلك ترسخ المعلومات الجديدة. وكلما اتضحت الحقائق تغيرت نظرياتنا تبعاً لذلك وهكذا تنمو معلوماتنا ويتكون عقلنا.

خامساً: من المحسوس إلى المعقول

أي أننا يجب أن نشير من الأمثلة والتجارب الحسية إلى المدركات الكلية المعنوية- فإن أول صلة للطفل بالعالم تكون بحواسه- وأول مدركاته هي الحسية ولذلك يجب أن نكثر له من الأمثلة الحسية والتجارب في التدريس، ثم نصل بعد ذلك إلى استخلاص التعريف العام.

في تدريس العلوم أو اللغات، نبدأ بالأمثلة أو الجمل ونقرن المثال بالتجارب التي توضحه كما نقرن الجملة (في اللغة) بالحدث الذي يقابلها متبعين القولة المعروفة "حاول أن تعبر عن نفسك بالعمل بقدر الإمكان".

ثم ننتقل إلى استخلاص القواعد والقضايا العامة. على أنه لا يجب أن نجعل الوصول إلى المعقول أو إلى النظرية هو الغاية أو النهاية القصوى- فإن الوصول إلى القواعد إنما يتم باستخدامها وتطبيقها على الجزئيات الأخرى.

سادساً: التدرج من الجزئيات إلى الكليات

ومعنى ذلك أن نسير في التعليم سيراً منطقياً نبدأ فيه بالجزئيات ونسير بطريق الاستفرار حتى نصل إلى الكليات، فإن الطفل لا يدرك الكليات أولاً، وإنما يبدأ بإدراك أفراد الكل أو جزئياته، فهو قد يخلط المربع بالمستطيل لأنه يرى التشابه بين عدد الأضلاع، ولكن مقارنة عدد كبير من المربعات وتنبيه الطفل إلى تساوي الأوضلاع، وقائمة الزاوية وألخ. ويجعله يعطي حكماً عاماً على المربع ويدرك معناه العام.

ومن قبيل ذلك ما يحكى من أن طفلاً أمريكياً كان يعيش في مزرعة بها أبقار بيضاء. وكان يلاحظ أن لبنها أبيض. فلما انتقل إلى مكان آخر حيث الأبقار الحمراء، سأل والده عما إذا كان لبنها أحمر. والسبب في مثل هذا السؤال أن الطفل لم يستوعب كل أفراد النوع. وفي دروس الأحياء نواح كثيرة تشابه هذه الناحية.

سابعاً: من العملي إلى النظري

يمكن الانتقال في كثير من المواد كالطبيعة، والكيمياء، ومشاهد الطبيعة والهندسة- من التجربة إلى النظرية، فمثلاً في مشاهد الطبيعة

يمكن ملاحظة نمو النبات تحت ظروف مختلفة في الشمس والظل والحرارة أو البرادة. يمكن من هذه التجارب استنباط الظروف الضرورية لنمو النبات. وليس الغرض من هذه القاعدة أن تتحقق في درس واحد أو عدة دروس، بل ربما لا يكون من الميسور أن ننتقل بتلاميذ المدارس في مرحلتهم الأولى من دور التعليم إلى دور البحث النظري. على أن المدرس يستطيع أن يتخذ من هذه القاعدة مرشداً لحمل التلاميذ على البحث في الحقائق ومحاولة الوصول إلى معنى ما يحيط بهم على قدر ما تحتل قواهم العقلية وتجاربهم.

الطرق الرئيسية للتدريس

هناك ثلاثة طرق رئيسية للتحضير وهي: طريقة هربارت (الألماني) وطريقة ديوي (الأمريكي) وطريقة دالتون.

طريقة هربارت (Herbert Method)

بنى هربارت طريقته على النظام الذي يسير عليه الفكر في الوصول إلى المعلومات. وكان هربارت يعتقد: أن البيئة تلعب دوراً مهما في تكوين العقل، وقد أنكر الغرائز والميول الفطرية، واعتقد أن العقل فراغ تصل إليه الأفكار من الخارج. وهذه الأفكار في نظره هي أبسط عناصر الشعور أو شبهه، وهي جزئيات يتكون منها العقل. والمثل الأعلى الذي تهدف إليه التربية عنده هو تكوين الأخلاق.

خطوات الدرس: وضع هربارت للدرس خمس خطوات هي:

- المقدمة أو التحضير
- العرض
- الربط
- الاستنباط او التعميم
- التطبيق

المقدمة أو التحضير (Introduction and Preparation)

ومعناها التهيئة لشيء جديد- وتكون المقدمة بطرق كثيرة، وللمدرس مطلق الحرية في اختيار أنسبها: فقد تكون بتذكير التلاميذ بالدرس السابق، أو باستثارة معلوماتهم العامة المرتبطة بموضوع الدرس الجديد، وذلك عن طريق إلقاء بضعة أسئلة قبل البدء في الدرس.

فالغرض من هذه المرحلة من الدرس إذن هو إعداد عقول الأطفال للمعلومات الجديدة وذلك عن طريق مناقشتهم في المعلومات القديمة التي لها علاقة بموضوع الدرس وجعلها وسيلة لفهم الدرس الجديد. وفائدة المقدمة حصر أذهان التلاميذ في الموضوع الجديد، وربط المعلومات الجديدة بالقديمة. إذ أننا حين نفعل ذلك لا يصبح الجديد غريباً كل الغرابة، ولهذا يشتاق الأطفال إلى معرفته، ولا يعتريهم السأم والملل...وكل منا يريد أن يستطلع الشيء إذا كان وسطاً بين طرفين- كذلك الطفل، والطرفان هما:

الشيء الذي لا يجب أن يكون غريباً كل الغرابة

الشيء الذي لا يجب أن يكون مألوفاً كل الألفة.

وللمقدمة شروط منها:

أولاً: وضوحها ومناسبتها للسن، والجزء المخصص لها من الزمن.

ثانياً: يجب أن تكون حلقة لتنظيم معلومات التلاميذ تنظيماً خاصاً يفيد الدرس الجديد.

ثالثاً: يجب ألا تكون مطولة بحيث لا تتناسب مع الدرس، بل يشترط أن تقتصر على ما يكفي لتوجيه عقول التلاميذ إلى الدرس الجديد، وما يقرب الاهتمام والتشويق إلى نفوسهم.

يلتصق بهذه الخطوة ذكر موضوع الدرس الجديد- وقد يكون هذا مما يساعد على توجيه أذهان التلاميذ للغاية المقصودة من الدرس، كما يكون باعثاً على تشويقهم للسير في الموضوع الجديد.

في المقدمة يمكن استخدام الطريقة الحوارية. وقد نتمكن من عرض باكورة وسائل الإيضاح: كصورة الشيء- أو نموذج له- أو خريطة. فهي تساعد على السير في موضوع الدرس... هذا ومقدمات بعض الدروس يمكن استنباطها من معلومات التلاميذ، والبعض الآخر يمكن استنباطه من المعلومات العامة للطفل في مستوى هذا السن، كما يوجد جزء ثالث لا يحتاج إلى مقدمات.

العرض (Presentation)

هو نفس موضوع الدرس- ولذا فإنه يشمل الجزء الأكبر من الزمن المخصص للدرس. والغرض من هذه الخطوة: إلقاء الحقائق الجديدة، أو القيام بتجارب توصل إليها حتى يصل التلاميذ إلى استنباط القواعد العامة والحكم الصحيح.

وتختلف طريقة العرض باختلاف الدروس والمادة ومدارك التلاميذ: ففي الدروس التي يقصد منها كسب المهارة والتدريب (كدروس الأشغال، والرسم، والتربية البدنية) يمكن إغفال هذه الخطوة وخاصة إذا كان الدرس كله في تطبيق نظرية أو قاعدة خاصة أعطيت مقدمتها في درس سابق. وفي بعض دروس التاريخ يمكننا أن نعتمد في العرض على الطريقة الاستنباطية، وكذلك في دروس الجغرافيا يمكن استخدام هذه الطريقة إلى حد بعيد.. ونحن ننصح المدرس في هذه المرحلة بالأمور الآتية:

أن يختار من المادة الجزء المناسب للمستوى العقلي، وللزمن.

أن يقسم هذه المادة إلى مراحل- ويجب أن تكون هناك وقفات في العرض- وفي نهاية كل منها يستحسن أن تكون هناك فترة استرجاع.

يجب أن تكون أمثلة العرض متنوعة سواء في درس التاريخ، أو الجغرافيا.

يكتفي المدرس باختيار النقط المهمة بالنسبة للتلميذ- ولا يكدس معلومات الكتب- كما يجب أن يكون انتقاله من نقطة إلى أخرى تدريجياً، وذلك بعد تأكده من أن المعلومات السابقة قد هضمت، فلا يكتفي المدرس بذكر الحقائق، بل يتأكد من حفظ التلاميذ واستذكارهم لها.

يحسن بالمدرس أن يوضح للتلاميذ علاقة النقط بعضها ببعض، وبذلك يصبح الدرس وحدة متماسكة.

تجب العناية بإشراك التلاميذ في الدرس عند كل فرصة ممكنة سواء عن طريق الأسئلة أو الإعادة: جزئية كانت أم عامة، أو بالملخص السبوري فكل ذلك يشجع الأطفال على بذل الجهد كي يصلوا إلى الحقائق دون أن يتسرب إليهم الملل.

من الواجب التفريق بين التلميذ الذكي والغبي، وكذلك القوي والضعيف، وكذلك توزيع الأسئلة بينهم جميعاً بالعدل في محاولة النهوض بالضعفاء.

الربط (Connection)

في هذه المرحلة يجب أن نربط المعلومات الجديدة، ونوازن بينها وبين ما يشبهها مما سبق أن ألم به الطفل أو التلميذ... والغرض من هذه الخطوة هو البحث عن الصلة بين الجزئيات وموازنة بعضها ببعض. وهذا ليس مقصوراً على الحقائق الجديدة، بل على القديم والجديد في وقت واحد.

وقد تستخدم الطريقة الاستنباطية في هذه المرحلة.

وأخيراً فليس من الضروري أن يكون الربط خطوة قائمة بذاتها، فمن الجائز عمل ربط في المقدمة أو العرض.

الاستنباط (Conclusion)

في هذه الخطوة نصل إلى القوانين العامة -إلى القضايا الكلية- إلى التعاريف والقواعد المتبلورة- وإذا أنت سرت في الخطوات السابقة بطريق طبيعي، فلا بد أن تصل إلى هذه الخطوة بسهولة، فهي لا تكلف عناء.

ويشترط في الاستنباط أن يقوم به الأطفال أنفسهم، ولا يشرع فيه المدرس إلا إذا فهم التلاميذ الجزئيات فهماً تاماً.

التطبيق (Application)

في هذه المرحلة يستخدم المدرس ما وصل إليه من القواعد والقوانين ويسير سيراً تنازلياً- والغرض منها تأكد المدرس إلى أي حد فهم الأطفال الدرس من جهة، وتثبيت المعلومات في أذهانهم من جهة أخرى، والتطبيق على نوعين:

الأسئلة العادية المعروفة والتي تشبه الامتحانات التقليدية وتكون بمثابة استرجاع للنقط المختلفة في هذه المادة.

نوع يستحسن أن يأخذ شكل الأسئلة الحديثة New Type Tests أما أشكال هذه الأسئلة فعديدة: منها أسئلة التكملة، وأسئلة التصحيح ألخ.. تلك هي خطوات هربارت. ويمكن المدرس أن يستخدمها فميا يستطيع من الدروس وقد يغالي أنصار هذه الطريقة فيحاولون تطبيقها على كل أنواع الدروس- ولكن هناك (كما سبق أن أشرنا) أنواع من الدروس لا يجدي فيها استخدام هذه الطريقة- وعلى العموم لا يشترط أن تكون في كل درس هذه الخطوات الخمس، بل يكتفي بالمقدمة، والعرض، والتطبيق، ونحن ننصح للمدرس بأن يسير في دروسه متتبعاً الخطوات التي يتبعها العقل في حل مشاكله، ولذلك لا بد أن تكون الدروس دروساً تفكيرية فيها يواجه المدرس تلاميذه بمشاكل تبعث فيهم الرغبة إلى الحل.

طريقة ديوي (Dewey Method)

سبق أن ذكرنا أن المشكلة في رأي ديوي هي حالة شك وارتباك يعقبها تردد Hesitation and Perplexity – وتتطلب بحثاً خاصاً يجرى لاستكشاف الحقائق التي توصل إلى الحل... والشخص الذي تعترضه مشكلة ويضطر إلى التفكير فيها كعابر السبيل في مفترق الطرق يجد نفسه يقف هنيهة متردداً: أيسير يمنة أم يسرة؟ أيتجه إلى الأمام أم يرجع إلى الخلف؟ هذه حالة حيرة دعت الغريب إلى التفكير، ولولا هذه الحالة لما بعث عقله إلى التفكير.

وعلى ذلك لا بد أن تكون هناك مراحل للتفكير، أو خطوات يتبعها العقل عند حله مشاكله، نذكرها فيما ياتي:

مشكلة أو موقف معقد إذ لا يمكن أن يفكر الإنسان إلا في شيء، فلا بدّ أن يكون هناك موضوع للتكفير ويصح أن نسميه: مرحلة شك، أو تردد، أو شعور بالحاجة إلى التفكير. والمشكلة لا تسمى بهذا الاسم إلا إذا تطلبت منا بحثاً خاصاً وإلا خرجت عن كونها مشكلة، وأصبحت أمراً عادياً.

ورغبتنا في حل المشكلة كما يقول ديوي هي الباعث لعملية التأمل الهادئة. وضرب لنا ديوي مثلاً لذلك: طالب يفكر هل يستمر في التدخين أو يضرب عنه؟ وهذه المشكلة في نظر ديوي يصح أن تكون مسألة قديمة لم تعن بحلها أو لم يمكنك حلها في ذلك الوقت- أو موقفاً جديداً لا عهد لك به من قبل: بسيطاً كان هذا الموقف أم معقداً.

تحديد هذه المشكلة: يقصد ديوي بهذه المرحلة تنظيم الحالات الفعلية، وترتيبها، وحصرها في طريق خاص أي: حسب الأهمية- الأهم فالمهم- وترك العناصر غير المهمة.

هذا، وقد تكون المشكلة متعددة الجوانب، فإذا نظرنا إليها تارة من جانب وتارة من جانب آخر- فقد يؤدي ذلك إلى للبس والتشعب والغموض. فلا بد إذن من:

تحديد المشكلة وحدها، وإيضاح هذه المشكلة حتى يستقر في الذهن عرض واحد.

في المثل السابق (التدخين) نستطيع أن نفكر في الموضوع من نواح عدة: من الناحية الاقتصادية، والصحية، والخلقية، والنفسية..ألخ فخطوة تحديد المشكلة تتضمن اختيار العناصر المهمة في الموضوع، وتنظيم الملائم منها حتى يصبح ذا قيمة.

ولتحديد المشكلة السابقة تتساءل:

هل التدخين يساعد، أو يعطل التكوين الكامل للجسم، أو العقل عند الطالب؟. هل التدخين يؤدي إلى النجاح في الحاضر، أو المستقبل؟.

ويقول ديوي: إنه في أثناء هذه العملية نجد أن هناك نزعة عند العقل تدفعه إلى استخدام قانون الاقتصاد العقلي أي: أن العقل يرمي إلى اتباع أقصر الطرق، وأقربها، وأقلها مقاومة حتى يصل إلى الحل.

افتراض الحلول المختلفة: بعد تحديد المشكلة بهذا الشكل يسرع العقل في استعراض الحلول المختلفة على أن هذه الحلول الموجودة فعلاً. في المشكلة غير كافية، لأنها لو كانت كافية لما وجدت مشكلة. على أن من العناصر الموجودة فعلاً- ما يوحى إلينا بعناصر أخرى فافتراض الفروض هو الخطوة الفعالة في التفكير- والفرض نفسه ما هو إلا فكرة توهمنا أنهم توصلنا إلى الحل.

فبعد أن يبحث الإنسان في الحقائق والمشاهدات: فيلاحظ الطالب المدخن أن فريقاً من أقرانه يدخن، وفريقاً آخر لا يدخن، ومن بين الفريقين أحد الطلاب أكثرهم صحة وقوة، وبعضهم أذكى عقلاً وأسبق درجة في العلم... ولتفسير هذه الظواهر المختلفة من جهة المشكلة التي نحن بصددها يعرض الطالب الفرض الآتي:

"إن التدخين معطل للنمو الجسماني، مؤخر للصحة، ومعطل للعقل" فالقرض إذن نوع من التصرف يراه المفكر صالحاً لحل مشكلة-

أو هو فكرة يعتقد الإنسان أنها موصلة لحل هذه المشكلة.

تحقيق الفروض: في كثير من الأحيان نجد أن هناك مسألة من المسائل لها عدة وجوه للحل- فهي تقبل أكثر من فرض، أو احتمال واحد. فيجب أن نجرب هذه الفروض المختلفة فرضاً حتى يصل الإنسان إلى حل، ولكن يجب أن نتمسك بوجهة نظرنا، لأن أساس صحة التفكير هو الشك، والتريث في الحكم حتى تظهر عناصر جديدة- إما أن تؤيد، أو تدحض هذا الفرض.

فمثلاً: إذا وصلنا إلى الفرض بأن التدخين معطل للنمو الجسماني ومؤخر للصحة، ومعطل للنجاح، نبحث هل هذا صحيح أو لا؟ ونبحث أيضاً في صلة هذا الفرض بالنواحي المختلفة من الموقف.

فنقول: إنه إذا كان حقاً أن التدخين معطل للنمو والصحة والنجاح فإنه يجب أن يكون المدخنون أبطأ في النمو وأضعف في القوة البدنية، وأقل احتمالاً من غيرهم- لذلك فهم لا يستطيعون مباراة غيرهم في الرياضة البدينة، وفي تحصيل الدروس.

فإذا كانت نظريتنا صحيحة وجب أن تترتب عليها هذه النتائج وهو ما سنراه في المرحلة الأخيرة.

(هـ) التطبيق: أو تحقيق الحلول التي انتهى إليها العقل- فبعد ذلك يرغب الشخص في التأكد من صحة هذا الحل وذلك بأن يختبره بالتجربة، فإن أيدته التجربة قبلناه- وإذا وجدنا الوقائع تخالفه رفضناه- وهنا نبحث فنجد أن التدخين ممنوع بين أوساط الرياضيين، لأنه اتضح بالاختبار أنه يضعف القوة البدينة. ومن ناحية أخرى نجد أن المدخنين من الطلبة أضعف في مستواهم العلمي من غيرهم، كما دلت الإحصاءات التجريبية التي عملت في أمريكا- وعلى ذلك يقبل العقل هذا الفرض، ويعتقد صحته.

نقد خطوات هربارت:

سنحاول أن ننتقد هربارت على أساسين:

١- سيكولوجي ٢- تربوي، ثم نتحدث بعد ذلك عن فضل هربارت على التربية والتعليم.

النقد السيكولوجي:

بنى هربارت طريقته على رأي خاطئ في علم النفس، وكيفية تفكير الإنسان: فلقد كان الشغل الشاغل للفلاسفة في قديم الزمان ينحصر في معرفة الطريقة التي يصنع بها العقل الأفكار، ولقد تخلص الكثير منهم في حل هذه المشكلة بفرض وجود العقل الذي وصفوه بالمخ- فالعقل في نظرهم شيء مادي موجود... ولكن هربارت جاء بحدث جديد في الفلسفة، إذ نادى: بأن العقل خال من كل شيء، وأن الأفكار يمكنها أن تدخل هذا العقل وتخرج منه كلما أرادت، لأن العقل (في نظره) ليست له قوة على أن ينشئ، أو يصنع أو يبتدع الأفكار. وأهم خطأ في هذا الرأي ما يأتي:

أن هذه النظرية تنكر على الروح، أو العقل كل قوة من قوى الإرادة والتفكير الداخلي والميول المتأصلة- فإن هربارت ينكر الوراثة والاستعدادات والميول.

أن الأفكار تدخل وتخرج من العقل بلا حساب. وهذا أمر غير معقول فلقد أثبت علم النفس الحديث أن الأفكار التي يفكر فيها العقل لا تذهب بدون أن تترك أثراً.

إن علم النفس الحديث أثبت أن العقل وحده وهو في إدراكه يدرك الشيء ككل، ثم بعد ذلك يحاول التجزئة.

النقد التربوي:

إن نظرية هربارت تنظر إلى المواد الدراسية نظرة من لا يفرق بينها: تنظر إليها على أنها مواد لفظية فحسب، والواقع أن هناك مواد لكسب المهارة، ومواد عملية لا يمكن أن تتبع فيها خطوات هربارت- ففي كثير من الدروس لا نحتاج إلى القواعد الخمس.

إن هذه الطريقة تجعلك تنظر إلى المدرس نظرتك إلى الآلة فهي ترسم له خطة واحدة، ولا تدع له الحرية في التفكير...فالمدرس على رأي هربارت يهتم بالمذكرة ويحاسبك عليها.

نظرية هربارت يبدو فيها شيء من التناقض: فقد ادعت هذه النظرية أن كل الأطفال متساوون، لأن العقل في البداية يتكون من العالم الخارجي. والطفل عند الهربارتيين يأتي إلى المدرسة وعقله صحيفة بيضاء- على أنه مما لا شك فيه أنه لا يوجد طفل وطفل متشابهين في جميع الأحوال، ومن ثم فمن الخطأ أن نأخذ الأطفال على غرار واحد.

موقف التلميذ في نظرية هربارت موقف سلبي- هو موقف الشخص القابل للمعلومات.

ليست عملية التربية من البساطة بحيث يتبع المربي طريقاً سهلاً ومتسعاً وعادياً للوصول إلى غرضه... بل إن التربية عملية بطيئة لا تأتي بسرعة كما توهم هربارت وأتباعه... هي عملية تبدأ من المهد إلى اللحد، وهذا سبب تعقدها، والتدريس من هو إلا مظهر واحد من مظاهر التربية.

طريقة هربارت تهتم بشكل التدريس وتهمل طبيعة المواد، وتغالي في التفرقة بين الشكل والمادة.

طريقة دالتن (Dalton Plan)

إن روح التربية الحديثة التي تسود هذا العصر هي مراعات الاعتبارات السيكولوجية للطلاب، والاهتمام بمقدرتهم العملية وباختلافاتهم في مستوى ذكائهم وقواهم العقلية كأفراد، وقد أثبتت مقاييس الذكاء ومقاييس المواد المقننة أن الفصل المدرسي الواحد يحوي مجموعة من الطلاب يختلفون قوة وضعفاً من حيث المقدرة والتحصيل العلمي، فمثلاً نجد في الفصل الواحد مجموعة من الطلاب متفوقة في مادة ما على باقي تلاميذ الفرقة. فطريقة التعليم الجمعي من شأنها أن

تضع الأقوياء من التلاميذ مع الضعفاء في كفة واحدة، فعلى الرغم من تفاوتهم نجد أنهم يعاملون جميعاً معاملة واحدة. وينتج عن ذلك أن الأذكياء من التلاميذ في فصل ما يسيرون في عملهم المدرسي بموجب النظام الجمعي ويرتبطون بعجلة غيرهم من المتوسطين والضعفاء، ومن هنا يضيع عليهم كثير من الوقت والمجهود. أما التلاميذ الذين هم دون درجة المتوسط، فهولاء يتحايلون على الموقف بطرق شتى كالالتجاء إلى الدروس الخصوصية، وهذا ما يكلف الآباء نفقات قد يعجزون عن الاستمرار في تنفيذها، وقد يخصص هولاء الطلاب جزءاً كبيراً من وقتهم للمواد التي يتجلى فيها ضعفهم، ويكون ذلك على حساب بقية المواد. فلا بد إذن ليتم التوفيق بين أمثال هؤلاء الطلاب وبين غيرهم من الأقوياء من تغيير هذه الطريقة المتبعة في مدارس التعليم الجمعي بطريقة أخرى تسمح للتلاميذ بأن يوزع وقته على المواد المقررة بالنسبة لصعوبتها في نظره، فيخصص وقتاً أطول للمواد التي يرى أنها صعبة، وهذا ما حققته طريقة دالتن- تلك الطريقة التي جمعت بين ثناياها كل المبادئ والأسس التي ترمي إليها التربية الحديثة وستتضح لنا هذه المبادئ عند تحليلنا للأسس الت تقوم عليها هذه الطريقة.

ويرجع الفضل في ابتداع طريقة دالتن أو طريقة المعامل إلى الآنسة وهيلين باركهرست (Helen Parkhurst)، وقد سميت بهذا الاسم نسبة إلى البلدة الصغيرة "دالتن" التي أنشأت فيها "باركهرست" مدرستها، وهذه البلدة من أعمال ولاية "ماساتشوست".

وقد بدأت هيلين عملها كمدرسة بمدرسة قروية صغيرة تضم أربعين تلميذاً موزعين على خمسة فصول، ولم تكن هناك مدرسة أخرى تشاركها في تعليم هؤلاء الطلاب، فكانت تقوم بشرح درس في أحد الفصول، وفي الوقت نفسه تراقب الفصول الباقية. ولما كانت هذه الطريقة متبعة دعاها هذا إلى التفكير في خلق طريقة تسهل عليها تسيير دقة العمل في جميع المدرسة في وقت واحد، فعملت على أن تكلف كل تلميذ أداء عمل من الأعمال ثم تراجع له هذا العمل بعد فراغه منه، وتلك الفكرة جعلتها تسند إلى الكبار من الطلاب بعض الأعمال مع تكليفهم أن

يمدوا يد المساعدة إلى الصغار فيساعدوهم على فهم ما يغمض عليهم فهمه دون أن يلجأوا إليها إلا عند الحاجة. وهذا التجديد الذي أوجدته "مس هيلين باركهرست" جبب إلى الأطفال عملهم الدراسي، وظهر ذلك في إقبالهم عليه بشوق وانتباه.

وقد تنقلت "باركهرست" بعد ذلك في مدارس مختلفة، ولم تكن في كل هذه التنقلات تقوم بدور المدرسة التي تعمل على تلقين الأطفال المعلومات المقررة، بل كانت تفكرفي تغيير هذه الطريقة الجمعية التي قرأت ما كتبه "سويفت" عنها من أنها طريقة عتيقة تخلفت عن القرون الوسطى وما زالت تسيطر على مدارسنا برغم تغير الظروف التي خلقتها، وأعظم وسيلة للقضاء على هذه الطريقة هي توسيع مدارك المعلم الحديث، فيتمكن عندئذ من دراسة تلاميذه، وبذلك يصبح الفصل معملاً تربوياً، ويقتحم النشاط اليدوي ذلك الحائل المنيع بين الأشغال وبين مختلف المعامل الدراسية لبقية المواد".

وفي سنة ١٩١١م بدأت "هيلين باركهرست" تطبق مبادئها على أطفال من سن ٨-١٢ سنة، وجعلت تعليمهم في معامل تربوية، وعمدت إلى إلغاء جدول الدراسة تدريجياً، ونظمت الأطفال في مجموعات، وتركت لهم حرية العمل فيما يروقهم من المعامل المتعددة، وفي سنة ١٩١٤ زارت "باركهرست" إيطاليا حيث درست طريقة "منتسوري" التي كانت معجبة بها أيما إعجاب، وكانت تأمل في نشر هذه الطريقة في أمريكا، وفي سنة ١٩١٩ أتيحت "لباركهست" الفرصة لإعادة تجاربها على طريقة المعامل في إحدى مدارس الأطفال المقعدين، وفي سنة ١٩٢٠ تمكنت من تطبيق طريقتها في مدينة "دالتن" بإحدى مدارسها الثانوية. وكانت "باركهرست" تؤكد استخدام كلمة "معامل" في مدارسها فكتبت في ذلك تقول: "إني أتمسك بهذه الكلمة على أمل أن تنتقل تدريجياً وجهة نظر التربية، وتبتعد عن جو التحيز والنظريات الميتة التي تجرها كلمة مدرسة إلى عقولنا، فدعنا نفكر في المدرسة على أنها "معمل اجتماعي" يصبح فيه الطلاب أنفسهم المجربين لا الضحايا لنظام بائد لا حول لهم فيه ولا قوة. دعنا نفكر في المدرسة على أنها مكان تسود فيه

الظروف الاجتماعية كما تسود في الحياة خارجها". ولكن لكيلا يسيء الناس فهم الغرض الذي تقصده "مس هيلين باركهرست" من كلمة "معمل" قررت أن تطلق على طريقتها اسم "طريقة دالتن". ولم تقبل أن تطلق على هذه الطريقة اسمها لرغبتها في أن تجعلها طريقة حية دائمة، ولأنها تود أن يشترك معها غيرها من المربين في تجربة الطريقة وإصلاح كل نقص يبدو لأي فرد بحرية تامة.

لقد كان ابتكار "هيلين باركهرست" لهذه الطريقة حلاً لمشكلة تكييف العمل المدرسي لحاجات التلاميذ: الاجتماعية، والفكرية، والجسمية، وهذه الطريقة تقوم على فلسفة: هي أن المدرسة يجب أن تكون مجتمعاً يهيء الخبرات التي تحرر ميول التلاميذ ودوافعهم، وينتج عن هذه الخبرات المعرفة والقدرة التي تتطلبها الحياة. ويجب على المدرسة أن تتيح الفرصة لمثل هذه الخبرات في وسط اجتماعي. فلكي يصبح الفرد قادراً على تصريف شؤون حياته يجب أن يتعود رسم الخطط وتنفيذها أثناء عملية التعلم. ولقد تأثرت "هيلين باركهرست" بفلسفة "جون ديوي" فاعتقدت أن الفرد يحتاج إلى الحرية لكي تنمو قدراته وتتكون شخصيته، كما رأت أن الصفة الاجتماعية لا تتحقق في الفرد إلا عن طريق الحياة التعاونية مع الجماعة، وأن قدرة الفرد على تصريف شؤون نفسه تتكون عن طريق تعلمه كيف ينظم وقته. وعلى أساس هذه الفلسفة وضعت "هيلين باركهرست" الأسس التالية التي بنت عليها طريقتها في التربية وهي: الحرية، والتعاون، وتحمل المسؤولية.

فتلاميذ مدرسة "دالتن" أحرار في إنجاز أعمالهم من غير أن يزعجهم صوت الناقوس الذي يتحكم في الجدول الدراسي، فيقطع عليهم حبل أفكارهم وتصوراتهم، فيستمر التلميذ في العمل الذي يقوم به في أي مادة يكون منشغلاً بها، وبذلك يكون أكثر إنتاجاً وتحصيلاً للعلم من زميله الذي يتلقى العلم على أساس الحصص، ويجب ألا يغيب عن أذهاننا أنه إذا لم يتعلم التلميذ بالمقدار الذي تسمح له به قدرته الشخصية وما يصحب ذلك من شعوره بالشغف نحو المادة التي يعمل فيها، فإنه لم يتعلم شيئاً بالدقة المطلوبة. وقد قيدت هذه الحرية بقوانين تنظيمها،

وروعى فيها أن يشغل كل تلميذ وقته لا أن يشغل وقت غيره لأن هذا هو عين الاستبداد.

ولقد ألقت طريقة "دالتن" قدراً عظيماً من تحمل المسؤولية على عاتق الأطفال أنفسهم، فهي تحدد لهم القدر المعين من المواد الدارسية التي يمكن دراستها في مدة معينة ثم تتركهم أحراراً، وفي نهاية المدة يكون كل تلميذ على أتم الاستعداد لإثبات كفاءته وجدراته فيما درسه. والتلميذ حر في متابعة دراسة أي علم من العلوم، فقد يركز اهتمامه في علم واحد أو في علمين كما يتراءى له. وتتطلب هذه الطريقة أن يقلع المدرس عن التدريس وتصبح وظيفته الإرشاد فحسب، فيتعين عليه أن يبقى ساعات محدودة في معمله لتوجيه من يحتاج إلى إرشاد من الطلبة. وليس من المفروض مطلقاً أن يتدخل المدرس في شؤون التلميذ الذي له مطلق الحرية في أن يلجأ إليه للإرشاد أو لا يلجأ، فكل تلميذ يتقدم في عمله الدراسي وفق قدراته وميوله مادام يسير بنجاح في هذا العمل. والأطفال أحرار في أعمالهم مدة ثلاث ساعات يومياً (من ٨-١١ صباحاً)، أما بقية ساعات اليوم فكانت تترك للدراسة وفق الطريقة العادية، وكان على المدرس أن يقوم بالمهام الآتية وهي:

- خلق جو دراسي داخل معامل الدراسة.
- شرح تفاصيل بعض التعيينات.
- تزويد الأطفال بطرق استخدام الأجهزة الدراسية.
- مد الأطفال أو التلاميذ بالنصائح والإرشاد عند حل بعض المشاكل المعقدة.
- يقوم المدرس إذا دعت الحاجة بشرح بعض النقاط الدراسية وعلاقتها بالمبدأ العام في مادة الدراسة.

ويدعى أنصار هذه الطريقة أنها نجحت نجاحاً تحسد عليه، فالتلاميذ الذين تركوا لأنفسهم وأجهزتهم ولمعاملهم ولطريقتهم الخاصة،

قد تمكنوا من النجاح وتزودوا بسلاح الثقة بالنفس في مواجهة المشاكل. ومما لا شك فيه أن هذه الطريقة في البداية قد تعرضت لبعض الاضطراب، وأنه أعوزها عنصر الربط، وأن بعض الموضوعات الدراسية قد أبلى فيها التلاميذ بلاء حسناً، ولكن وجد أنه بعد أن تستقر الأحوال يتمكن الطلاب من أن ينظموا عملهم، وينتهوا من التعيينات المقررة في المدة المحدودة. ومما يدعو إلى الدهشة حقاً أن بعض التلاميذ- أوجلهم بشكل عام- كانوا يفضلون البدء بأصعب المواد الدراسية وأكثرها كراهية إلى نفوسهم.

وطريقة "دالتن" يمكن تطبيقها على تلاميذ تتروواح أعمارهم بين الثامنة والثامنة عشرة، وتهدف إلى تزويد الطفل أو التلميذ بالحرية، وترمي إلى تحويل المدرسة إلى مجتمع تتمكن الجماعات فيه من الاحتكاك بعضها ببعض، وهي طريقة تحل مشكلة التعليم من وجهة نظر التلميذ، فتزوده بالمسؤولية، وتحببه في العمل، وفي هذه الطريقة تصبح الفصول معامل دراسية تضم بين جدرانها الكتب والأجهزة المناسبة لهذه المادة، أما التلاميذ فما زالوا مجتمعين في فصول لأهداف تنظيمه. ذلك هو الوصف الذي أدلى به سكرتير "جماعة دالتن" عن هذه الطريقة.

وفي طريقة "دالتن" يلغي النظام المدرسي التقليدي. وهناك ثلاث خصائص لهذا التنظيم الجديد الذي تقوم عليه هذه الطريقة.

تنظيم المدرسة إلى "بيوت" أو "أسر" لا تقوم على بعض الفرق المدرسية ولكنها تتكون من مختلف فرقها.

تتحول الفصول الدراسية إلى معامل للمواد الدراسية، وتختصكل مادة بمعمل، ويعمل في كل معمل من هذه المعامل تلاميذ من كل الفرق، كل يعمل في التعيين الذي معه.

يلغي التنظيم المدرسي التقليدي لليوم المدرسي، ويترك للتلاميذ تنظيم وقتهم على أساس التوجيه الذي يشتمل عليه التعيين.

من هذا الوصف يتجلى لنا بروز أهمية المجهود الشخصي

وتحمل المسؤولية الذي اتصفت به مدارس "دالتن"، تلك الروح التي لم يكن لها أي وجود في نهاية القرن التاسع عشر ومستهل القرن العشرين، والتي عمل كل مصلح تربوي على إدخالها في المدارس. على أن قيمة حركة "دالتن" يمكن لمسها إذ ما لاحظنا أو درسنا حركة المقاومة السلبية التي قوبلت بها هذه الطريقة الجديدة، وهناك كثير من الأسباب التي تدعو إلى مقاومة هذه الحركة وإلى رد اعتبار الفصل الدراسي إليه واتخاذ وحدة للتدريس، ويمكن تلخيص هذه الأسباب فيما يأتي:

أولاً: الاتجاه الرجعي الذي يلازم معظم المدرسين. فمعظمنا يكره بل يقاوم أي تغيير في طرقنا التعليمية. وقد تحبذطريقة عملنا وإعدادنا وعلاقتنا بالمجتمع هذا الاتجاه الرجعي، فأولياء الأمور، والدولة نفسها لا يحبون المدرسين ذوي الجرأة في الابتكار. ومعظم الآباء قانع ويرحب بأن تسيرالأمور في مجراها الطبيعي، وكذلك الحال لدى غالبية المدرسين أولئك الذين يفضلون اتباع أسهل الطرق وأقلها مقاومة، ويقنعون باتباع طرقهم المعهودة ويجدون في الدفاع عنها.

ثانياً: حب المدرسين للتدريس الفصلي وتمسكهم به. فللتدريس الفصلي جاذبية وحنين يجعلان المدرس العادي يلتجئ إليه ويفضله على طريقة التعليم الفردي، وربما كان السر في ذلك راجعاً إلى ذلك التعليل الذي يلجأ إليه جماعة أنصار التحليل النفسي. فمن الصفات المرذولة في الإنسان رغبته الدفينة في أن يظل دائماً في موضع الصدارة The love of the lime light، "فحب القوة" Love of power وإبراز هذه القوة من الدوافع القوية في الحياة، وقد نكون نحن جماعة المدرسين في خطر من جراء ترك هذا الدافع يسيطر على أعمالنا المدرسية الفنية، فنحن نولع دائماً بتعليم الغير، ونشعر أنه من الأسهل بل من الأيسر أن نزود الطفل بالمعلومات العامة مباشرة بدلا من الانتظار عليه حتى يصل إلى تلك المعلومات بنفسه، فلا غرابة إذن أن يتطلع بعض مشاهير المدرسين إلى طريقة "دالتن" بشيء عظيم من ا لريبة. فهي طريقة تبعدهم عن موقف الصدارة وتحركهم إلى العمل في المؤخرة، طريقة تدفعهم إلى إنكار الذات Self-abnegation في الوقت الذي تدفع فيه بتلاميذهم إلى إثبات الذات

.Self-realization

ثالثاً: وثمة عامل ثالث يدافع به بعض المدرسين عن أهمية نظام التعليم الفصلي، فبعض أجزاء تحتم عملنا أن نهتم بحاجات الفرد كفرد، وبعضها الآخر يحتم علينا أن نهتم بحاجات الأفراد كأعضاء في جماعة. ومن أجل هذا يجب أن يحتفظ الفصل بكيانه كوحدة للتدريس.

وليس هناك ما يمنع مطلقاً من أن يحتفظ بالفصل كوحدة للتدريس مع الانتفاع بروح "طريقة دالتن" وتشجيع العمل الفردي والسير بطريقة التعيينات أو بالالتجاء إلى طريقة الربط بين المواد التي يشجعها الفرنسيون.

وخطة مدرسة "دالتن" تشتمل على جميع المواد الدراسية التي توجد عادة في المنهاج،وهذه المواد تنقسم إلى مجموعتين:

المجموعة الأولى هي مجموعة المواد الثقافية المسلم بضرورتها للإعداد للحياة: كالرياضيات، والعلوم، واللغة، والتاريخ، وما إلى ذلك.

أما المجوعة الثانية فهي مجموعة المواد الأخرى التي تطلب لقيمتها في إرضاء ميول الفرد وحاجاته وتنميتها: كالرسم، والأشغال اليدوية، والموسيقى، والتربية البدنية، والتدبير المنزلي.

وتدرس مواد المجموعة الأولى دراسة حرة عن طريق العقود والتعيينات، أما المجموعة الثانية من المواد فتدرس بالطريقة الجمعية.

وفي المدرسة الدالتونية يقسم منهاج كل فرقة إلى أجزاء كثيرة يكون عددها بعدد شهور السنة الدراسية، والعمل الخاص بشهر من الشهور في كل العلوم يسمى واجباًJob أو تعييناً assignment ويقدم الواجب أو التعيين لكل تلميذ على شكل كراسة تعيينات تشتمل على أوراق مطبوعة أو تقاسيم Allotment أو عقود، كل منها يمثل عمل شهر في مادة من المواد التي يطالب التلميذ بدراستها، ويقسم كل تعيين أو كل عقد Contract إلى أقسام أسبوعية أو يومية لتساعد التلميذ على تنظيم وقته

ووضع خطة لدراسته، ويراعي الارتباط التام بين التعيينات الخاصة بكل علم من العلوم المختلفة.

والتلميذ "الدالتوني" يسير في عمله بثبات، ويتقدم فيه خطوة فخطوة في حدود ما رسمه له المنهج، وهو يتبع في عمله خطة دقيقة تضمن حسن سير العمل، والنقط الأساسية في سير الخطة التي يتبعها التلميذ يمكن أن نلخصها فيما يأتي: يصرف التلاميذ الخمس عشرة دقيقة الأولى من اليوم المدرسي في حجرتهم العامة والخاصة بالأسرة التي ينتسبون إليها، وفي أثناء هذه الدقائق يرسم كل تلميذ خطته لهذا اليوم تحت إشراف أستاذه Class-advisor وعلى التلميذ أن يرجع يومياً إلى لوحة الإعلانات بالمدرسة ليقرأ الإعلانات الخاصة بالاجتماعات التي يجب عليه أن يحضرها فيدرجها في خطة عمله اليومي. ويتمكن التلميذ بعد ذلك من متابعة فترة العمل الحر في الصباح فيعمل ما يشاء تبعاً للخطة التي رسمها لنفسه، وهذا يعطيه الفرصة لأن يشتغل في أي نوع من العمل يفضله هو في أثناء الفترة الصاحبة. وبعد انتهاء الفترة الصاحبة يخصص التلاميذ- بإشراف مدرسهم- بأي عمل يختارونه كوضع خطة لمشروع جمعي أو وضع برنامج لاجتماع عام أو لسماع درس في موضوع خاص، وفي نصف الساعة الأخيرة يعمل مدرسو المواد المختلفة مع التلاميذ. أما فترة ما بعد الظهر فتخصص لأوجه النشاط المختلفة: في الموسيقى، والفن، والأشغال اليدوية، والتدبير المنزلي. ويتبين من شرحنا هذا لسير طريقة "دالتن" أن للتوجيه وللمراجعة أثرهما ويتم هذا بواسطة ثلاثة أنواع من الخطوط البيانية:

أولاً: رسم بياني يوضح تقدم كل تلميذ في عمل كل شهر من شهور السنة، وهذا الخط البياني خاص بالفصل، ويعلق فيه حتى يمكن أن يعرف بسهولة التقدم اليومي لكل تلميذ. ويطلق على هذا النوع اسم الرسم البياني الخاص بمدرس المعمل: The Instructor's Laboratory Graph، ويحفظ المدرس لكل فرقة من فرق المدرسة ورقة من هذا الرسم خاصة بها ذات لون خاص. وقد عملت لذلك جداول خاصة، ويخصص لكل تلميذ من تلاميذ الفرقة الواحدة قسم خاص به، وأمام كل تلميذ توجد

أربعة أقسام رئيسية تقابل الأسابيع الأربعة التي يتكون منها الشهر، وكل أسبوع مقسم إلى خمسة أقسام كل منها وحدة من وحدات العمل البالغ قدرها عشرون وحدة والتي يتكون من مجموعها العمل الشهري في صحيفة كل مادة، فإذا فرضنا أن ثلاثة تلاميذ أنجزوا مادة ما عمل الأسبوع الأول المقرر لدراسة خمس وحدات من كل العمل الشهري لهذه المادة فما على كل منهم إلا أن يطلب من المدرس الموجود في معمل هذه المادة أن يؤشر أمام اسمه في هذا الرسم البياني بخط أفقي في الحانات الخمس الصغيرة الموضوعة تحت الأسبوع الأول، وهذا معناه أنهم أنجزوا خمس وحدات من العشرين وحدة المقدرة للعمل كله، وإذا فرضنا أن تلميذاً رابعاً أنجز العمل المطلوب إنجازه في بحر الأسبوع الأول، فيرسم المدرس أمام اسمه خطاً أفقياً في الحانات الأربع الأولى الموضوعة تحت الأسبوع الأول، وهكذا:

ولهذا الرسم البياني فائدة كبيرة للمدرس فبوسطته يتمكن من معرفة مقدار العمل الذي قام بتنفيذه كل تلميذ من تلاميذ فصله في إتمام العقد الشهري لمادته. كما أنه يتمكن أيضاً بعد الاستفادة من دراسة عقود المواد الأخرى الشهرية أن يعرف مدى تقدم أي تلميذ في مختلف المواد، ويمكنه كذلك أن يحكم على مدى ميل التلميذ للمادة. كما أن هذا الرسم البياني يساعد المدرس في الكشف عن الصعاب التي اعترضت بعض التلاميذ في مادته، وبذلك يمكنه أن يدعو تلاميذ (بإعلان يوضع في لوحة الإعلانات) للاجتماع به في الوقت المناسب لتقديم المساعدة اللازمة. على أن الرسم البياني يوضح للتلميذ مقدار العمل الذي أنجزه في كل مادة، ويمكنه من أن يعرف مقدار تقدمه إذا ما قورن بتقدم غيره من الزملاء، وبذلك يستطيع أن يكون فكرة صحيحة عن نفسه.

ثانياً: خط بياني بالتلميذ: The Pupil's Graph، وهو سجل لوحدات العمل التي يتمها التلميذ في كل يوم، يسجله التلميذ بنفس الطريقة التي يسجل بها المدرس رسمه البياني السابق. وهذا السجل يبين للتليمذ في كل لحظة مقدار ما أنجزه من صحف المواد الشهرية، والباقي عليه منها. وعن طريق هذا السجل يعرف التلميذ موطن ضعفه فيحاول بكل الوسائل

التغلب عليه. ومن مزايا هذا السجل أن يحتم على التلميذ أن يقدر دائماً قيمة وقته المخصص للعمل الحر ويشعر أنه مسؤول عن حسن استغلاله. وهذا السجل بمثابة تقرير شهري عن تقدمه.

ثالثاً: خط بياني خاص بالمجموعة أوالأسرة: Form or House Graph وهذا الرسم البياني قلما يستخدم في مدارس "دالتن" ولو أن "مس هيلين باركهرست" ذكرته في كتابها.

ميزات هذه الطريقة:

إن طريقة "دالتن" تمنح التلميذ الحرية الكاملة للتصرف في الوقت المخصص للعمل الحروفق ما ينبغي، فهو يتقدم بسرعته الخاصة، فهي طريقة من شأنها أنها تعطي ضعاف التلاميذ فرصة التقدم بالسرعة التي تناسب قدراتهم، وبذلك نضمن إتقان العمل ونتجنب تثبيط همة التلاميذ بسبب الفشل. كما أنها تمكن أذكياء التلاميذ من أن يتقدموا بالسرعة التي تتكافأ وقدراتهم، فهي طريقة تحقق العدالة بين التلاميذ، وتقضي على عنصر الظلم قد يفرض على الطفل من الخارج.

إن طريقة دالتن تركز اهتمام التلميذ على عمله الخاص الذي عليه يتوقف تقدمه في المواد المقررة عليه. فهو يوزع وقته على المواد بالنسبة لصعوبتها في نظره، فيخصص للمواد التي يشعر بالضعف فيها وقتاً أطول من المواد التي يراها سهلة، وبذلك يتسنى للتلميذ أنيلم بكل المواد المقررة عليه، فالمواد الدراسية في نظره وحدة كاملة يهتم بها جميعاً جافها وشيقها.

إن طريقة "دالتن" تقضي على عنصر الخداع والكلفة في الحياة الدارسية، فهي تقضى على سوء التقدير الناتج من افتراض المدرس أن تلاميذه قد قطعوا مرحلة من المقرر في حين أنهم سمعوا جزءاً منه ولم يستوعبوه، كما تركز اهتمام التلميذ في إتقان المواد الدراسية بدلاً من محاولته إرضاء مدرسه بعمل كلفه به.

إن طريقة "دالتن" قضت على استبداد جدول الدراسة بالمدرسة

وبالتلميذ، ذلك الجدول الذي لا يسمح لهم بالعمل الحر أو متابعة ميولهم الدراسية.

إن طريقة "دالتن" قد أحدثت تغييراً عظيماً في العلاقة بين المدرس والتلميذ، فهي طريقة تحقق الاتصال الشخصي بين التلميذ والمدرس، وتجعل التدريس فردياً مجدياً بدلاً من توزيع مجهود المدرس على الفصل كله بشكل عام. وهي طريقة تجعل التلميذ بشغف بعلومه، ويحترم مدرسيه، ويشعر بالسرور عند إنجاز عمل من الأعمال، كما أنها تضع المدرس في مركز ممتاز عن ذلك المركز الذي كان يظهر به المدرس القديم، فهنا يقف المدرس من التلاميذ في منزله الأخ الأكبر.

إن طريقة "دالتن" تقوي الروح الاجتماعية بين النشء، فهم يجتمعون بين آن وآخر في معامل الدراسة يتناقشون ويتباحثون ويدرسون متضامنين، فالدراسة بهذه الطريقة تكون مثلاً مصغراً للحياة العملية التي سيعيشها الفرد في المستقبل مع غيره من الناس، فطريقة دالتن تهيء الفرصة أمام التلميذ ليتعود هذه الحياة حتى إذا خاض غمارها لا تكون حياة غريبة عنه.

إذا انقطع تلميذ عن الدراسة لمرضه أو لأي سبب آخر أمكنه أن يتابع دراسته من حيث انتهى هو لا من حيث انتهى زملاؤه، أي أنه لا يتأثر مطلقاً بتقدم زملائه، وبذلك يتحقق بعض العدالة.

طريقة "دالتن" تخلق في التلاميذ بعض الصفات الحلقية الجديرة بالذكر: كالاعتماد على النفس، وتحمل المسؤولية واحترام العمل وإتقانه، والوفاء بالوعد.

(ب) مواطن الضعف في طريقة "دالتن":

١- يرى بعض النقاد أن إلقاء المسؤولية على التلاميذ من الصغر ومطالبتهم بمواد معينة في زمن معين مما يزيد قلقهم، ولكن يؤكد الدالتونيون أن قلق الأطفال يقل تدريجاً، لأن المدرس على صلة دائمة بالتلميذ يساعده وقت الحاجة، ولم يغفل السير جون أدلز J. Adams الرد على هذا الاعتراض حين قال: "وإني أصرح بأني كنت من الذين خافوا على التلاميذ زيادة الهم وقلق البال من إلقاء تبعة كبيرة عليه، ولكن

يسرني أن أقول إنه ليس هناك الآن من المهملين إلا قليل جداً، وأقل منهم هؤلاء الذين يشتغل بالهم أو يقلق ضميرهم".

٢- إن عنصر المنافسة في طريقة "دالتن" عنصر واضح ظاهر وله خطورته، فهي طريقة تقوم على المنافسة وموازنة وموازنة التلاميذ بعضهم ببعض عن طريق الموزنة بين الرسوم البيانية.

٣- يشك بعض النقاد في الأثر الأخلاقي الذي يعود على الأطفال إذا سمحنا لهم باختيار عملهم في الأوقات المناسبة لهم مع أنهم سيضطرون في حيازتهم الواقعية إلى أن يواجهوا أموراً معينة في أوقات معينة، وعلى هذا الاعتراض تجيب "هيلين باركهرست" قائلة: "مهما يكن من أمر فحقيقة التربية الخالدة أن التعليم الذي يتيح للطفل حرية لينهض ويرتقي ووقتاً ليفكر ويدبر لا بد أن يهيء الفرص لتنمية الاستعدادات الطبيعية التي فطرت عليها نفس الطفل".

٤- إنها طريقة توصف بأنها تدور حول استظهار المواد الدراسية دون الاهتمام بأهمية تطبيقها في الحياة، فالدروس منفصلة عن مشكلات الحياة تمام الانفصال، ومثلها في ذلك الطرق التقليدية.

٥- يخشى بعض النقاد من طريقة "دالتن" تشجيعها الكسالى من التلاميذ والذين لا يميلون إلى العمل بطبيعتهم على أن يزيد كسلهم.

٦- يؤكد النقاد أن طريقة "دالتن" تبالغ في أهمية الامتحانات والاختبارات وترتب كل شيء على النجاح فيها.

٧- إن طريقة "دالتن" تحتاج إلى مدرس من نوع معين يتصف بالإلمام بأطراف المادة ويكون دراساً لجميع المقررات، لأن كل مدرس في معمله مسؤول عن تلاميذه من جميع الفرق يدرسون جميع الموضوعات، ومثل هذا المدرس ليس من السهل إعداده.

طرق التدريس العامة (General Methods of Teaching)

الطريقة الإلقائية (Recitation Method)

يطلق الإلقاء عادة: على نوع الدروس التي تغلب عليها الطريقة

المذكورة. وبمعنى آخر: الطريقة التي يكون فيها صوت المدرس هو المسموع أكثر من غيره عندما يلقي الحقائق أو يسردها.. وعندي أن المدرس كالمحامي لا يمكنه أن يستغني عن لسانه فهو أول الوسائل التي يمكن بها توضيح ما غمض، وهو الطريق السهل للاتصال الشخصي بالتليمذ.

وتمتاز الطريقة الإلقائية عن غيرها من الطرق: كقراءة التلميذ في الكتاب أو عمله الفردي من أي نوع- تمتاز بأنها تناسب الأطفال الصغار جداً الذين لا يمكنهم الكتابة أو الإطلاع. تناسبهم في موضوعات مثل: سرد القصص، أو وصف بعض المشاهدات، أو شرح بعض الحوادث. ولكن يتوقف نجاح هذه الطريقة معهم على طريقة إلقاء المدرس، والمادة التي يختارها للإلقاء.

ويمتاز الإلقاء الجيد بتأثير المدرس نفسه من حيث حركاته وصوته. وهذا يسترعي انتباه الصغار وكذلك الكبار. ثم تساعد هذه الطريقة على أن يتناول المدرس المادة بما يتراءى له فلا يتقيد بحرفية كتاب ما، فيمكنه أن يطيل أو يختصر أو يضيف. أخل ثم هي تمكنه من أن يتناول أجزاء كثيرة، ولذلك يلجأ إليها الكثير من المبتدئين في التدريس لكي يعطوا كل ما حضروه، ولكن استخدامها وحدها يدعو إلى الملل وعدم استعمال التفكير، فيجدر بالمدرس أن يمزجها بغيرها حتى يتخلل الإلقاء شيء من الحوار والمناقشة والأسئلة التي تجدد النشاط وتبعث على إعمال الفكر. ومن أهم الطرق:

المحاضرة (Lecture)

ويجب أن نفرق بين المحاضرة وبين أنواع الإلقاء الأخرى: كالشرح، والوصف، والقصص، إذ أن المقصود بالمحاضرة هي مجرد العرض الشفوي دون مناقشة أو إشراك للمستمعين مع المدرس إلا في الاستماع والفهم وتدوين المذكرات دون أن يسمح مثلاً بالسؤال أثناء الإلقاء وإنما بعد انتهاء الحديث.

هذه الطريقة لا تناسب مطلقاً إلا الكبار الذين يبحثون عن معلومات يصعب جمعها من كتب كثيرة، ولذلك تمتاز هذه الطريقة باستغلال وقت المحاضرة استغلالاً كبيراً وذلك بحذف المناقشات..ألخ.

وبناءً على هذا، فهذه الطريقة لا تناسب التعليم الابتدائي أو الثانوي (إلا في مرحلته الأخيرة) وهي تصلح في بعض المواد فقط دون الأخرى. أما في التعليم الابتدائي فمجرد ذكر الحقائق متتابعة لا يتضمن مطلقاً فهم التلميذ إياها، وقدرته على تطبيق ما يكتسبه من معلومات عن طريقها، وهذا لا يمنع مطلقاً أن يحاول المدرس في الابتدائي والثانوي خارج الفصل في الجمعيات أو نواحي النشاط- أن يلقى محاضرات تناسب مستوى التلاميذ الذين يلقى عليهم.

(أ) **الشرح (Explanation)**: والمقصود به توضيح وتفسير ما غمض على التلاميذ فهمه، وتتوقف جودة الشرح على الأمور الآتية:

١- اللغة والألفاظ والتعبيرات التي يستعملها المدرس، فكثير جداً من الألفاظ التي يخيل للمدرس أنها سهلة مطروقة للجميع تكون غامضة عند التلاميذ، أو ذات معنى غير محدد.

٢- ألا يكون الشرح مجرد كلام يسرد أو يلقى، بل تكون مهمة الشرح إظهار النقط الأساسية، والانتقال التدريجي من نقطة إلى أخرى- كما يجب أن ينصب الشرح على ما يرى المدرس وجوب شرحه وفقاً لقوة تلاميذه مع مراعاة اختلافهم قوة وضعيفاً.

وفي الشرح يمكن أن تطبق القواعد التي صاغها "هربرت سبنسر".

(ج) **الوصف (Description)**: يعد الوصف من وسائل الشرح- فهو وسيلة من وسائل الإيضاح اللفظي في حالة تعذر وجود الوسيلة الحسية، وحتى في حالة وجود هذه الوسيلة يحدث أن يزيد الوصف إيضاحها.

هذا ولا يقتصر الوصف على دروس دون أخرى. ففي العلوم مثلاً نرى الوصف لازماً للأجهزة ولنتائج التجارب، ولهذا دخل كبير في تفهم التلاميذ للشرح- ومجال الوصف في الجغرافيا كبير وخاصة حينما يتعرض المدرس لشرح النواحي الإقليمية والجنسية، وكلما كان المدرس قوياً في وصفه كانت الصورة التي يعطيها ذات أثر واضح- وفي التاريخ يتوقف الكثير من الدروس على قدرة المدرس على وصف ثورة أو معركة أو حالة اجتماعية وما إلى ذلك وكذا الحال في الأدب.

ويتوقف الوصف الجيد على مقدار علم المدرس بما يصف وعلى لغته وأسلوبه ومعرفته لمعلومات التلاميذ واستغلالها وعلى تأكيده النقط الأساسية: على أن يراعي القواعد العامة في التفكير- وأن يكون المدرس نفسه مقبلاً على الوصف- ولذا يجب أن تكون الصورة التي يصفها (المدرس) قائمة حية واضحة في ذهنه هو، قبل أن يعمد إلى تكوينها في أذهان تلاميذه.

وطبيعياً أنه بدون توافر عامل الإقبال من جانب المدرس، يصبح الأمر مجرد تأدية واجب، لا تصوير حقيقة معينة، ونفث روح الحياة فيها بحيث يستفيد منها جميع التلاميذ.

(د) **القصص (Stories):** القصص من الأشياء التي يميل إليها الصغار والكبار على السواء. والقصة في التدريس تساعد على جذب انتباه التلاميذ وتشوقهم إلى الدرس، على شرط أن يتوفر لساردها ما يجب أن يتوفر من الشروط والصفات حتى يصل بها إلى ما يريد.

وقد اعترف أفلاطون بأهمية القصة في التربية والتعليم، ويهمنا أن نعرف الأغراض الأساسية من القصة في التدريس، فهي تساعد على:

١- توصيل المعلومات والحقائق بطريقة شيقة لذيذة.

٢- تربية الأطفال تربية خلقية صحيحة، فهي تضع المثل أمامهم وتستثير ميلهم إلى التقليد، وتحرك قابليتهم للاستهواء.

٣- وتبث في الدرس الجامد الميت روحاً من الحيوية والنشاط.

واستخدام القصة في التدريس يساعد المدرس على إيضاح وتفسير وتذليل ما يصادفه من صعوبات وتعقيدات في الحقائق العلمية. والقصة تزيد من تجارب التلاميذ، فكثير من الحقائق يعرفها التلاميذ ولكن لا يدرون عن طريقة استخدامها واستعمالها في الحياة كثيراً ولا قليلاً، فربما يستطيع المدرس أن يظهر للتلاميذ بالقصص والحكايات تطبيق هذه الحقائق في الحياة العملية وبذلك تتم لهم المعرفة والتجارب.

وأنواع القصص (Kind of Stories): أهمها القصص التاريخي، والخرافي، والنوع الأخير يلذ لصغار الأطفال سماعه، إذ أن فيه ما يناسب خيالهم، وهناك القصص التي تلقى على ألسنة الحيوان، ويجب أن تتصف القصة الإيضاحية بما تتصف به كل قصة أخرى جيدة من حيث: التشويق، والوضوح، وإثارة الشعور، كما يجب أن تتميز هي عن الأخرى بقصرها وعدم اشتمالها على أكثر من النقطة المراد توضيحها. وقد أثبتت التجارب أن الأطفال يميلون بنوع خاص إلى سماع القصص المطولة نوعاً ما، كما أنهم يميلون إلى القصص التي تتصل بحياتهم وحياة أمثالهم من الصغار.

ويجب أن تشتمل القصة على حقائق ثابتة يراد توصيلها إلى عقول التلاميذ، فضلاً عن أنها توضح نقطاً معينة، وتزيد من تجارب التلاميذ، وتوسع دائرتها. فمع ميل الأطفال وحبهم الشديد وولعهم بالحكايات الخرافية- إلا أنهم يسألون عن حقيقة وقائع ما يسمعونه فيها.

الطريقة القياسية (Example Method)

من المسلم به أن التلميذ يجب أن يدرس قوانين وحقائق عامة. وهناك طريقتان مختلفان للوصول إلى القوانين العامة، وأقدم هاتين الطريقتين- تلك التي كانت تعطى التلميذ حقيقة عامة أو قاعدة مضطردة يقيس عليها بأمثلة تؤيدها وتنطق بها وهي طريقة شائعة في كتب النحو العربي القديمة، وكانت متبعة أيضاً في كتب الجغرافيا، فكان المؤلف يبدأ بذكر التعريف. ويقيس المتعلم الكثير من الأمثلة التي ينطبق عليها هذا

التعريف.

وهذه الطريقة إن امتازت بشيء فإنما تمتاز بسهولتها أي: أنها لا تحتاج إلى مجهود عقلي عظيم، وهي صالحة للاستعمال في المحاضرات، أما استخدامها في مرحلة التعليم الابتدائي فغير مناسب لقصور تفكير الأطفال في هذه الناحية القياسية، والواجب على المدرس أن يشرك التلاميذ إشراكاً فعلياً في الدرس- وقد تبدو هذه الطريقة لأول وهلة أنها أفضل من الطريقة الاستنباطية التي تتخلص في تزويد التلاميذ بالمعلومات ثم تتركهم ليستنتجوا القوانين بأنفسهم، فلو قلنا مثلاً: إن الماء يسيل دائماً لأن مستوى سطحه واحد لكان ذلك أسهل لنا بكثير مما تركنا التلاميذ يستنبطون بأنفسهم ليصلوا في النهاية إلى نفس هذه الحقيقة. غير أنه قد ثبت بالتجربة أن الطريقة التي يسلكها التلميذ للوصول إلى القانون العام بنفسه يكون لها أثران هامان:

الأول: أن القانون الذي يصل إليه الباحث يترك أثراً ظاهراً في شخصيته، ذلك أن العمل الذي يقوم به العقل يكسبه حدة ومراناً، ويتميز مثل هذا العقل عن غيره من العقول التي لم تمرن على مثل هذا العمل. ومن هذا نرى أن القانون العام الذي يلقنه التلميذ تلقيناً قد يكون له قيمة كنوع من أنواع المعرفة، ولكن أثره ينتهي إلى هذا الحد. ذلك أن العقل نفسه لا يتحسن على الرغم من أن المعلومات التي فيه تكون قد ازدادت عن ذي قبل.

الثاني: أن القانون الذي نتلقاه عن غيرنا لا تكون له نفس القيمة التي للقانون الذي نستخلصه بأنفسنا. فالقانون الذي لا نشترك في عمله لا يترك فينا نفس الأثر الذي يتركه قانون آخر وصلنا إليه بأنفسنا.

الطريقة الاستقرائية (Inductive Method)

وفيها تعرض الأمثلة أو النماذج وتفحص وتقارن ثم تستنبط القاعدة، أو بعبارة مختصرة: الانتقال من الجزئيات إلى القضايا الكلية. فلو تمكن التلميذ من دراسة عدة معادن تعرضت لحرارة شديدة ووجد أن كل معدن منها يتمدد، فإننا سوف نرى أن هذا الطفل يستخلص لنفسه من

هذه الحالات قانوناً عاماً يؤثر فيه تأثيراً ما كان يمكن أن يحدث لو لم نتركه يستخلص بنفسه ما نرمي إليه.

فالقياس ينتقل فيه العقل من العام إلى الخاص، أما في الاستقراء فينتقل من الخاص إلى العام. وفي القياس نبسط القاعدة للتلميذ ثم نستعرض الأمثلة. أما في الاستقراء فنبسط الأمثلة ثم نبحثِ عن القانون، فإذا سبقنا كلا من الطريقتين في التربية والتعليم، وجدنا أننا في حاجة إلى الاستقراء من جهة وإلى القياس من جهة أخرى: فعند التعرض لموضوع جديد يجب أن يقوم الاستقراء بالدور الأول، حتى إذا تقدمنا وأصبحت المعلومات متوفرة وجدنا أن القياس مفيد في مراجعة المعلومات السابقة وترتيبها: فالاستقراء طريقة اكتشاف المعلومات، والقياس طريقة حفظ هذه المعلومات وترتيبها.

الطريقة الجمعية (Collective Method)

من الممكن أن نجمع بين الطريقتين: الاستقرائية والقياسية كما يتبع في كثير من المدارس، وتستخدم الطريقتان معاً في كثير من العلوم: ففي تدريس القواعد مثلا نبدأ بأمثلة يجيء بها التلاميذ أو يعرضها المدرس وتكون في مستوى عقولهم وتجاربهم، ثم نوجه أنظارهم إليها وإلى ما فيها من مميزات، ونتدرج حتى يصل التلاميذ بأنفسهم وبمعونة المدرس وإرشاده إلى قاعدة كلية. نعود بهذه القاعدة فنطبقها بالطريقة القياسية على أمثلة أخرى. أما البدء بالقاعدة فليس فيه فائدة عقلية كبيرة: وفي الطبيعة في درس على تمدد الأجسام مثلاً نبدأ بتجارب على معادن مختلفة ذات أشكال متباينة ونترك المجال واسعاً لملاحظة التلاميذ كي يرقبوا الظواهر ويصلوا إلى النتائج، ثم نجري مثل ذلك على السوائل وعلى الغازات حتى يصل التلاميذ إلى القاعدة الكلية. ثم نعود بالقاعدة فنطبقها على أحوال مختلفة مما يستطيع التلاميذ إدراكه. وفي درس عملي في الهندسة في مجموع زوايا مثلث نبدأ بتكليف التلاميذ من قياس زوايا مثلثات مختلفة ثم نثبت النتائج ونصل إلى القاعدة الكلية: إلى غير ذلك.

ويميل المدرس بصفة عامة إلى استخدام طريقة القياس وحدها، ودرسه في هذه الحالة يتكون غالباً من حقائق مجردة يذكرها للتلاميذ ثم يأخذ بعد ذلك في عرض بعض وسائل الإيضاح. أما التلاميذ فلا يقومون من ناحيتهم بأي مجهود. في حين يجب أن نعلم أن التعلم (Learning) والتعليم (Teaching) مرتبطان بعضهما ببعض تمام الارتباط وأن نجاح المدرس يتوقف على التلميذ كما يتوقف على المدرس، فليس هناك أي تعليم إذا لم يكن هناك تعليم. ومقياس نجاح الدرس هو فهمه.

الطريقة الحوارية (Discussion Method)

أول من استخدم هذه الطريقة "سقراط" وهي طريقة تقوم على مرحلتين: المرحلة الأولى مرحلة التهكم وبواسطها يتمكن سقراط من أن يزعزع ما في نفس صاحبه من اليقين الذي يعتقده والذي لا أساس له، وفي هذه الطريقة كان سقراط يدور حول المباحث الفلسفية في هوادة وتأن إلى أن يجد مسلكاً ينفذ منه إلى نتيجة يريدها. فكان سقراط يجول في أنحاء أثينا وفي طرقاتها مدعياً الجهل، وأن شعوره يجهله ويدفعه إلى أن يلتمس المعرفة من أهلها، فما يضع سقراط في فلسفته هذه مسألة معينة يتناولها بالبحث والتحليل. إنما كانت المشكلة التي يريد بحثها تأتي عرضاً، ثم ينتهز الفرصة ويتحدث في المشكلة مع صاحبه فيحاور ويناقش حتى يتبين لصاحبه خطؤه، وما يزال سقراط في حواره هذا حتى ينتهي إلى حقيقة ثابتة لا تحتمل الشك ولا النقد ولا الجدال، ومن ثم يصل مع صاحبه إلى مرحلة توليد الأفكار، وبعد أن يبين لصاحبه مقدار عجزه عن كشف الحقيقة يأخذ في إلقاء أسئلة أخرى حتى تنكشف بواسطتها الحقيقة النهائية. ومن هذه الطريقة نرى أن سقراط كان يولد الأفكار، وهذا ما دفعه إلى القول "بأنه كان يولد الأفكار من محاوريه كما كانت أمه تولد الجنين من الحوامل" من ذلك يتبين لنا كيف كان للبيئة التي نشأ فيها سقراط الأثر الأكبر في توجيه فلسفته.

والمتأمل في الطريقة السقراطية يجد أن المحاور يمر بثلاث مراحل متتابعة:

أولاً: مرحلة اليقين الذي لا أساس له من الصحة، وهي مرحلة يراد بها إظهار جهل الخصم وغروره وادعائه العلم وقبوله لما يلقي عليه من غير أن يحتكم إلى المنطق والذوق السليم.

ثانياً: مرحلة الشك وهنا تتوالى أسئلة سقراط والإجابة عنها حتى يتردى المتكلم ويقع في حيرة لا مخلص منها، ويبدو التناقض في عباراته فيأخذه الغضب ويعتبر سقراط ثقيل الظل أشأم الطلعة، ولكن شيخ الفلاسفة كان يقابل كل كلام من هذا النوع بالصبر الجميل، ويقود صاحبه إلى صميم الموضوع الذي يدور حوله الجدل، ولا يزال آخذاً بزمامه حتى يتملكه الخجل، ويشعر أنه تعرض لشيء لا مجال له فيه، ويوقن بأنه جاهل مغرور، وتشتد رغبته في طلب العلم وحينئذ تبدأ المرحلة الأخيرة.

ثالثاً: مرحلة اليقين بعد الشك وهي مرحلة يقصد فيها البحث من جديد في الموضوع، ومعرفة الأمثلة التي توضح الحقيقة وتميزها عن غيرها، وملاحظة ما بينها من أوجه الشبه وأوجه الخلاف، والوصول إلى تعريف منطقي جامع لا يجد الشك إليه سبيلاً. هي مرحلة تقوم على أساس الإدراك العقلي لا على أساس التصديق الساذج.

وقد علق "السير جون آدمز" على الطريقة السقراطية بمثال تطبيقي نشير إليه على سبيل الإيضاح إذ قال. هب سقراط استطاع الرجوع إلى الحياة واستطاع التكلم باللغة الإنجليزية، ثم أخذ كعادته يغشي الأماكن العامة فصادفه طالب من طلاب العلم يتربض في أحد المنتزهات العامة، وعليه دلائل الزهو والغرور بمعلوماته ومعارفه، فسقراط لا يتردد في أن يتقدم إلى هذا الطالب فيتلطف له في الحديث ويوجه نظره إلى جمال المنظر، وما يرى بين أشجاره وأزهاره من طيور وحشرات، حتى إذا أنس صاحبه به أنس به، فاجأه بسؤال لا تظهر فيه أمارات التعمد. فقال "ما الذي يراد بالحشرة يا صاحبي، طالما سمعت الناس يذكرون الحشرات ويتكلمون عنها، وطالما تاقت نفسي على معرفتها معرفة صحيحة"، فيرد عليه هذا الطالب بأن الحشرة حيوان صغير له أجنحة، فيقول سقراط لا بد أن الدجاجة حشرة. وما

يزال بالطالب حتى يظهر له معايبه فيتدارك خطأه، ويحاول أن يجب إجابة أخرى يظن أنها خالية من النقص، ولكن سرعان ما يظهر له سقراط خطأه، فيرى الطالب قصوره ولا يجد بداً من الاعتراف بجهله، وأنه لا يعرف الموضوع معرفة صحيحة كما كان يخيل له في بادئ الأمر. وحينئذ يلقي عليه سقراط أسئلة سديدة تستميله إلى البحث من جديد. ويبين له طرق التفكير حتى يصل بنفسه إلى الحقيقة.

وإذا طبقنا هذه الطريقة في مدارسنا الحالية يتخول الدرس إلى محاورات شائقة يتنزل فيها المدرس إلى مستوى التلميذ تاركاً له الحرية في إبداء آرائه وإظهار ما يجول بخاطره آخذاً بزمام فكره وانتباهه كي يوجهه إلى ما يريد.

وإن ما في هذه الطريقة من الحرية والتبسيط وعدم التكلف والسرور يجعلها موافقة لصغار الأطفال. على أن استعمالها مع الكبار له فائدة ففيها شيء من التغيير. وهي تستخدم بنجاح في دروس الأشياء وما يشبهها وتحتاج في تنفيذها إلى مهارة وصدق نظر.

الطريقة التنقيبية (Research Method)

يقول هربرت سبنسر في كتابه التربية Education "إنه يجب أن يجبر الأطفال على كشف المعلومات بأنفسهم كلما كان ذلك ممكناً" والمدرس الذي يتبع هذا الرأي يفيد تلاميذه فائدة كبيرة. ذلك لأن البحث والتنقيب يثيران جزءاً كبيراً من النشاط العقلي، وعلى هذا فما يصل إليه التلاميذ بأنفسهم هو ما يرسخ فعلاً في أذهانهم، والاستماع على وجه العموم حالة سلبية، وإن كان في نفسه مظهراً من مظاهر النشاط العقلي بخلاف التنقيب فهو حالة إيجابية بحتة يكون عندها العقل في أقصى درجات نشاطه، وكلما كان الشخص نشيطاً ومنتبهاً كلما أمكنه الحصول على المعلومات كاملة والتثبت من وعيها في ذهنه بدقة.

ويؤيد الأستاذ أرمسترنج Armstrong رأي سبنسر الآنف الذكر حيث يقول "يجب أن يوضع التلميذ موضع المكتشف المجدد، فما يلذ للأطفال أن ننظر السري". وبهذه الطريقة يتصور الأطفال عند دراسة

موضوع كصدا الحديد أن جريمة قد وقعت عندما تحول هذا المعدن الصلب إلى صدأ هش عديم القيمة. وعلى هذا الأساس يبحثون في شوق عظيم فيما إذا كانت هذه جريمة قتل أو انتحار أي: فيما إذا كان هذا التغير نتيجة عامل خارجي أو نتيجة عامل آخر يتصل بطبيعة الحديد نفسه.

على أن هناك صعوبات تعترض تطبيق هذه الطريقة، إذ أنها تحتاج إلى وقت أطول مما تسمح به المناهج المدرسية، وصعوبة الوقت هذه لا يمكن التغلب عليها في ظل مناهجنا التقليدية، اللهم إلا إذا خضعت لانقلاب عام وأخذنا بفكرة الفيلسوف هكسلي التي تقول "إن الحياة لا تقوم على المعلومات، وإنما تقوم على الأعمال النافعة" وإن صح لنا أن نتبع نفس الخطوات التي خطاها المستكشفون في أبحاثهم فإن هذا يتطلب منا وقتاً أطول من الحصول على نتائج هذه الأبحاث عن طريق القول، ولا أقل من أن يكون ذلك بعد أن يكونوا قد اهتدوا بأنفسهم إلى كثير من الحقائق ولمسوا علاقاتها بعضها بالبعض الآخر، وعندئذ فقط يمكنهم أن يستفيدوا مما يقال لهم، وهذا يتأتى عن طريق عمل المشابهات بين تجاربهم السابقة ومعلوماتهم الجديدة.

أضف إلى هذا أن كثيراً من النتائج التي وصل إليها العلم لا يمكن أن يصل إليها الأطفال أو التلاميذ العاديون حتى ولو أعطوا وقتاً لا حد له، فهذه النتائج هي ثمرة الجهود العقلية الجبارة للسالفين من نوابغ المفكرين على مر الأجيال والسنين.

كيف تطبق ؟

لكي تتبع هذه الطريقة يجب أن يزود التلاميذ بشيء من المعلومات الأولية التي تساعدهم على مواصلة البحث، وبغير هذا لا يمكنهم مطلقاً القيام حتى بأبسط الأبحاث، كما يجب على المدرس قبل كل شيء أن يستميل التلاميذ إلى تقدير وتقبل الغرض من بحث موضوع من المواضيع، وأن يحصل على تعاونهم واشتراكهم في بحث الموضوع. لكن إذا ترك التلاميذ وأنفسهم فقد يتخطبون ولا يستفيدون شيئاً من

البحث. ولكي يكون التعليم بهذه الطريقة مثمراً يجب أن يقيد كل تلميذ ملاحظاته بعناية ونظام كما يجب أن تكون هذه الملاحظات مختصرة وبلغة سهلة حتى يسهل على المدرس فهمها بسرعة وإرشاد التلميذ إلى أوجه الخطأ فيها- وفيما يختص بالعلوم الطبيعية يجب أن تكون المعامل مجهزة بالأجهزة والأدوات اللازمة ومنظمة بشكل يتفق وما يتطلبه نوع التجارب.

والواجب أن يهيأ التلاميذ للاستنتاج من معلوماتهم السابقة حتى يتعرفوا بأنفسهم المواقف المختلفة التي يقفون أمامها ويمكنهم التصرف فيها بشكل مجد فعال. والواقع أن ليس لمعلومات التلاميذ القديمة قيمة ما إذا لم تمكنهم من الكفاح في الحياة بنجاح. لهذا كان من الواجب أن يتناول التلاميذ المواضيع والمشكلات التي يمكن حلها بالالتجاء إلى الأفكار والمعلومات السابقة كما هو الحال في الحساب وغيره من العلوم الأخرى: كالجغرافيا والتاريخ مثلاً.

أمثلة لاستعمال هذه الطريقة في بعض مواد الدراسة:

ففي دراسة الأدب أو التاريخ مثلاً يمكن أن يطلب إلى الأطفال المتقدمين في السن أن يقارنوا بين نسختين مختلفتين لقصة واحدة، أو أن يبحثوا موضوعاً واحداً طرق بأشكال مختلفة، كما يمكن أن يطلب إليهم أن يرسموا خطة لموقعة من تقارير مختلفة كتبها أناس قد شاهدوا هذه الموقعة. وكذلك الحال في التراكيب اللغوية أو علامات الوقف فإنه يمكن الاستفادة من هذه الطريقة في تعليمها.

مثل آخر لاستعمال هذه الطريقة في التاريخ:

(ويمكن محاولة ذلك في الفرق العليا من المدارس الابتدائية)

الشروط: يريد الفصل أن يدرس حكم ريتشارد الثاني وثورة الفلاحين، فلا تعطي له مراجع ما، وإنما يعطي له اقتباس من فوريسانت مثلاً دون أن يذكر له اسم المؤلف.

الاقتباس: وأخيراً يطلب إلى التلاميذ أن يستدلوا بالاقتباس على كل ما يمكن أن يتصل بالمؤلف.

مثل لاستعمالها في دروس الجغرافيا والأدب:

(ويمكن أن يعطى للأولاد الذين يدرسون قصة "روبنسون كروزو")

يطلب إلى التلاميذ أن يرسموا خريطة للجزيرة التي عاش فيها روبنسون كروزو وأن يبينوا موضعها وحجمها والأماكن المهمة التي بها: كالنهر والقلعة والشجرة والكهف والمكان الذي شوهدت فيه آثار الأقدام وكذلك المكان الذي غرقت فيه السفينة ويطلب كذلك إلى التلاميذ أن يبينوا طبيعة سطح أرضها العامة كالتلال والوديان والصخور والتيارات.

ويجمل بالمدرس هنا أن يهدي التلاميذ إلى بعض الإرشادات التي قد تساعدهم على بحث موضوع متسع كهذا. وهو يعمله ذلك لا يهدم البحث وإنما يجعله مثمراً، لأنه إذا ترك التلاميذ وشأنهم فإن قليلي الذكاء منهم سوف يسقط في أيديهم ولا يستطيعون أن يستفيدوا شيئاً. ومن هذه الإرشادات التي يساعد بها المدرس تلاميذه في رسم الخريطة أن يطلب إليهم أن يضعوا علامة أمام كل جزء من القصة يتصل بالأشياء المختلفة المطلوب منهم تبيانها، فإذا ما انتهوا من قراءة القصة على هذا النحو، وجمعوا هذه الأشياء المخلتفة بعضها إلى بعض أمكنهم أن يرسموا الخريطة بسهولة. ومن هذه الإرشادات أيضاً أن يخبر المدرس التلاميذ أن الأشياء المطلوبة منهم قد لا تكون مذكروة صراحة في القصة وما عليهم في هذه الحالة إلا أن يتميزوها بشيء من سلامة الذوق.

مثل لاستعمالها في دروس الحساب:

غالباً ما تستعمل في دروس الحساب الطريقة التنقيبية ولكنها لا تصيب ما يتوقع لها من نجاح كبير، والسبب في ذلك راجع إلى طبيعة المسائل الموضوعة وإلى الطريقة التي يتناول بها المدرس هذه المسائل،

فهي غالباً ما تكون بعيدة عن حيا التلاميذ ولهذا نجدهم يفقدون كل لذة في سبيل معالجتها. فالتلميذ حينئذ مصيب إذا هو استنكر المسائل الحسابية ورأى أن في معالجتها ضياعاً للوقت إذا كانت تتطلب منه مثلاً أن يحسب كم مكيالاً من القمح يأكله عدد من الأحصنة في ظروف خاصة. وواجب المدرس إذن أن يتخير المسائل التي تتناسب مع مقدرة التلاميذ وميولهم ومثل تلك المسائل ما يتصل بالحياة وبالأعمال التي يهيئ التلاميذ أنفسهم لها. فمئات المسائل يمكن أخذه من الحياة المدرسية ونظمها أو من الحياة المنزلية أو الألعاب ووسائل التسلية التي تشغل فراغ التلميذ. هذا ولا يتحتم على المدرس أن يتقيد بالمسائل الموجودة في الكتب المدرسية فهذه فضلاً عن أنها مسائل جامدة بعيدة كل البعد عما يألفه التلميذ في حياته فإنها تشعره بأن حلها معروف لدى المدرس ومن ثم فلا حاجة له في حلها من جديد- وليكن نصيب عين كل مدرس أن يبعث التلاميذ على العمل بجد واهتمام. وهنا يجب أن يكون للعمل معنى بقدر الإمكان كي تكون له بالتالي لذة. وإذا صادفت المسألة هوى في نفس التلميذ فالطريقة الطبيعية أن يترك وحده كي يحلها. ومن الخطأ الفاحش أن يرسم المدرس للتلميذ طريقة الحل قبل أن يبدأ التلميذ في التفكير في هذه الطريقة، إذ أن عمله في هذه الحالة لا يتعدى أن يكون مجرد عملية حسابية ميكانيكية، والتمرين على هذه الحالة ليس هو الغرض الأساسي من وضع المسائل. أما إذا ترك التلميذ وشأنه فإنه يتخير من الأفكار التي استعملها المدرس في حل مسائل سابقة ما يناسب هذه المسألة الجديدة ويستعين بها في هذه المسألة، ويكون التعليم مثمراً حقاً إذا ما تمكن التلاميذ في مختلف الفرق من حل المسائل التي تعطى لهم والتي لا تعتمد صراحة على تطبيق قاعدة خاصة.

الأسئلة التي تستعمل عند تطبيق هذه الطريقة

ترمى طريقة البحث إلى استمالة الطفل إلى الإكثار من الأسئلة ومن الإجابة عنها بنفسه. وهاك نوع آخر من الأسئلة وهي التي يستعملها المدرس في انتقاله في المراحل المختلفة لهذه الطريقة.

والأسئلة التي يوجهها التلميذ للمدرس تتضمن عادة شيئاً من

المعلومات السابقة لدى التلميذ ورغبة منه في استزادة هذه المعلومات، كما تتضمن أيضاً وجود صلة بين المعلومات السابقة والمعلومات المراد استزادتها، وكلما كانت المعلومات السابقة واضحة مرتبة في ذهن التلميذ كلما أمكنه السير في بحثه بنجاح، ويجب أن يتضمن السؤال ما يساعد على إبراز ذكاء التلميذ ومواهبه، كما يجب ألا يشجع المدرس إلا المناسب من الأسئلة. وغالباً ما يكون الطريق بين السؤال والجواب طويلاً كما أن الأطفال كثيراً ما تعوزهم المعرفة المنظمة الكافية التي تمكنهم من الإجابة دون الاحتياج إلى أية مساعدة. ولهذا كان على المدرس أن يساعدهم وذلك بأن يقودهم إلى الخطوات الهامة بواسطة مجموعة من الأسئلة التي تتصل بنواخ خاصة من الموضوع، ويمكن تقسيم أسئلة المدرس إلى نوعين:

١- أسئلة اختبارية

٢- أسئلة تعليمية

ويلتجأ إلى الأولى في أول الدرس ونهايته، ففي أول الدرس يكون الغرض منها أن يتأكد المدرس من أن التلاميذ لديهم المعلومات الأولية الكافية، كما يجب أن يعمل على تثبيت هذه المعلومات في نفوسهم. وفي نهاية الدرس يكون الغرض منها أن يتأكد المدرس أن عملية إدراك الشيء الذي هم في طريق دراسته قد تمت.

أما الأسئلة التعليمية فهي التي تتصل بصلب الموضوع المراد بحثه ويشترط في هذه الأسئلة أن تكون مناسبة لمقدرة التلاميذ العقلية ومتمشية مع معلوماتهم السابقة فإن تم ذلك ولدت هذه الأسئلة في نفوس التلاميذ العزيمة الصادقة نحو حلها.

والأسئلة التعليمية تحتاج إلى تفكير خاص من جانب التلاميذ لأنها تعتمد قبل الإجابة عنها على شيء كثير من الملاحظة والتصوير. لهذا كان على المدرس أن يعطي التلميذ الوقت الكافي ليفكر تفكيراً عميقاً. ومن الأخطاء الشائعة في الأسئلة أن يشغل المدرس أفكار التلاميذ عن الدرس ببعض الملاحظات الإضافية التي قد تغير صيغة بعض

الأسئلة. ويعتقد المدرسون أن الدرس لا تكون له قيمة إلا إذا اعتمد إلى حد كبير على الثرثرة وكثرة الكلام في حين أن نجاح الدرس يتوقف على مقدار ونوع نشاط التلاميذ العقلي.

والواجب أن يولي المدرس جزءاً كبيراً من عنايته نحو صيغة الأسئلة.

فالأسئلة يجب أن توحى بطبيعة الإجابة المطلوبة، فإذا أراد المدرس مثلاً أن يلاحظ التلاميذ ثقل القصدير مثلا كان عليه أن يضع قطعاً من المعدن في أيديهم ثم يسألهم عن ثقل القصدير، وكثيراً ما يصوغ المدرسون أسئلتهم على هذا النحو: ما الذي تلاحظونه على هذا الشيء؟ ثم ينتظرون بعد ذلك أن يطابق جواب التلميذ ما يفكرون فيه، ولذا نجدهم لا يرضون بالإجابة التي لا تطابق أفكارهم وإن كانت معقولة في حد ذاتها، فالأسئلة التي ليس لها اتجاه معين تثبط هم التلاميذ فضلاً عن أنها مضيعة لأوقاتهم. ومن الخطأ أن يسأل المدرس التلاميذ هكذا: ما أهم نقطة تلاحظها على هذا الشيء؟ والواقع أنه لا توجد نقطة هامة دون غيرها وإنما أهمية نقطة معينة تتوقف على ذوق الشخص الملاحظ وغرضه. ولا يخفي أن للأسئلة التي وجهها المدرس إلى التلاميذ فائدة كبيرة نظراً لأنها تقسم الموضوع المراد دراسته إلى مجموعة من الموضوعات الصغيرة التي يسهل على التلاميذ بحثها والمدرس الحاذق هو الذي يعرف كيف يقسم الموضوع الكلي إلى عدد من الموضوعات الصغيرة بشكل يتناسب مع مقدرة التلاميذ.

وللاسئلة على وجه العموم أهمية عظمى لأنها تنمي وتوجه التلاميذ إلى روح البحث والاستقصاء، ويذهب بعض الناس إلى الاعتقاد بأن القدرة على الأسئلة الحسية هي كل شيء في التدريس المتين، والتدريس وإن كان يتضمن أشياء كثيرة أهم من الأسئلة إلا أنه من الواضح أن المدرس لا يكون حاذقاً إلا إذا كانت عنده القدرة الكافية على توجيه الأسئلة المجدية النافعة.

والخلاصة: أنه إذا سار التلاميذ في جميع مواد الدراسة بطريقة

تكفل استعمال قواهم المختلفة استعمالاً كاملاً أمكنهم أن يشعروا بميل عظيم نحو الدراسة وأن يكونوا لأنفسهم مجموعة من الأفكار والمعلومات الوافية الشاملة: ويمكننا القول: إن العمل الاستنتاجي الذي يقوم فيه التلاميذ بقسط وافر من الملاحظة والتفكير هو الأساس الأول لنمو التفكير المنتظم في كل ناحية من نواحي المعرفة.

ولا شك أن التلاميذ الأصحاء الأقوياء ليسوا في حاجة إلى التزكية في عمل من أعمالهم، فإذا أمكننا أن نتخير لهم الموضوعات التي تناسب أمزجتهم، والتي تستثير قواهم العقلية والجسمية، والتي تشعرهم بقوة عندما ينجحون في محاولاتهم، لا تضح لنا أن التعليم في هذه الحالة ما هو إلا نوع من أنواع الإرشاد، والإرشاد كما نعلم أساس طريقة البحث.

هذا مجمل لطرق التدريس عرضناه ليتعرف المدرس (وخاصة الناشئ) على مدى الفائدة التي يستطيع أن يستفيدها من كل طريقة. حتى يستطيع أن يحدد موقفه من طرق التدريس بوجه عام.

ونحن لا نطالب المدرس باتباع طريقة خاصة في التدريس- وإنما ننصح بأن يكون هو المبدع لها- ونسمح له بأن يرفض الطريقة التي تملى عليه، وأن يتبع الطريقة التي تلائم الظروف المحيطة به...فإن شخصية المدرس وخبرته وتجاربه وسنه ومعلوماته- كل هذا كاف جداً لأن يجعله الموجه لشؤون الفصل.

إن الطريقة التي يتبعها المدرس في التدريس تتوقف على شيئين:

١- تتوقف عليه هو ومقدار معلوماته وخبرته السابقة.

٢- تتوقف على الطفل وحالته ومدى استعداده وتقدمه ومعلوماته...ألخ.

وهنا نعود فنتساءل مرة أخرى ما الغرض من التعليم؟ ونذكر المدرس بأنه كما قال "جون آدمز" (إمداد التلميذ بالمعرفة التي سوف

يكون لها أثر عملي على أخلاقه).

"It is to supply" the pupil with knowledge that shall have a practical bearing on his character.

ولأداء هذا الغرض المتطلب يجب أن تتوافر في طريقة التدريس على العموم النواحي الآتية:

(أ) أن تكون المادة ونواحي النشاط فيها وسيلة لا غاية.

(ب) أن تساعد على دوام التفاعل بين الطفل من ناحية، والمنهج من ناحية أخرى.

(ج) أن تكون الطريقة وسيلة المدرس في تكوين الطفل كفرد- وكشخصية- اجتماعية فعالة.

(د) يجب أن تبعث الطريقة على النشاط وأن تستغل وتبني على الظروف الملائمة للإنتاج، التي من شأنها أن تثير الحماسة والشوق، والتي تضمن تعاون الطفل الكلي في الدراسة...هذه النواحي مثل: وضوح الغرض- الميول الفطرية- النجاح وأثره- المنافسة المعتدلة المشروعة...ألخ

(هـ) أن تساعد على الوصول إلى النتيجة المقصودة- وأن تقلل من النتائج غير المقصودة وتثبت النتائج المطلوبة تثبيتاً يمكن من انتشارها وانتقالها إلى الحياة العملية- كالدقة في التفكير أو التعبير الحسن الجيد وذلك دون أن تعرقل نمو نواح أخرى: فكرية أو وجدانية أو جمالية.

(و) يجب أن تكون الطريقة بحيث توافق الفردية في القدرات والميول.

(ز) كما يجب أن تكون مطابقة للأسس العملية النفسية كالاقتصاد في التعلم واختيار أنسب الظروف له.

هناك عوامل كثيرة تعرقل سير تعليم العربية لغير الناطقين بها، ومن أبرز هذه العوامل الطريقة أو الطرق التقليدية القديمة التي سار عليها معظم القائمين على أمر نشر اللغة العربية ومازالوا يسيرون، فمعظمن معلمي العربية يسيرون في خطى من سبقوهم في ذلك دونما محاولة جادة لتمحيص ذلك النهج ودراسة مدى مواكبته للتطور الذي طرأ على حقل تعليم اللغات الأجنبية بفضل ما أسهم به مئات من العلماء والخبراء في حقول علوم اللغة والتربية والنفس، فلا غرو إذا أن نجد ذلك التأخر الملحوظ في شتى مجالات تعليم العربية بدءاً بالمعلم وانتهاءاً بالكتاب، فالمعلمون لا متابعة لأكثرهم لما يجري في تعليم اللغات فيسيرون على غير منهج علمي مدروس، ومن ثم لا تغيير يذكر نلاحظه في المواد التعليمية التي يقومون بتدريسها.

هذا ومما لا شك فيه أن هناك ضرورة ملحة لتطوير طرائق تعليم اللغة العربية لغير الناطقين بها إذا أردنا أن تأخذ العربية مكانها اللائق بين اللغات العالمية.

طريقة التدريبات (Exercise Method)

إن مجرد نظرة إلى البحوث اللغوية الكثيرة التي ظهرت مؤخراً لتدل بوضوح تام على ما أصبح "للتدريب الاتصالي" (Communicative Practice) الذي يركز على استعمال اللغة للتعبير الشفوي والكتابي من مكانة هامة في تعلم اللغات الأجنبية في السبعينات من هذا القرن، فلقد أشارت نتائج الدراسات التي قام بها بعض الباحثين حول تدريس اللغة الفرنسية والألمانية والأسبانية والبرتغالية إلى المكاسب اللغوية والعملية التي يجنيها الدارسون عن طريق التركيز على التدريب الشفوي- الكتابي أو ما يسميه علماء اللغة المعاصرين بالتدريب "الاتصالي" فبالإضافة إلى أهمية هذه الطريقة في تدعيم المهارات اللغوية سواء ما كان يتصل بإتقان الأصوات أو حفظ المفردات واستيعاب التراكيب الجديدة أو القدرة على القراءة والفهم، فقد أصبحت هذه الطريقة اليوم أمراً ضرورياً في تعلم أي لغة، خاصة ومعظم طلابنا في السبعينات يتوقعون من دراستهم اللغات الأجنبية استعمالها في حياتهم العملية والمهنية إلى جانب فهم

حضارات وثقافات الأمم التي يدرسون لغاتها.

ولا بد هنا من الإشارة إلى آراء بعض العلماء اللغويين والنفسيين والتربويين في هذا الخصوص. يقول العالم اللغوي "شومسكي" (Chomsky) بما معناه: إن تدريس اللغة ليس المقصود منه مجرد تكوين عادات وإنما يجب أن يتضمن إلى جانب ذلك التدريب الذي يؤدي إلى عملية الإبداع الابتكار وتكوين جمل وأنماط جديدة كما يركز العالم النفسي "جلفورد" Guilford في نظريته (Structure of intellect model) على ضرورة الربط والتمييز بين التدريب الذي يتطلب إجابة مقيدة (Convergent Production) والتدريب المتشعب الحر (Divergent Production) الذي يؤدي إلى عملية الإبداع والابتكار والوصول إلى حلول عملية ولهذا نراه يدعو إلى زيارة الاهتمام باستعمال "النشاطات الحرة" أكثر من "النشاطات المقيدة" في صفوف اللغات الأجنبية، ليتاح للدارسين استعمال ما تعلموه من مفردات وأنماط لغوية في مناسبات حقيقية لها صلة وثيقة مباشرة بحياة الطالب وخبراته دخل الصف وخارجه، وهذا ما يسميه "جلفورد" بالتدريب الخلاق (Problem solving).

ولعل هذا ما قصدت إليه العالمة النفسية "تنيبر" حين جعت إلى ضرورة احتواء عملية التعلم على تدريبات متنوعة تهيء الدارسين لابتكار معلومات وأفكار جديدة نافعة لهم في حياتهم "ويشارك" جلفورد" و"تنير" في الرأي بعض علماء التربية المعاصرين أمثال "جتزل وجاكسون" (Getzel & Jackson) و"فريد" (Freed) الذين يرون أن التعلم هو أولاً عملية حفظ واستعادة للمعلومات التي تعلمها الدارسون، وثانياً عملية اكتشاف وإبداع. ويؤكد هذا الرأي الدكتور زكريا إبراهيم حين يقول: "وأنت حين تتيح للتلميذ الفرصة للتحقيق من أن الأفكار العامة التي تعلمها تزوده بالقدرة على فهم مجرى الأحداث المتعاقبة في صميم حياته فإن من المؤكد إنك – بذلك- تنمي في نفسه روح الاكتشاف.

وفيما يتعلق باللغة العربية بالذات فقد ظهرت لنا بوضوح أهمية هذا التدريب الشفوي والكتابي وكذلك أهمية التركيز على الثقافة والحضارة العربية بعد الاطلاع على النتائج التي حصلنا عليها من المصادر الثلاثة التالية:

استمارة التقييم (Evaluation)

أعرب ٧٣ طالباً من مجموع ٩٢ قاموا بتعبئة الاستمارة الخاصة بتقييم منهج اللغة العربية للمرحلة الابتدائية في دائرة دراسات الشرق الأدنى بجامعة مشيغان عام ١٩٧٦ و١٩٧٧ عن رغبتهم في وضع تركيز أكبر على التعبير الشفوي والكتابي وتضمن منهاج التدريس معلومات أكثر عن الثقافة والحضارة العربية.

الاستبيان العام (Questionnaire)

كان الهدف الرئيسي من هذه الاستمارة أخذ رأي الطلاب حول الأغراض التي من أجلها يدرسون اللغة العربية. كانت النتيجة أن ٦١ طالباً من مجموع ٨٣ يهدفون من دراستهم العربية استعمالها لأغراض عملية ومهنية لا لمجرد القراءة والترجمة فقط.

امتحان الكفاءة العربية (Arabic Proficiency Test)

احتوت الإجابات الكتابية لـ ١٢٥ طالباً من الذين أخذوا امتحان الكفاءة باللغة العربية خلال ١٩٧٥ و١٩٧٦ والذين يمثلون ٢٨ جامعة أمريكية- على ١٥٢٠ غلطة كتابية (منها ٢٢٢ غلطة في الأصوات والتهجئة، ٤٤٥ في استعمال المفردات ٥٧٨ غلطة نحوية و٢٦٥ غلطة في الأسلوب). وبعد تحليل هذه الأخطاء لتحري الأسباب الموجهة لها وجد أن ٩٤% منها يعود إلى نقص في التدريب الشفوي والكتابي في المنهاج الدراسي.

نماذج من النشاطات التي تساعد على استعمال اللغة

من المستحسن أن يبدأ الأستاذ ببعض عبارات التحية ومطالبة أحد الطلاب بكتابة تاريخ ذلك اليوم باللغة العربية على اللوح ويتبع ذلك بعض الأسئلة العامة التي تدور حول موضوعات الدروس الأخيرة وما يتعلق منها بخبرات الطلبة. وفيما يلي مجموعة من الأسئلة التي استعملتها في بداية الحصة التي قابلت فيها الصف بعد تقديم النص

الأساسي للدرس السابع والقواعد المبنية عليه:

صباح الخير.

كيف الحال؟

من أين أنت يا كريمة؟

هل درست اللغة الإنكليزية في المدرسة الثانوية ؟

هل أكملت دراسة اللغة الإنكليزية هناك؟

وأنت يا جلال أين درست اللغة الإنكليزية؟

وأين انتقلت بعد ذلك؟

أين درس جلال اللغة الإنكليزية؟

وأين انتقل بعد ذلك؟

ما ذا درس هناك؟

هل جامعة الأزهر في دمشق؟

هل درست اللغة العربية في جامعة الأزهر يا علي؟

أين تعلمت العربية يا وداد؟

أين بدأت وداد دراسة اللغة العربية؟

وأنت يا كريمة، هل أكملت الدراسة الثانوية في مصر؟

ألعاب لغوية (Language Games)

ضمير المفعول به المتصل بالفعل، قام الطلاب بهذه اللعبة بعد شرح ضمير المفعول به المتصل بالفعل في الدرس العاشر. وسارت

اللعبة كما يلي:

ط١: يعطي جذر Stem أي فعل متعد يعرفه.

ط٢: يأخذ نفس الجذر الذي أعطاه الطالب الأول ويضيف عليه ضمير الفاعل المتصل.

ط٣: يكمل الجملة بإضافة ضمير المفعول به المتصل بالفعل وما تتطلبه الجملة من زيادة لتصبح جملة مفيدة.

وفي حالة عدم استطاعة الطالب إعطاء الإجابة الصحيحة في خلال خمس ثوان عندما يأتي دوره يسقط من اللعبة. ويستحسن ألا تستمر هذ اللعبة أكثر من ثلاث دقائق وهذا ملخص لما دار بين الطلبة في هذه اللعبة:

ط١: شاهد

ط٢: شاهدت

ط٣: شاهدتها في المكتبة.

ط٤: استقبل

ط٥: استقبلنا

ط٦: استقبلناهم صباح أمس

ط٧: ترك

ط٨: تركوا

ط٩: تركوني في البيت.

الكتابة تحت إرشاد المعلم

في نهاية كل درس يكلف الأستاذ طلابه بترجمة مجموعة من الجمل أو قطعة قصيرة من الإنكليزية إلى العربية أو بكتابة موضوع إنشائي قصير وقد وجدت أن مثل هذا التدريب يفيد في مراجعة مفردات

الدرس الجديد وقواعده بالإضافة إلى تنمية قدرة التعبير الكتابي عند الدارسين. فعلى سبيل المثال قام الطلاب معاً في نهاية الدرس الثالث عشر من كتاب مبادئ العربية المعاصرة بكتابة رسالة شخصية على نمط الرسالة التي قرؤوها في الدرس. بدأ أحد الطلبة الرسالة بكتابة التاريخ على اللوح. وتطوع طالب ثان بكتابة التحية واسم الشخص المرسل إليه الرسالة. وقام طالب ثالث بكتابة الجملة الأولى فيها وتطوع طلاب آخرون كل على انفراد بإضافة جملة من محتويات الرسالة، حتى آخر جملة فيها. وقام طالب آخر بتوقيع الرسالة بالنيابة عن الصف. وفيما يلي نص الرسالة التي أتمها الطلاب:

"نيودلهي" في ١٦/ أغسطس/ ٢٠٠٨

عزيزي سعيد:

تحية وبعد،

كيف الحال؟ أن وكل الطلاب في صف اللغة العربية بخير ومشتاقون إلى لقائك أكملنا اليوم الدرس الثالث ونكتب الآن هذه الرسالة. كل طالب كتب فيها جملة أنا كتبت تاريخ الرسالة.

ذهبنا أمس مع الأستاذ إلى مطعم عربي. وأكلنا الكباب في المطعم وشربنا قهوة عربية. وبعد ذلك ذهبنا إلى السينما وشاهدنا فلماً عربياً.

وأنت هل أكملت الدرس الثالث عشر؟ وهل كتبت رسالة باللغة العربية؟ وهل أكلت في مطعم عربي وشاهدت فلماً عربياً؟

سلامنا لك وكل أصدقائك وأساتذتك.

المخلص

معاذ

تقارير قصيرة شفوية وكتابية

يطالب الأستاذ بطلابه بكتابة هذه التقارير عند البدء بدروس الجزء الثاني من كتاب مبادئ العربية المعاصرة حيث يكون الطلاب عندها مستعدين لكتابة إنشاءات قصيرة تعتمد على موضوعات مألوفة لديهم. وتخصص ساعة واحدة في الأسبوع لقراءة ومناقشة هذه التقارير في الصف، ولإعطاء الفرصة لجميع أفراد الصف لقراءة تقاريرهم وتفاديا لكثرة الأخطاء الواردة في التقارير المقروءة يشجع الأستاذ طلابه على إنجاز هذه التقارير وتسليمه إياها وذلك للاطلاع عليها وتصحيح ما فيها من أخطاء قبل عرضها على الصف وقد وجد الطلاب في هذه الطريقة ما يجلب اهتمامهم ويشجعهم على المشاركة في المناقشة.

اجتماعات خاصة (Special Meeting)

تخصص أربعة اجتماعات كل سنة لبعض النشاطات الخاصة المتصلة اتصالاً وثيقاً بالموضوعات التي يدرسها الطلاب، إثنان منها في الفصل الدراسي الأول والإثنان الآخران في الفصل الثاني يعقد أول اجتماع في منتصف الفصل الدراسي الأول، يستمع الطلاب خلال النصف ساعة الأولى منه إلى نشرة أخبار مسجلة تحتوي على مفردات وتراكيب مألوفة، ويخصص نصف الساعة الثاني لبرنامج من الموسيقى والغناء العربي، يجيب الأستاذ خلاله على أسئلة الطلاب باللغة الإنكليزية.

ويعقد الاجتماع الثاني عادة في نهاية الفصل الدراسي الأول، هذه المرة يذهب الأستاذ مع طلابه غلى مطع عربي أو إلى حفلة عشاء عربية حيث يأكلون طعاماً عربياً ويستمعون إلى موسيقى وأغان عربية. يشجع الأستاذ الطلاب على التكلم باللغة العربية عن الأطعمة والمشروبات المقدمة.

يبدأ الاجتماع الثالث في منتصف الفصل الدراسي الثاني، ويعرض على الطلاب في هذا الاجتماع شريط سينمائي أو شرائح

زجاجية (سلايدات) تدور موضوعاتها حول بعض النواحي الثقافية والاجتماعية والتاريخية والحضارية العربية، ويرافق العرض أشرطة مسجلة بالعربية. ويتبع العرض عادة مناقشة لما شاهده الطلاب من مناظر باللغة العربية.

ويعقد الاجتماع الرابع في نهاية السنة الدراسية. ويقوم الطلاب خلاله بتمثيل رواية باللغة العربية، كانوا قد أعدوها وتمرنوا عليها بإشراف الأستاذ قبل نهاية العام الدراسي.

نصوص إضافية

فيما يلي أمثلة النصوص المقترح إضافتها:

إن رجلاً قال للنبي صلى الله عليه وسلم: أوصني، قال: لا تغضب فردد مراراً، قال: لا تغضب.

المملكة العربية السعودية: تقع المملكة العربية السعودية في قارة آسيا. يحدها من الشرق دولة الكويت والخليج العربي والبحرين وقطر، ومن الغرب البحر الأحمر واليمن، ومن الشمال المملكة الأردنية والجمهورية العراقية، ومن الجنوب عدن وحضر موت ومسقط وعمان.

يبلغ عدد سكان السعودية حوالي سبعة ملايين نسمة، وتبلغ مساحة أراضيها حوالي ٩٠٠ ألف ميل مربع.

من أهم المدن فيها: الرياض، وهي العاصمة ومركز الحكومة السعودية. ومكة، وهي مركز ديني إسلامي يقع فيها المسجد الحرام. وجدة وهي ميناء تجاري مهم على ساحل البحر الأحمر.

كانت هذه كلها من التمرينات والنشاطات التي يقترح توفرها عند تدريس اللغة العربية في المرحلة الابتدائية. هذا إذا كنا نهدف من وراء تدريسنا تنمية القدرة عند الدارسين على التعبير الشفوي ولكتابي كي يدركوا قيمة ما يدرسونه من معلومات فيتذوقونها ويرون فيها أدوات

نافعة يمكن استخدامها في حياتهم العملية.

إن الاستمرار في مثل هذا التدريب الشفوي والكتابي عن طريق استعمال تمارين ونشاطات متنوعة، مماثلة لما سبق ذكره من تمارين ونشاطات، في المرحلتين المتوسطة والمتقدمة من دراسة اللغة العربية سيؤدي حتماً إلى النهاية التي يسعى الكل لتحقيقها إلا وهي استعمال اللغة العربية استعمالاً صحيحاً وفهم الثقافة والحضارة العربية الإسلامية على حقيقتهما.

ولما كان من الطبيعي أن تحتوي المواد التدريسية المستعملة في المرحلتين المتوسطة والمتقدمة على نصوص تشتمل على معلومات ثقافية وحضارية بحكم تركيزنا على استعمال الأساليب الأدبية المتنوعة فإن المجال أمام الأستاذ والطالب مفتوح أكثر لاستعمال اللغة بحرية وطلاقة عن طريق مناقشة ما يقدم في الصف وخارجه وتكليف الطلاب بالإجابة عن أسئلة الامتحانات وكتابة تقاريرهم باللغة العربية.

ولا بد هنا من إضافة كلمة تتعلق باستعمال المواد السمعية- البصرية بالذات فلقد أثبتت نتائج التجارب التي قمت بها في صفوف تدريس العربية للمبتدئين والمتقدمين أن استعمال الأشرطة السنمائية (Videotapes) والشرائح الزجاجية (السلايدات) والأشرطة المسجلة قد ساعد كثيراً على نمو ملكة التعبير الشفوي والكتابي عند الطلبة، هذا بالإضافة إلى مساعدتهم على دراسة وفهم الثقافة والحضارة العربية الإسلامية ورفع معنوياتهم وتشجيعهم على الاستمرار في دراستهم.

يمكننا إجمال هذا البحث بالقول أن التدريبات "الميكانيكية والمعنوية" بما فيها تمرينات اللفظ والقواعد والترجمة بجميع أنواعها لا بد منها عند تعليم اللغة العربية أو أي لغة أخرى، إذ أنها تساعد الدارسين كثيراً على إتقان لفظ الأصوات وحفظ المفردات والقواعد الجديدة في كل درس. ولكنها بمفردها لا تؤدي إلى تذوق اللغة واستعمالها استعمالاً طبيعياً في الحياة العلمية أو فهم النواحي الحضارية والثقافية للغة المدروسة. ولهذا فإن من الضروري جداً أن تضيف في كل درس

تدريبات "اتصالية" إلى جانب التدريبات "الميكانيكية والمعنوية" ليصبح ما تعلمه الطلاب من مفردات وقواعد جزءاً من حياتهم فيشعرهم بأهمية وقيمة اللغة العربية التي يدرسونها.

ولما كان ليس لدى أي معرفة بكتاب لتدريس العربية يوفر جميع الفرص اللازمة لعملية التدريب الشفوي والكتابي التي نحن بصددها فإني لا أرى أمامي إلا حلين للمشكلة لا ثالث لهما. أولهما أن نضع المسؤولية برمتها على كاهل معلم العربية إذا أراد أن يقوم بمثل هذا العبء الثقيل. وثانيهما أن نبدأ بالتخطيط من الآن لمراجعة بعض الكتب التي بأيينا أو بالقيام بإعداد كتب جديدة تتضمن نصوصاً عربية لها مدلول ثقافي وحضاري وتشتمل على تمرينات متنوعة تتدرج من التدريب "الميكانيكي" إلى التدريب "المعنوي" فالتدريب "الاتصالي".

إن هذا التوسع في عملية التديب اللغوي من التمرين التقليدي الذي يركز على الاستماع والتكرار وحفظ المفردات والقواعد والترجمة الحرفية واستعمال اللغة استعمالاً محدوداً وفي نطاق ضيق إلى تمرين "الاتصال المباشر" الذي يوفر المجال لاستعمال اللغة استعمالاً طبيعياً وفي نطاق واسع يفيدنا من نواح عديدة.

فهو أولاً ينبهنا إلى حقيقة نسيناها أو تناسيناها، وهي أن التدريبات الميكانيكية والمعنوية" إنما هي وسيلة وظيفتها تهيئة الدارس للتوصل إلى النهاية التي ينشدها من وراء تعلمه اللغة.

ثانياً: يتيح للدارسين الفرص الكافية لاستعمال اللغة بالطريقة التي ترضيهم وهذا بالطبع يزودهم بخبرات سارة ويشعرهم بأنهم قد حققوا بعض النجاح في دراستهم فتزداد ثقتهم بأنفسهم ويتضاعف اهتمامهم باللغة العربية وبالتالي يستمرون في دراستهم.

وثالثاً: يذكرنا بالدعوة إلى إشراك الطالب مع المعلم في تخطيط البرنامج الدراسي ووضع أهداف واضحة لتدريس اللغات الأجنبية.وهناك كثير من الأساتذة والمربين المعاصرين ممن يؤيدون هذه الدعوة ويعملون على تحقيقها أمثال "اليزابيث ليمان" ولن ويفرلي"

وباتريشا بوليان واليسا وما جيو.

ورابعاً وأخيراً: يؤكد لنا ضرورة القيام بإعادة النظر في الكتب التي نستعملها في تدريس العربية لغير الناطقين بها من أجل مراجعتها وإضافة ما يلزم إضافته من تمرينات اتصالية ونصوص أصلية تشتمل على معلومات ثقافية وحضارية مما يتجاوب وغربات الدارسين في هذه الأيام. ونحن بطبيعة الحال مقتنعون بدور الأفراد في عملية المراجعة المقترحة، ولكننا في نفس الوقت تدرك تماماً بأن أية عملية للتجديد أو الإصلاح تحتاج إلى جهود جماعية. فالعمل الجماعي الشامل أحسن بكثير من العمل الفردي الجزئي. فلقد آن الأوان أن نبدأ كمجموعات أينما كنا لتعديل أو تبديل مناهجنا التعليمية وتقويم طرائق التدريس بما يتلاءم ورغبات الدارسين ومتطلبات مجتمعاتنا المعاصرة. فالكل من بلا شك يعمل على تقدم اللغة العربية وأساليب تدريسها. فهناك اليوم الكثير من الدراسات والبحوث العلمية سواء كانت في باب اللغة أو الأدب، ولكنها جهود مهما كانت غنية لا تزال تحمل النظرة الانفرادية التخصصية.

تدريس التعبير

(Teaching of Expression)

الكتابة في صورة مبسطة تعني وضع المنطوق في صيغة خطية طبقاً لأسلوب مقبول من الناطقين المتعلمين لأصحاب اللغة، وفي شكلها المتطور العالي فإن الكتابة تعني التعبير عن الأفكار بطريقة مستلسلة طبقاً للإصطلاحات الخطية للغة بحيث يكون الهدف الأقصى لكاتب التعبير بشكل مقبول يتطلب مفردات خاصة نافعة وتركيبات منقحة معينة، وهذا ما نسميه إنشاء (Composition) كل ذلك يعني أن الطالب يجب أن يتعلم الطريقة الخطية للغة الأجنبية (Graphic System) ويتعلم كيف يتهجئ طبقاً لإصطلاحات اللغة ويتعلم كيف يتحكم في تركيب اللغة بحيث يكون ما يكتبه مفهوماً من القارئ، ويتعلم كيف يختار من خلال مجموعات الكلمات والجمل الممكنة ما ينقل المعلومات التي يمكلها في عقله في كتابة واضحة ومؤثرة.

أهمية الكتابة (Importance of Writing)

إن الكتابة ولمدة سنوات عديدة ما زالت تحتل مكاناً كبيراً في عملية التعليم والتعلم ولأجل أن يكون الإنسان متعلماً لا بد أن يتضمن تعليمه القدرة على القراءة والكتابة إلى جانب المهارات الأخرى التي يتدرب عليها الطلاب في الصف.

وللكتابة أهمية كبرى في حياتنا العملية فهي عنصر هام من عناصر النجاح التي لا يستغني عنها الإنسان في أي فترة من فترات حياته.

جزء من قيمة الكتابة الحقيقية أنها نشاط ضروري للصف، وأنها كما سيتضح- مهمة لدعم التعلم في مجال المهارات الأخرى. ومن المفهوم أن أهم ما يسعى إليه المدرس مساعدة الطالب على فهم ما يقرأه، ثم التعبير عنه بلغة صحيحة واضحة.

وإذا ما نظرنا إلى أوراق الاختبار فإن النتيجة تكون مخيبة للأمل من حيث التعبير عند كثير من الطلاب، فقليل منهم يستطيع الكتابة بطريقة واضحة معبرة، مما يمكنهم من الحصول على درجات أعلى نظراً للوضوح الذي اتسمت به كتابتهم، وهكذا فمن الممكن أن تؤدي هذه المهارة إلى أن يحقق بها الطلاب مزيداً من النجاح.

من ذلك كله يتضح لنا أن الكتابة تهيئ تغيراً في النشاط في مجال الاختبار.

ليس الهدف التقليل من شأن المهارات الأخرى، فالكتابة في صيغتها الإنشائية المتقدمة تعتمد على تقدم هذه المهارات، ومن المعروف أن الطالب الذي لا يجيد الإملاء أولا يحسن فهم القواعد النحوية للغة لا يتأتى له صياغة عبارات سليمة، لكن لا بد من الاعتراف سريعاً بأن أخذ الإملاء وكتابة تمارين ونماذج القواعد وسائل أكثر منها نهايات. وهذا لا يعني أن هذه الأشكال من التمارين ليس لها مكان في تعليم اللغة الأجنبية، لكن كلا منها يجب أن يقيم من خلال صلته ببرنامج إصلاح المهارات اللغوية.

وقبل أن انتقل إلى مراحل تدريب الكتابة أود أن أقدم الاعتبارات العامة التالية:

هناك اختلاف في الهدف بين تدريس الإنشاء في لغة أجنبية (Foreign Language) وبين تدريسة في اللغة القومية (Native Language) عند ما ندرس الإنشاء لأبنائنا العرب فإننا نعدهم في مرحلة من المراحل لكتابة مبدعة (Creative Writing) بحيث يستطيع الطالب أن يكتب بأسلوب أدبي بليغ، على حين نهدف في حالة اللغة الأجنبية إلى أن نعد الطالب

كي يعبر عن نفسه بأسلوب واضح سليم من الأخطاء، لكن ذلك لا يعني عدم تشجيع الأساليب الأدبية أينما وجدت.

كثير من ضعف الكتابة يمكن إرجاعه إلى نقص في التدريب المنظم خلال المراحل المبكرة في برنامج اللغة الأجنبية، وبالتالي فإن الخطوات الأولى في الكتابة لطلاب اللغة الأجنبية يجب أن تكون موجهة بعناية.

يجب أن يكون التدريب على الكتابة في الصف قليلاً لأن وقت الصف يفترض أن يخصص معظمه لنشاطات التكلم والإصغاء التي لا يستطيع الطلاب أن يقوموا بها بأنفسهم خارج الصف.

لن تتحسن مهارة بدون تدريب مركز ومستمر، كما لا يحافظ على مهارة بدون استعمالها مراراً.

إن التخطيط المركز والمستمر هو إحدى المسؤوليات الرئيسية للمدرس لأي لغة أجنبية. ويحسن بالمدرس في هذا المقام أن يسأل نفسه على الدوام: أي نوع من الكتابة يجب أن يعطي أولا في هذه المرحلة؟ هل يملك الطلبة توجيهاً سابقاً في لغتهم القومية وفي اللغة الأجنبية يعدهم لهذا النوع من الكتابة؟ كيف يستطيع الطلبة أخصاب أفكارهم ومفرداتهم؟ وكيف يمكن توجيههم في خطوات قصيرة متتابعة ليستعملوا الكتابة كوسيلة أخرى للاتصال؟

يجب تعليم الطلاب تدريجياً وبخطوات صغيرة الفروق بين التكلم والكتابة أينما توجد، أذكر على سبيل المثال همزة الوصل التي لا تلفظ عند وصل الكلام ولكنها تكتب، وكذلك الألف بعد واو الجماعة في مثل: كتبوا، ولم يدرسوا.

يجب التنبه دائماً لكبح جماح الطلبة في صفوف اللغة الأجنبية عندما يميلون لاختراع تعبيرات قيست على نماذج صيغ اللغة القومية، شاعرين بالسعادة لأنهم يبنون جملاً مولدة بدون التحقق من أنها غير مفهومة نهائياً في اللغة الأجنبية.

ومسألة أخرى جديدة بأن يشار إليها هنا، هي أن الطلاب يحسنون عادة محاولة التعبير عن أنفسهم في كلمات غريبة بحثت بطريقة غير مناسبة في المعجم، قبل أن يملكوا أي تحكم في تركيب اللغة.

وفي هذا المقام يجدر أن نشجع طلابنا في مرحلة ما على استعمال المعجم العربي وترك المعاجم الثنائية اللغة لأن في ذلك خيراً لهم.

مراحل تدريب الكتابة (Stages of Writing Training)

عندما ننادي بإعداد الطالب أعداداً سليماً قبل تكليفه كتابة موضوع في الإنشاء فإننا نرمي إلى عدم جره إلى حالة من الفشل لا تحمد عاقتها.

وكي يستطيع الطالب أن يكتب في اللغة الأجنبية يجب أن يمر بطريقة مرتبة منسقة خلال خمس مراحل من التحسن:

المرحلة الأولى: النسخ (Copying)

هذه المرحلة غالباً ما يستهان بها من قبل مدرسي اللغة الأجنبية وينظر إليها على أنها غير جديرة بالاهتمام من قبل الطلاب الشباب.

هذا الموقف يجهل الحقيقة التي تشير إلى أن هناك كبيراً من المظاهر في اللغة الأجنبية تكون غريبة على الطالب ويحتاج لأن يعود عليها إذا أراد أن يكتب اللغة بثقة وأمان.

ومما يريح النفس أن هذا الموقف ليس متفشياً، لأن الحاجة إلى النسخ المتقن لأغراض المعرفة واضح جداً بحيث لا يمكن تجاهلها، علاوة على ذلك فقد يكون هناك تشابه بين اللغة القومية والأجنبية، لذلك فإن النسخ المعتنى به كفيل بأن يساعد على منع تسرب عادات اللغة القومية، وذلك بتركيز انتباه الطلاب على الاختلافات.

ولكن لا بد أن يحتوي العمل المطلوب نسخة على فصول قرأها الطلاب مع المدرس، وأن يكون متنوعاً على الدوام وبقدر معقول بحيث لا يسبب إرهاقاً للطالب ولا ينفره من الإقبال عليه.

ويستحسن هنا حث الطالب على الاهتمام بوضع علامات الترقيم وعلى أن يكرر مع نفسه ما يكتبه أثناء عملية النسخ لأن ذلك يكون لديه تدريباً تكرارياً للحوار الأساسي أو الجمل وقد يساعده ذلك على الحفظ.

وعلى المدرس أن يطلع على أعمال النسخ التي كلف بها الطلاب حتى لا يهملوا في أدائها. وسوف تعزز هذه المرحلة بالمرحلة التالية وهي:

المرحلة الثانية: الإعادة دون الرجوع إلى الأصل (Reproduction)

خلال هذه المرحلة الثانية سوف يحاول الطالب أن يكتب بدون أصل ما تعلمه شفوياً، وقرأه في كتابه المدرسي، ومما يساعده على عمل ذلك بنجاح أن يكون قد تدرب جيداً على عادات الإتقان في مرحلة النسخ.

ومن المهم أن تختلف الطرق خلال هذه المرحلة وأن يتطلب نشاط الكتابة من جانب الطالب تنوعاً في الجمل المتعلمة، وأن يكون التركيز على دقة الإعادة، وأن يعقب التصحيح كل عمل يقوم به الطالب:

وكأمثلة لهذا النوع من التدريب:

أن تقرأ علهي بعض الجمل المأخوذة من النص المقروء والمنسوخ ثم يكلف بتعبئة الفراغ.

أن يعيد كتابة بعض الجمل التي نسخها بدون الرجوع إلى الأصل ويكون ذلك على شكل إملاء قصير.

أن يكلف بكتابة بعض الجمل التي يتذكرها من النص.

أن يطلب منه كتابة الجملة المتعلمة كاستجابة لسؤال يسأله

المدرس، أو لصورة يعرضها.

هذا التمرين الأخير يتطلب فهماً واضحاً للمعنى، وذاكرة للاستجابة المتعلمة وقدرة على التمييز السمعي والكتابة المتقنة.

المرحلة الثالثة: إعادة تركيب الأمثلة (Recombination)

يحتاج الطالب في هذه المرحلة تهيئة بسيطة، يجب أن يكون العمل المطلوب إعادة تركيبه قد درس شفوياً أو أخذ في القراءة، وأن يكون المدرس مقتنعاً بأن الطالب يستطيع أن يقول لنفسه بدقة ما يود كتابته، عندها يستطيع أن يكلفه بإعادة تركيب الأمثلة، وبذلك يهيئ له الحظ في كتابة صحيحة.

وللوصول إلى مزيد من الدقة والنجاح تبني هذه التمارين شفوياً في الصف أولا، وتستبعد التمارين التي لا تكون مستوعبة من قبل الطلاب.

وهكذا إذا ما أخذت الكراسات وصححت هذه التمارين ووضعت هلا الدرجات بشكل منتظم فسوف يشجع الطلاب ويفخرون بأنهم قدموا عملاً كتابياً جيداً.

أما التمارين التي يمكن أن يدرب عليها الطلاب في هذه المرحلة فكثيرة ومتنوعة منها:

عمل تحويلات للكلمات والجمل

(Process of Transformation of Words and Sentences)

حول الفاعل والفعل إلى الجمع والعكس.

حول المبتدأ إلى الجمع.

حول الجملة بإضافة ألفاظ مثل: البارحة أو غداً.

تغيير وجه الصورة في قطعة مقروءة على سبيل المثال: ذهبت إلى السينما، وأحببت الفلم، البطل كان ممتازاً، إلى: ذهبت إلى السينما لم أحب الفيلم، البطل كان مزعجاً...ألخ.

اختصار الجمل: باستبدال الضمائر والكلمات المفردة بالمجموعات.

توسيع الجمل بحيث تحتوي معلومات أكثر في حدود الجمل التعليمية.

إكمال جمل المجموعة "أ" بما يناسبها من المجموعة "ب" مثلاً.

إن كتابة هذه التمارين لا تعطي فقط تدريباً قيما في ضبط وإتقان تركيب الجمل وإنما تثبت ما تم تعليمه شفوياً.

عندما تتكون لدى الطلاب بعض الثقة في كتابة مثل هذه التمارين المبسطة يمكن أن يقدم لهم موضوع يعطي على شكل صورة أو مجموعة من الصور ترز مواقف يمكن ربطها بعبارات تعلمها الطلاب شفوياً.

المرحلة الرابعة: الكتابة الموجهة (Guided Writing)

هذه المرحلة هامة لأنها تشكل مرحلة العبور إلى الإنشاء الحر، حيث يعطي الطالب بعض الحرية لاختيار عبارات معجمية ونماذج تركيبية لكتابة التمرين ولكن في إطار يمنعه من محاولة الإنشاء في مستوى فوق حدود معرفته.

سوف يبدأ الطالب باستخراج الأفكار حيث يسمح له ذلك بإبراز شخصيته، كما يساعد على إبقاء ما تعلمه، وسوف يتحرك تدريجياً نحو الإنشاء الذي يتصل اتصالاً وثيقاً بما قرأ أو سمع بحيث يبقى عليه أن يحصر نفسه بما عرف.

من الممكن هذه المرحلة أن يجيب الطالب على سلسلة من

الأسئلة الهامة حول قطعة مقروءة، على أن توضع هذه الأسئلة في تتابع منطقي بحيث تكون الإجابات قطعة مصاغة بشكل جيد.

وقد يطلب منه توسيع جمل بسيطة بإضافة مفردات أو إدخال معلومات جديدة مما يعطي الطالب تدريباً في الكتابة.

وشكل آخر من التخطيط يقدم للطالب عبارات لغوية مبعثرة يطلب منه إعادة تركيبها في نسق صحيح.

وكلما تقدم الطالب في المهارة أعطى مزيداً من الحرية في اختيار التعبير.

من الممكن أن يكتب رسالة بعد صغية مناسبة درب عليها وتعلمها- حيث يبقى عليه أن يوسع الأفكار التي أعطيت له، كأن يقال له على سبيل المثال: أكتب رسالة إلى صديقك، أخبره عن المواد التي تدرسها، المادة التي تتمتع بدراستها خططك للمستقبل....ألخ.

وبعد تحسين واضح في قدرة الطالب نختار موضوعات التعبير من القصص والقطع التي قرأها.

من الممكن أن يكتب تلخيصاً لقصص درسها في الصف، أو سمعها في المختبر ومن الممكن أن يعيد كتابة قصة أو جزء من زاوية مختلفة، كأن يروي القصة على لسانه بدل أن تكون على لسان غيره.

وكتنويع في الإجراءات يمكن أن تصاغ مجموعة من الأسئلة بشكل تؤدي الإجابة عليها من قبل الطالب إلى كتابة قصة.

وبطبيعة الحال فإن المدرس لن يعدم وجود بعض الطرق لإرشاد الطالب وتوجيهه في الإنشاء الابتدائي، ولكن من المهم جداً أن تبقى الكتابة في هذه المرحلة تحت الملاحظة، حتى لا ينزلق الطلاب إلى عادة الكتابة في لغتهم القومية حيث يترجمون بعد ذلك بدون مهارة في اللغة. وعلى المدرس ألا يسمح للطلاب بالتوجه إلى الكتابة إلا بعد المناقشة

الشفوية وبعد الاطمئنان إلى انهم تأكدوا من معرفة ما طلب منهم.

المرحلة الخامسة: الإنشاء (Composition)

وعندما يصل الطلاب إلى مرحلة يمكن اعتبارها صفاً متقدماً فإن المدرس سوف يحتاج لأن يعتني بالتدريب ليرى بأنهم لم يغطسوا فجأة- من الكتابة الموجهة- في بحر غير محدود من الإنشاء الحر. وهكذا يجب أن يكون الانتقال تدريجياً.

إن هذه المرحلة الأخيرة من الإنشاء تشمل اختياراً فردياً للمفردات والتراكيب من أجل التعبير عن معنى شخصي. ولا شك أن معرفة الطالب للغة الأجنبية أقل كثيراً من معرفته للغته القومية.

ولا بد من التنبه إلى خطأ يكثير وقوع الطلاب فيه عندما يحاولون أن يكتبوا بغلتهم القومية ثم يترجموا ما كتبوا إلى اللغة الأجنبية، ظانين أن ذلك سوف يقود إلى تعبيرات اللغة الأجنبية. ولكن بطريقة التدريب المنظم الذي عرض سابقاً سوف نحمي الطالب من الانزلاق إلى هذا العمل.

علينا أن نعود الطالب في هذه المرحلة على وضع أفكاره في سهولة وفي لغة واضحة تكون في متناول يديه.

تمارين الإنشاء يجب أن تكون أولا متصلة بمادة قرئت ونوقشت ويسال الطالب فقط ليصف أو ليقص أو ليوضح وعندما يصبح أكثر تعوداً على أن يعبر عن نفسه بتحديد واضح مقبول يمكن عندها أن يكلف بشرح أو تحسين أفكار متصلة بالمادة المقروءة.

تمارين الإنشاء التي لا تكون متصلة بقراءة مكثفة معينة يجب ألا يخطط لها لتصبح اختبارات للابتكار والإبداع.

التجربة في لغة أجنبية على موضوعات مثل: "قوة الصحافة" أو "عقوبة الإعدام" أو "الطائرة ملاك في السلم وشيطان في الحرب"،

أصبحت غير مجدية، لأن الطالب المتوسط لا يملك إلا القليل ليقوله فيها حتى في لغته القومية الأمر الذي يؤدي إلى نتيجة سلبية، بحيث تنفر الطالب من دروس الإنشاء، وتيبهم بخيبة أمل، وتخفف من حماس المدرسين، وهكذا تصبح دروس الإنشاء عبءاً على الطالب والمدرس معاً، ولحسن الحافظ فإن مثل هذه الموضوعات السابقة قد انسلت من طرق تدريس الإنشاء.

لا بد إذاً أن تكون موضوعات الإنشاء مألوف لدى الطلاب، مختارة من دائرة تجاربهم، لأن الإنشاء الواضح لا يتأتى للطالب إلا عندما يوجد المعنى والاهتمام، المعنى الذي يعرفه ويكتب فيه، والاهتمام بهذا المعنى لأنه يعبر عن حاجة من حاجاته.

باختصار شديد فإننا لا نريد لطالب اللغة الأجنبية وخاصة المبتدئ أن يتعب نفسه باحثاً في عقله: أي شيء يكتب What to write? في الوقت الذي نريد منه أن يركز انتباهه ويشغل نفسه في كيف يكتب How to write? يجب أن نميز والحالة هذه بين أسلوبين متداخلين من الكتابة هما:

وظيفي وإبداعي (Practical and Creative) الكتابة الوظيفية (Practical Writing) توجد في الوسائل، الخلاصات والتقارير والوصف، أو في الملاحظات العامة. والكتابة الإبداعية (Creative Writing) توجد في الأدب.

كثير من طلابنا لن يكتبوا كتابة إبداعية كما لم يكتبوا في لغتهم القومية، لكن الكتابة الإبداعية أينما تشاهد وتتوقع يجب أن تشجع وتنمي بعناية.

وسوف يؤدي ربط تمارين الإنشاء بالقراءة المكتفة إلى فائدة عظيمة، بمجرد إكمال كل كتاب أو قصة أو تمثيلية، يمكن أن يكلف الطلاب بتقديم موضوع إنشائي معتمد عليها للتصحيح والتقويم.

مثل هذه القراءة المكتفة المعينة يمكن أن توجه الطالب إلى الصحف الأجنبية لتقديم موجز للأخبار عن بلد اللغة.

ومن ناحية أخرى يمكن أن يكتسب الطلاب تمريناً في الإنشاء عندما يشجعون لتقديم تقرير عن أبحاثهم في مختلف المجالات (جغرافية، تاريخية، اجتماعية تعليمية...وهكذا) لمثل هذه المشروعات يطلب من الطلاب أن يستمدوا أخبارهم من مصادر اللغة الأجنبية، وهكذا يمكن أن يستعملوا بعض التعبيرات الأصيلة في تقاريرهم المكتوبة.

وفي التمرينات السابقة بأنواعها، يستحسن أن تعطى أولاً شفوياً في الصف وتستعمل كقاعدة لمناقشة أوسع قبل أن يكلف الطلاب بكتابتها، وبذلك تضمن لهم مقداراً وافراً من الثقة والنجاح.

التصحيح في دروس الكتابة (Correction in Writing Lessons)

عندما تكون الكتابة في الصف يستحسن أن يتجول المدرس بين طلابه مجيباً عن أسئلتهم ومزيلاً شكهم سواء من ناحية الرسم الإملائي أم من ناحية القواعد اللغوية وبذلك يقلل من أخطائهم.

وعندما ينتهي الطلاب من كتابتهم تجمع الكراسات ويقوم المدرس بتصحيحها بوضع خط تحت الخطأ وقد يكتب له الصواب أو لا يكتب، ويعتمد ذلك على مستوى الطلاب، ومدى استعدادهم للاعتماد على أنفسهم في معرفة الخطأ وتصويبه، ويفضل أن يكون تصويب الخطأ بكتابته في جملته.

أما الأخطاء الشائعة والمتكررة لدى الطلاب فيستحسن أن يقوم المدرس بتجميعها لمناقشتها وشرحها داخل الفصل حتى لا يتكرر الخطأ فيها.

وإذا تأثر الطالب بكمية الحبر الأحمر الذي قوم به المدرس جهوده فإنه سوف يشعر بأن هذا العمل فوق قدرته، وسوف يستمر في هذا الشعور، إلا إذا أعطى توجيهاً دقيقاً من البداية، هذا التوجيه يجب أن يحتوي، كما في كل الكتابة، على إعداد شفوي أولاً، حتى إذا ما وضع قلمه على الورقة كان لديه بعض التأكد من نتيجة صحيحة معقولة.

من الواجب على كل مدرس أن يتأمل المبادئ التربوية في ظل الحاضر، ثم يعمل بطريقته الخاصة بعد أن يستوعب هذه المبادئ ويقتلها بحثاً وفهماً ومما لا شك فيه أن المبادئ العامة قليلة نسبياً إذا ما قورنت بطرق التنفيذ التي لا حصر لها، كما أنها تضم إلى عمومها كونها عالمية، في حين أن طرق التنفيذ خاصة وذاتية. وعلى كل حال، فإن دراسة بعض الطرق الحديثة في التربية ستلقى شعاعاً هادياً يضيء السبيل إلى فهم وتفسير القواعد الأساسية، وغالباً ما ترسم لنا خطط التنفيذ لناجحة ذات القيمة العظيمة في الظروف المختلفة بشرط أن تتناولها يد التهذيب والتحوير بما يلائم كل ظرف.

وسنعرض هنا بعض الطرق المشهورة التي جاءت بها الأعوام الأخيرة على يد المهرة من المدرسين الموهوبين الذين مهدوا لنا الطريق للتقدم في ميدان التربية والتعليم. وقبل أن نسوق هذه الطرق يجدر بنا أن نلخص بعض القواعد الهامة التي تميط اللثام عن سر هذا الانقلاب التربوي الشامل، مع حرصنا الشديد على حدى المبدأ التربوي وهما: الأطفال الذين يتعلمون والمدرسون الذين يقومون بتعليمهم، وهذا ما جعلنا نعرض للطفل والمدرس عند تناول القواعد المتعلقة بالتعليم والتدريس.

بعض القواعد في التربية (Some Basic Methods in Education)

يتعلم الطفل عن طريق النشاط التابع من قوى الميول الغريزية، فعلى المدرسين أن يفسحوا للأطفال مجالاً يتفق وهذه الميول.

مواجهة الأطفال بالمشاكل المعقدة الغامضة الجذابة للقيام بحلها وتحليلها. وهذا يوجب على المدرسين أن يعملوا على إيقاظ شتى العناصر والمواهب الكامنة في الأطفال، كما يوجب عليهم أن يعملوا على مساعدتهم لاكتشاف هذه العناصر بأنفسهم.

اعتماد طرق التربية والتعليم على الصفات العقلية لكل فرد، وهذه الصفات تختلف قلة وكثرة بين الأفراد كما تتفاوت بين كل فرد

وآخر. وهذا يملي علينا تقسيم الفصل الواحد إلى وحدات متجانسة من حيث طبيعة أجسامهم وحظهم من الذكاء وميولهم وأمزجتهم بحيث يمكن تزويد كل فرد بما يلائمه.

العمل على تنمية قوى الأطفال إلى أقصى حد في ظل جو اجتماعي تساير فيه طرق التدريس هذه الصفة الاجتماعية.

اللعب في التربية والتعليم (Game/Play-way in Education)

تساير المدارس الحديثة في التعليم ميول الأطفال العريزية، فمثلاً تشبع في أطفالها عريزة حب الاستطلاع بتقديم المشاكل والألغاز إليهم للقيام بحلها، كما تقيم المناقشات بينهم لتشبع حب السيطرة فيهم...وهكذا.

هذا وإن الكثير من الطرق التربوية الحديثة: كطريقة المشروع، وطريقة الجمل في تعليم القراءة، وطريقة البحث في تعليم العلوم والتاريخ والجغرافيا لأكبر برهان ساطع على تطبيق المشاكل القائمة على ميول الأطفال في التربية والتعليم. وإذا رجعنا إلى القواعد السالفة وجدنا أن المبدأ الرابع يظهر بوضوح في نشاط المدارس الحديثة ويتجلى ذلك في ميدان الألعاب الجمعية، وعقد الجمعيات المدرسية كما يتضح في مجال العمل الجمعي. وعلى العموم فإن ميل المدارس الحديثة يتجه إلى إيجاد دوافع تحمل الأطفال على التعلم بنفس الحماسة التي تفيض بها لعبهم التلقائي، ومثل هذه الطرق يطلق عليها في الغالب "التعليم عن طريق اللعب". فاللعب وسيلة الفهم والمهارة عندما يتصل الطفل بالعالم المادي والاجتماعي، وما المهارات المتعددة من: لغوية وحركية وجسمية...ألخ، إلا منتج من نتاجه وثمرة طيبة من ثماره. ونقصد باللعب: التعبير النفسي المقصود لذاته المصحوب بالسرور. فلو أننا آمنا بذلك وأقدمنا على أعمالنا بروح اللعب لخلقت هذه الروح من عملنا الجدي تعبيراً ساراً مقصوداً لذاته.

هذا ولقد تنبه علماء التربية إلى هذا السر فأدخلوا اللعب المعتمد على باعث في ميدان التربية وشاع في المدارس ودور التعليم.

والضحك مثل آخر لاستخدام الميول في التعليم، وإذا قبلنا صفحات الماضي وقضينا بعضاً من الوقت مع مدرس قديم لوجدناه يضيق ذرعاً بتلاميذه إذا وقع بصره عليهم وهم يضحكون حتى ليظن به الرائي نوعاً من المس إزاء هذا العمل الشنيع عنده غاية الشناعة، القبيح كل القبح. ولقد كان هذا المدرس "الكلاسيكي" يرى أن مجرد وجود التلميذ تحت سقف المدرسة لامتناعه عن الضحك واللعب، وكان يرى في المدرسة بقعة معزولة عن الحياة الخارجية التي لا تحرم الطفل من التعبير عن غرائزه وميوله فحسب، بل الواجب على الطفل أن يكون جاداً في عمله، بعيداً عن الضحك الذي يرى فيه المدرس مضيعة للوقت وعبثاً به.

هذا، ولكننا اليوم نؤكد أهمية الضحك في التربية والتعليم فهو من الغرائز الأولية في الإنسان، وكل عمل تحركه غريزة من الغرائز يكون أثبت أثراً وأقوى رسوخاً في النفس. وها هو ذا "لوينفيلد" يحدث عن الضحك فيقول:

"إن في الإنسان طاقة زائدة يحسن أن يصرفها عن طريق الضحك في الوقت المناسب، وإذا لم تصرف هذه الطاقة عن هذا الطريق كان لها أثر سيء على النمو العقلي فتعطله وتعوقه عن التقدم".

ولما كان المدرس دائماً مظهراً للسلطة والسيادة، وكان التلميذ غالباً ما تساوره نفسه بأن يضحك على أستاذه ويضاحكه، ليروح بذلك عن نفسه ويضفي عليها الفرح والسرور فإننا نجد الطلاب الآن يعمدون إلى حفلات السمر ويدعون إليها أساتذتهم، وفيها وفي أمثالها يجد الطلاب متسعاً للتنفيس عن المكبوت من رغباتهم في جو من الفرح والسرور يغمر الجميع ويخلخل ضغط التبعية التي يشعر بها التلاميذ نحو مدرسيهم. ولا شك إذا سمح لتلاميذه في بعض الأحيان بالضحك في حدود معقولة سيخلق بذلك جواً تربوياً بديعاً بشرط ألا يجر التلاميذ إلى الغرور وألا يجلب على المدرس الحيرة والارتباك، فبذلك ينفس الأطفال عن شعورهم، ويقبلون على أعمالهم في سهولة ويسر، ويتناولون لحياة هينة لينة بعيدة عن الهم والحزن ولا يغضبون لأتفه الأشياء ويكون

شأنهم شأن المازح في الحياة يسير فيها سيراً طبيعياً سهلاً ويألف الناس ويألفونه ويسمو عنده الشعور الاجتماعي ويكون سلوكه الاجتماعي إيجابياً لا عكسياً. ولا يغيب عنا أن الضحك يجدد النشاط ويدفع الطفل إلى العمل بروح جديدة قوية لا تقف في وجهها الصعاب.

ومن ناحية أخرى نحذر المبتدئين أن يقصدوا إلى ذلك أو يسمحوا للأطفال بالضحك عليهم، ولعل قراءة المحاضرات الهزلية أو سرد القصص المضحكة هي آمن الطرق للتنفيس عن هذه الغريزة في رحبات الفصل. ومن المهم على كل حال أن يحتفظ المدرس بكرامته وألا يثور لأتفه الأشياء حتى لا يكون مثاراً لسخرية التلاميذ وخاصة كبارهم.

والضحك عظيم الأهمية في التربية، وإن الأطفال والكبار الذين يمتازون بروح الدعاية والمرح هم أقل الأفراد عرضة للرسوب في الامتحانات والإخفاق إذا تلقوا الحياة، كما أن الضحك يعافي المرء مما يعتريه من هموم وما ينتابه من أحزان، ويؤدي إلى مسالمة الناس، فهو عامل من عوامل الخلق الحسن إذا كان صادراً عن نفس طيبة لا تضمر شراً لغيرها، كما أنه البرهان الخارجي على صحة العقل وسلامته.

طريقة اللعب وعلاقتها بالتربية

(Game/Play-way Method and its Relation to Education)

إننا إذا فهمنا طبيعة اللعب استطعنا أن نتغلب على جميع المشاكل العلمية في ميدان التربية، وذلك لأن اللعب- في أضيق معانيه- ما هو إلا ظاهرة تختص بالطفولة، وعن طريقه تتكشف دوافع الطفل الابتكارية في أقوى وأوضح صورها.

فمظاهر النشاط الابتكاري كالفن والمهن من ناحية- والاكتشافات الجغرافية والكشف العلمي من ناحية أخرى جميع هذه الأشياء تمت بصلة وثيقة إلى اللعب، بل هي في الواقع استمرار لتطور الذاتية ونموها، وإننا لنخطئ أشد الخطأ إذ فهمنا أنه ليس للعب الترفيهي ولا للاستجمام أي هدف آخر سوى التخلص من أعباء الحياة الواقعية ومتاعبها.

وفي اللعب نجد أن اللاعب- طفلا كان أو رجلاً- يعبر عن رغبة ملحة لدى الكائن الحي للتعبير عن ذاته، وهذه الرغبة لا بد من إشباعها وإلا ذبلت روحه. ومن أجل ذلك نجد أن جميع الإصلاحات الممكنة في ميدان التربية، أو في محيط المجتمع، تحركها دائماً رغبة شديدة في توسيع المجال الذي تجد فيه هذه الرغبة الحيوية أنواعاً قيمة من أنواع النشاط الذي يرضي هذه النزعة، يحدوها مثل أعلى يشبه ذلك الحلم الجميل الذي تراءى لعيني ذلك القس المتفائل، فقد كان ينشد جمهورية يصبح فيها الحد لعباً واللعب حياة. ثلاثة في واحد وواحد في ثلاثة.

على أن الذوق السليم قد لا يقبل في سهولة ذلك الهدف المثالي. ولكي نثبت صحة هذا القول فما علينا إلا أن نتناول العلاقة بين اللعب والحد ببعض التفصيل: لا شك أن كلاً منهما يتضمن مظاهر نشاط متباينة ذات قيم متفاوتة، فهناك نوع من اللعب لا يهدف إلى شيء مطلقاً سوى مجرد التسلية وشغل الوقت، كما يوجد نوع ثان يرمي إلى أهداف تربوية محدودة، وهناك نوع ثالث مفعم بالهام من الأمور الجدى منها. ويقابل هذا السلم التصاعدي في اللعب نظام آخر، يوازيه في ميدان العمل الجدي يشغل الطرف الأدنى منه ضرب من العمل كثير الإجهاد عديم الإحساس يوشك أن يكون حيوانياً وهو في الواقع سبة في جبين العمل بوجه عام. كما يشغل الطرف الأعلى منه بنوع من العمل يكسب صاحبه شرف القيام به، حتى إنه قد يرفع أمة بأسرها أو عالماً بأكمله. ومما يثير الدهشة حقيقة أن نفس الميزات التي تفرق بين أنواع العمل هي عين المميزات التي تفرق بين ضرب من اللعب وآخر. على أن مظاهر النشاط في أسمى أشكاله تختلط فيها مميزات العمل الجدى، فأرقى أنواع العمل هو ذلك النوع الذي يختاره صاحبه ويحد مستوياته، أو بعبارة أخرى: هو ذلك العمل الذي يجد فيه الفرد فرصة سانحة للتعبير عن الذات في صورة الإنتاج الفني. ولا نكون مغالين إذا قلنا إن أرقى أنواع المدارس وأحسن نماذج المجتمعات إنما هو ذلك النوع الذي يصبح فيه الجد ضرباً من ضروب اللعب، أو بمعنى آخر الذي يسود العمل فيه روح اللعب.

وليس من العسير على القارئ أن يدرك أن هذا المبدأ يتضمن روح النظرية التي نادي بأن الذاتية هي الهدف الأسمى من التربية، على أن هذا المبدأ ليس ببدعة جديدة طرقت باب التربية، فقد أصبح له من التأثير في النهضة التربوية اليوم ما لم يكن له في وقت مضى. ومن بين الحركات التي ألهمت هذا المبدأ بطريق مباشر وغير مباشر، تلك الحركة المباركة التي اقترنت باسم الدكتورة "ماريا منتسوري" تلك السيدة التي جذبت انتباه العالم بطريقتها الجديدة.

ومن المحتمل أن نجد في طريقه "منتسوري" أجزاء ذات أهمية

ثانوية، وقيمة وقتية، كما أنه من المحتمل أيضاً ألا تثبت هذه الأشياء أمام التجربة، ولكن هذا في الواقع لا ينطبق على المبادئ الأساسية لطريقتها، ولا يمكن أن يقلل مطلقاً من قيمة جهودها الجبارة التي ترمي إلى إلقاء مسؤولية تربية الطفل على عاتقه، وتقلل عامل التدخل الخارجي في نموه إلى أدنى حد ممكن، لأنها ترى أنه ما دام الإنسان مدنياً بالطبع فلا بد أن تتيح لأبنائها تلك الفرص التي تدربهم على التعاون والعيشة الجمعية التي يسودها الإخاء والمودة والتضامن في اللعب والحد واكتساب الكفاءة الاجتماعية والرشاقة الشخصية.

على أن أهم ما يميز طريقة "منتسوري" إنما هو أجهزتها التعليمية التي بوساطتها يتعلم الطفل كل ما هو جدير بتعلمه أثناء حضانته وطفولته، وذلك كحسن استغلال القدرة الحركية والتمييز الحسي، وتعليم مبادئ القراءة والكتابة والحساب. وطريقتها في ذلك هي أن يترك الأطفال لأنفسهم ترعاهم عين المرشدة التي ترقب حركاتهم وسكناتهم على أن يتبع كل طفل طريقته الخاصة، ويختار الوقت المناسب له والأعمال التي في مقدوره ويتقلبون نقد أنفسهم بأنفسهم، وتكون نتيجة ذلك: أن يكتسب الطفل الصغير موهبة الابتكار والاعتماد على النفس وقوة التركيز، وأن يتعود احترام الذات يجانب احترام الآخرين، وأن يكتسب صفات الجد والعمل الذي يهدف إلى غرض معين...ألخ من الصفات المحبوبة التي لا يعرفها الكثير من الأطفال الذين يرسفون في قيود الطرق الكلاسيكية، ويختنقون بنظام التعليم في الفصول.

وليس هناك ما يدعو إلى الشك في هذا القول، وما على المنكر إلا أن يمر بجماعة من الأطفال قد فك أسرهم وتخلصوا من قيود هذا النظام العتيق واستبدلوا به نظاماً آخر ترفرف في جنباته الحرية وينتشر أريجها في ربوعه- فإنه لا شك راجع عن غيه ومقلع عن رجعيته ومدرك للبون الشاسع بين الفصل القديم والفصل الحديث الذي تنتشر فيه السعادة والهدوء ويسوده حب العمل والميل إليه.

ومع أن الدكتورة "منتسوري" لم تهتم مطلقاً بقيمة اللعب

الإيهامي وما يصحبه من قصص خرافي، إلا أننا يمكننا القول: إن الروح العامة لطريقتها قائمة على الاعتراف بمبدأ اللعب كوسيلة هامة في تربية الصغار.

على أن هناك طرقاً أخرى تشبه طريقة "منتسوري" وإن كانت أضيق منها مجالاً، وتستخدم في تعليم الأطفال والكبار. وأحسن مثل لهذه الطرق "طريقة البحث" التي تستخدم في تدريس العلوم والتي استخدمها "آرمسترنج" منذ أكثر من ثلاثين عاماً، وتأثر بها تدريس الكيمياء، والطبيعة، وغيرهما من المواد. وما دامت هذه الطريقة تضع التلميذ موضع الباحث الأصلي أو المكتشف الأول الذي قابلته مشكلة فأخذ يصارع الظروف في سبيل الوصول إلى الحل، فيمكن أن نعتبرها إذن قائمة على مبدأ اللعب.

وإن الدكتور "كيتنج"- وإن كان من أشد النقاد مرارة في تجريح طريقة البحث واستغلال مبدأ الحرية في التربية- قد كان بالرغم من ذلك صاحب فضل كبير في استغلال مبدأ اللعب في تدريس مادة التاريخ.

إن حركة الكشف للبنين وما تبعها من حركة المرشدات لبنات ما هما إلا بعض الحركات المقصودة التي ترمي إلى تطبيق مبدأ اللعب في التربية الأخلاقية.

على أن قادة الفكر الذين حذوا حذو "آرمسترنج" و"الدكتورة منتسوري" قد حاولوا في تطبيق مبدأ اللعب في تدريس مختلف مواد المنهاج وكان لهم في ذلك فضل عظيم. هذا وقد ظهرت طائفة من المقالات تضمنت ثورة في عالم التربية وتناولت موضوع الحكم الذاتي والتأديب المدرسي، ولعل مصدر الوحي والإلهام في ظهور هذه الحركة بإنجلترا.

وهناك مشكلتان هامتان تتصلان بموضوع التجديد في عالم التربية وهما:

مشكلة التنظيم المدرسي:

وظيفة المدرس وعمله:

فالنظام الجديد لا يتفق مع النظام التقليدي العتيق الذي يقبر التلاميذ في الفصول ويخضعهم لجداول ثابتة، ولكنه يجعل الطفل حراً في أن يجوب ميادين العلم بطريقته لخاصة، وفي الوقت الذي يناسبه، وذلك لأن هذه المعاهد الحديثة تنهج منهجاً مناقضاً للفلسفة القديمة التي تعتنقها المعاهد الكلاسيكية القديمة التي درجت على تقسيم المدرسة إلى مجموعات من المتعلمين، ومعاملة كل مجموعة منها كوحدة تتحرك في اتجاه معين وبسرعة مناسبة لها، كما أنها تنتقل من موضوع إلى آخر وفقاً أو تلبية لنداء دوافع خارجية. وإذا كانت فصول المدرسة كبيرة فلا بد من تتبع هذه القاعدة بكل تحفظ، على أنه قد يكون هناك مجال للتوفيق بأن تقسم الفصول الكبرى أقساماً متعددة على أن يعاد تنظيمها وفقاً للموضوعات المختلفة. فهناك الموضوعات الاختيارية والشعب والنشاط الفردي للضعفاء. ولكن بالرغم من هذا التبسيط الارتجالي لطرق التدريس فلا يزال وحده هو المتحكم في الطريقة وهو الذي يقرر ما يجب أن يتعلمه الطفل، ومتى يكون هذا التعلم، وكيف يكون. والطفل إزاء كل هذا لا يملك سوى السمع والطاعة، وبذل قصارى جهده فميا يمليه عليه مدرسه.

أما "منتسوري" فتتخذ طريقاً عكس ذلك، إذا أنها تنادي بأن يكون الطفل مستقلاً بالعمل والدراسة بالمدرسة وأن تكون المدرسة نموذجاً مصغراً للمجتمع الخارجي حولها، وبما أن الإنسان اجتماعي بطبعه فلا بد للمدرسة من أن تفسح صدرها لنواحي العمل الجمعي. هذا ما فعلته الدكتورة "منتسوري" بل زادت عليه فألغت نظام الجداول الثابتة وقضت قضاء مبرماً على الفصل كوحدة للتعليم: فأطفالها أحرار يسلكون ما يحلو لهم من الطرق، وينهجون النهج الذي يرتضونه فهم يتمتعون بحرية الحركة المشروعة.

هذا مع ملاحظة أن هذه الطريقة ذاتها لا بد أن يدخلها بعض

التعديل مع كبار الأطفال: هناك حالات يصبح تكرار المعلومات فيها مجرد ضياع للوقت وللمجهود، كما أنه توجد حالات أخرى ترتفع فيها قيمة العمل الجمعي بحيث لا يمكن أن يعادله شيء آخر. وإذن فلا بد من الاهتمام بمظاهر النشاط الجمعي أو التعاوني، كما هو الحال في الموسيقى وفلاحة البساتين وأعمال الحقل، والأشغال اليدوية، والتمثيل والرياضة البدنية. ولكن على الرغم من تلك الحاجة الماسة إلى هذا النظام الجمعي في العمل فلا زال هناك فرق واضح بين روح هذا النظام ووظيفته، وبين روح ذلك النظام التقليدي، وإن الدلائل لتبشر بأن هذا النظام الجديد ليس نظاماً عملياً فحسب، بل هو نظام كفيل بأن يؤتي أشهى الثمرات وأطيبها إذا ما قورن بالنظام القديم وإذا قسنا تلك النتائج الجديدة بالمعايير القديمة.

هذا، وأما وظيفة المدرس: فقد يصعب علينا أن نحدد عمله في هذا النظام الجديد الذي من شأنه أن يشجع الذاتية، وإن هذه المشكلة لتزداد تعقيداً إذا ما نظرنا إلى ما تنادي به "منتسوري" وهو أن يكون المدرس مرشداً فقط، وعلينا أن نلاحظ أولاً وقبل كل شيء أنه مهما كانت ظروف المدرسة طبيعية "Natural" فهي لا تزال بيئة مختارة وعالماً صناعياً وسط هذا العالم الطبيعي، وعلى المدرس أن يقوم فيه بعملية الانتقاء.

فالمدرسون يهيئون المسرح ويعدونه للاعبين، وإن كانوا يرون أنهم لا يساهمون في إعداد الرواية. فهم وإن كانوا في الواقع يراقبون حركة النمو والتطور بروح ملؤها الصداقة والحب، إلا أننا لا يمكننا أن ننكر ألبتة أنهم هم الذين يحددون الشكل النهائي الذي سيتخذه مجرى التمثيل.

إن الطفل في مدرسة "منتسوري" وإن كان يعمل ما يريد فإن ما يريده مرسوم في نطاق دائرة موضوعة من قبل: فهو يقوم بوضع أسطوانات في ثقوب مناسبة لها ويرتب الألوان حسب تدرجها ويتعلم كيفية العد من جهاز معروف "بالسلم الطويل". وما دامت الطريقة قد نظمت العمل بهذا الوضع فهي لا تترك شيئاً يفعله في الواقع.

وأهم ميزة تميز هذه المدارس هي انسجام "الروتين" الذي تتبعه: ففيها يستخدم الأطفال الأجهزة التلعيمية، ولكن على أي وجه تستخدم هذه الأجهزة؟ وكيف يتأتي لهم أن يقوموا بذلك؟

إن الأطفال يتمكنون من القيام بذلك وفقاً لإرادة المدرس الذي يحرص على أن يستخدم الأطفال الأجهزة فيما أعدت له: فالأسطوانات الخشبية مثلا يجب أن تستغل في تعويد الأطفال دقة التمييز الحسي واللمسي، لا لتكون دمى يلهو بها الطفل ويعبث. على أن صحة هذا الاستغلال تنتقل من طفل إلى آخر عن طريق التقليد، ويصبح ذلك ركناً هاماً من أركان التقاليد المدرسية، وتكون وظيفة المدرس وإرادته الكامنة هي العمل على بقاء هذه التقاليد واستمرارها.

ونحن إذا ما تكلمنا على معلمة مدرسة "منتسوري" كمرشدة فلا نقصد بذلك أنها سلبية في موقفها من الطفل، بل هي في الواقع مرشدة إيجابية نشطية، وظيفتها أن تقف على مقربة من الطفل ولا تتدخل في شؤونه من غير مبرر، وهي يقظة دائماً، وعلى أتم استعداد إذا ما دعا الأمر إلى تدخلها. وعليها فوق ذلك أن تحتفظ بسجل دقيق يشير إلى مدى تقدم الطفل ويعرب عن حاله، مثلها في هذا كمثل الأم الرؤوم التي تباشر طفلها وتوليه عناية فائقة مع احتفاظها بقدرتها على ضبط النفس، وهي تتطلع باستمرار إلى تلك الفرصة الذهبية التي ينطق فيها الطفل بكلمة أو يقوم باقتراح وعندئذ فقط تتقدم إلى الميدان.

أما وظيفة مدرس الكبار من الأطفال فلن تتغير في روحها العامة عن هذا الاتجاه، فهي وإن كان تتطلب قدراً كبيراً من المهارة الفنية والذكاء والمعلومات فإنها تستلزم مع ذلك أموراً أخرى: فسيصبح من عمله أن يهيء البيئة التي تشجع دوافع الأطفال نحو الفنون والعلوم وتقودهم في هذا الاتجاه قيادة رقيقة حكيمة. هذا فضلاً عن أن المدرس الذي هو بحكم مهنته متعمق في تقاليد موضوع تخصصه، عليه أن يلجأ إلى طرق الإلهام والإيحاء والنقد ويستخدمها في نقل أسرار هذه التقاليد إلى الباحث الصغير فيقبل عليها من تلقاء نفسه. فالمدرس في الواقع ما هو إلا وسيط أو ناقل لرسالة "Idea Carrier" من العالم الكبير إلى العالم

المدرسي. وسوف يؤثر على تلاميذه فيخرجون إلى هذا العالم وقد أينعت فيهم مثالية العمل والإخلاص له والتفاني فيه.

هذا وإذا كان التنظيم والتعليم الجمعي سوف يفقدان ما لهما من سلطان في النظم الجديدة، فإن بقاءهما سيظل ضرورة لازمة يدعو إليها الاقتصاد المدرسي، وإن المدرس الحديث لن يعرض عن فنون التربية القديمة كل الإعراض، تلك الفنون التي لا تمثل أخطاء الأقدمين بقدر ما تثبت مدى ذلك النجاح الذي أحرزوه في أجيال متعاقبة، كما تصور مقدار ما بذلوا من جهد جهيد وصبر شديد في أداء رسالتهم فلا بد لهذا الناشئ الحديث أن يتناول تراث الأقدمين بروح النقد البريء، ويتعهد بالتهذيب والتعديل ليخلق منه وسيلة صالحة ودعامة قوية في تشييد الأهداف الجديدة.

وإذا ما انتقلنا من ميدان التربية العقلية إلى ميدان التربية الأخلاقية وجدنا أن بعض المتحمسين لحركة التجديد على أتم استعداد لقبول ذلك الرأي الذي يذهب إلى أن طبيعة الطفل خيرة ولا تحتاج إلى توجيه، وأنه إذا ترك وشأنه إزاء الجمال الخلقي فلا بد وأن يتكشف له في حياته كما تتكشف الزهرة عن جمالها الطبيعي، هذا هو رأي المتفائلين. ويناقض ذلك رأى المتشائمين الذين يرون أن طبيعة الطفل شريرة وأنه طبع على الخطيئة. ونحن نرى أن في كلا هذين الرأيين غلواً لا مبرر له، والمسألة لا تعدو أن تكون نتيجة حالات مزاجية تحكمت في زعيميهما، وهما "روسو، جرميه " فالواقع الذي لا سبيل إلى إنكاره هو أن سبيل الخير في هذه الحياة يبشر دائماً بالنمو، وهذا ما لا يتأتى لطريق الشر أن يحققه، فمظاهر النشاط الخيرة قد تكون عاملاً من عوامل نمو الذات، أما مظاهر النشاط الشريرية فهي وإن كانت تنتعش في بعض الأحيان إلا أنها تحمل بين طياتها بذور انحلالها وعطبها، فإذا كانت الكائنات الحية أشد من غيرها حاجة إلى نمو نزعة الابتكار فيجيب عليها أن تبحث عن عناصر الخير وتجد في طلبها ولا تهدأ إلا إذا انتهت إلى غايتها. على أن تاريخ الإنسانية وما فعله الإنسان بأخيه الإنسان يرينا مدى الشك الذي أصاب هذا البحث عن عناصر الخير وكيف وصل في

النهاية إلى تلك المأساة.

هذا، وإذا توقعنا أن تكون دوافع الطفل ذات أساس حيوي فعال يتجه نحو عناصر الخير، فإنه من الصعب جداً أن نتوقع أنها وحدها كفيلة بأن تحل مشاكل الحياة دون أية مساعدة، تلك المشاكل التي حيرت أصحاب العقول الجبارة من بني البشر. بعد هذا لا يمكننا أن نتجاهل وجهتي نظر كل من: "شرستن وشللي" ويتلخص رأي الأول في عبارته المشهورة: "متى اجتمع شخصان أو ثلاثة فلا بد أن يكون الشيطان بينهما"، أما رأي الأخير فيتلخص في تلك العبارة المأثورة: "إن الخلاص من الخطيئة مثله مثل كل شيء طيب لا بد أن يكون نابعاً من الباطن وإلا نكون قد أجرمنا أكبر جرم في طبيعة هذه الحياة".

ويجب أن يكون لتهذيب الأخلاق ما لتثقيف العقول من مجال وظائف هامة: ففي حالة صغار الأطفال لا يمكن أن نسلم بأن نعهد لمدرس البيئة بأن يقتصر على إعداد المسرح ليمكن الطفل من إظهار نواحي نشاطه المختلفة، كما يمد الطفل بممثلين يشتركون معه في إخراج الرواية ويكون هؤلاء من أقرانه وأنداده، بل نحن نعتقد أن المدرس بما له من بسطة في العلم ونمو في الشخصية يكون عاملاً هاماً ذا أثر فعال في العقول التي يرعاها وذلك عن طريق القدوة والمثل الصالح، لا عن طريق النصح والإرشاد، وعلى يده يتعلم الطفل شتى الطرق ويتدرب على المواقف المختلفة، كما ترتقي ميوله ومواهبه التي تميزه عن الحيوان وتفرق بينه وبين الإنسان الهجمي الذي لم يتعهد بالرعاية والتهذيب. وليس هناك أدنى شك في أن مثل المدرس العليا وقيمه الروحية ستنتقل إلى تلاميذه ويستمدون منها لمؤثرات التي ستوجه دوافعهم الاجتماعية وتصوغهم في أشكال محدودة وطيبة.

وهكذا الأمر فيما يتعلق بمدرسي الكبار من الأطفال، فهو وإن كان لا يستطيع تطبيق مبدأ تشكيل الأخلاق على الشباب، لأن ذلك يتعارض مع ما عليه الشباب من عزة في النفس وما يمتلكهم من الغرور، فإن بالرغم من ذلك يستطيع أن يستغل ما وهب من مؤثرات توجيهية، ومن إيحاء ناتج عن تفاوت في السن واتساع في المحيط

العلمي، وخبرة في الحياة، ويستطيع أن يستغل ذلك كله في التاثير على الأخلاق، وفأثر المدرس لا يمكن إنكاره في توجيه الجو الأخلاقي في المدرسة أو الفصل وذلك عن طريق التأثير في قراءات التلاميذ ودراساتهم، ولو أن تلاميذ اليوم وشباب المستقبل سيواجهون فيما بعد موجات الولاء الآمال التي تهدر في محيط الحياة لخارجية، إلا أن واجب المدرس يختم عليه أن يتعلم هؤلاء الشباب عن طريق تأثيره معنى ذلك الولاء وأهمية تلك الآمال، وذلك ليستطيعوا فيما بعد أن يشقوا الطريق الذي يريدونه ويستعدوا لتحمل المسؤولية بالقدر الذي تسمح به سنهم..

هذا، وهناك مبدأ أخلاقي آخر لا يقل خطورة عن المبادئ السابقة، وهو: أن عمق الأفكار الأخلاقية يتوقف إلى حد بعيد على مدى تعلمها عن طريق الخبرة، ومدى استغلالها كمرشد في أفعالنا، وهنا فقط تظهر أهمية الحكم الذاتي الذي يتخلص في إلقاء عبء حكم التلاميذ على عاتقهم، وبهذا نتخلص من تلك النظريات الميتافيزيقية عن طبيعة الخير ومدى تأصلها في الطبيعة البشرية.

ومبدأ الحكم الذاتي مبدأ هام جدير بالمدرس ألا يهمله. ويمكنه أن يقابل ما يصدر عن التلاميذ من أخطاء بصدر رحب، وينتهز الفرص الطبيعية ليبين لهم عاقبة أعمالهم. فبالإضافة إلى واجب المدرس كمواطن في المجتمع المدرسي، ذلك الواجب الذي يشترك فيه مع تلاميذه، عليه مسؤوليات أخرى لا يمكنه أن يتنصل منها: فعليه أن يراقب العمل المدرسي ويعمل على تسيير دولابه سيراً طبيعياً بعيداً عن عبث الشواذ، وإذا ما هدد الخطر أركان المدرسة ولم يجد المدرس وسيلة إلى الإقناع الذي يحمي به عناصر الخير من الهبوط إلى الهاوية فعليه حينئذ ألا يتواني عن التدخل بحزم ليحفظ على المجتمع خيره.

وليس هناك ثمة تناقض بين هذه النتيجة وبين المقدمات التي تقدمنا بها ما دام المدرس على ثقة بأنه يعمل لا كمستبد يحاول أن يوقف كل شخص عند حده، ولكن كوسيط بعث به المجتمع الذي ينتسب إليه كما ينتسب إليه الجاني تماماً، والذي يجب على كل منهما أن يظهر نحوه خالص قروض الولاء والاحترام. فالمدرسة حقيقة تاريخية يجب أن تعلو المجتمع الأكبر الذي تشغل منه أكثر من وظيفة عضو واحد.

الكتابة العربية

(Arabic Writing)

نشأة الكتابة العربية (Origin of Arabic Writing)

نشأت الكتابة العربية متصلة الحروف، على عكس الكتابة المعروفة بالخط المسند والتي كانت تستعمل قديماً في بلاد اليمن، فقد كانت حروفها تكتب منفصلة، وكان يفصل بين الكلمات بخطوط رأسية. والصفة المشتركة التي تجمع بين الكتابة العربية حتى بعد ظهور الإسلام بفترة قصيرة، والخط المسند في كل عهوده، هي خلوهما معاً من النقط والشكل. وقد ظل الخط المسند في اليمن جامداً على حالة واحدة ولم يتطور طوال عصوره المختلفة. أما الكتابة العربية فقد كانت مرنة قابلة للتطور من ناحية الصورة ومن ناحية الوظيفة المنوطة بها، والدور الخطير الذي عليها أن تؤديه في تسجيل التراث العربي عن طريق الرموز الكتابية.

تطور الكتابة العربية (Development of Arabic Writing)

أما عن تطور الكتابة العربية من ناحية الصورة فقد كانت النقوش العربية التي عثر عليها في بعض جهات سوريا وغيرها، كنقش زبد ونقش حران ونقش أم الجمال، مكتوبة بخط بدائي ولم تكتمل صورة كثير من حروفه، وظلت الكتابة العربية على هذه الصورة البدائية حتى ظهر الإسلام وبدأ المسلمون يهتمون بها حيث كانت أهم الوسائل لحفظ القرآن الكريم.

وما ان استوفت العربية معظم مقوماتها، وتكاملت صور حروفها حتى اتجه بعض المسلمين ممن لهم حاسة فنية إلى أن ينظروا إلى الكتابة نظرة جديدة من زاوية أخرى هدفها تهذيب رسم الحروف، وتحسينها، والتمعن فيها من الناحية الجمالية متصلة ومنفصلة، فنشأت بذلك مدرسة فنية قام عليها طراز جديد من العلماء الفنانين هم الخطاطون الذين تولوا العناية بالكتابة العربية حتى بلغوا في ذلك على توالي القرون شأوا بعيداً.

وهكذا استوحى الخطاطون من الكتابة فناً من الفنون هو فن الخط. وعلى هذا الأساس نستطيع أن نفرق بين لفظي الكتابة والخط- ونحن مطمئنون- فنقول بأن الكتابة هي التي لا يراعي فيها الكاتب قواعد فنية معينة، بل يكتفي بمجرد رسم الحرف على نحو يميزه من حرف آخر.

أما الخط فهو الذي يجري به القلم وفق قواعد معينة خاصة، وأصول ونسب متبعة محددة بحيث لو حاد عنها الكاتب عد في نظر رجال هذا الفن من الخطاطين غير مجيد. ولم يعد ما يكتبه يسمى خطاً مستوفياً شرائط الإتقان والجودة، بل يسمى كتابة عامة. فكل خط على هذا الاعتبار كتابة، وليست كل كتابة خطاً. وكل خطاط كاتب وليس كل كاتب خطاطاً. ولم يكن العلماء يفرقون قديماً بين لفظي الكتابة والخط، إذ كانوا يقولون مثلاً "الكتابة المنسوبة" والخط المنسوب دون أي فرق.

ولم يكتف الخطاطون بتهذيب رسم الحروف وتحسينها، وبانشغالهم بنوع واحد من الخط، بل خطوا في هذا الميدان خطوات فنية أخرى، فاخترعوا أنواعاً جديدة من الخط سموها أقلاماً، وظلت هذه الأنواع تزداد وتتعدد بالتوليد والابتكار إذ منها أصول ومنها فروع حتى بلغت في بعض العصور حوالي ثمانين قلماً.

وكان لهذا الفن في كل عصر إمام يقتدي به وينسج على منواله. ومن أشمته المشهورين: ابن مقلة وابن البواب وياقوت المستعصمي وغيرهم. ولقد بلغت المدرسة الفنية بالخط العربي درجة عليا من الإتقان والروعة. وإني أعد صنيع الخطاطين في هذا الميدان الفني مظهراً من

مظاهر العبقرية العربية وأثراً ممتازاً من آثار الفنون الإسلامية.

وأما عن تطور الكتابة من الناحية الوظيفية ومن ناحية الدور الخطير الذي عليها أن تؤديه فقد كانت أول العهد بها وحتى بعد ظهور الإسلام بفترة لا تكاد تتجاوز نصف قرن من السنين خالية من النقط ومن الشكل معاً كما سبق القول.

وأول من فكر في إضافة جديدة إلى الكتابة على أرجح الأقوال أبو الأسود الدوؤلي وليس نصر بن عاصم ولا يحيي بن يعمر كما ورد في بعض الأقوال، والثلاثة من جلة تابعي البصريين، وأبو الأسود هو كما يقول عمرو الداني في كتابة (النقط والشكل) المبتدئ بنقط المصاحف من التابعين وذلك أنه أراد أن يعمل كتاباً في العربية يقوّم الناس به ما فسد من كلامهم، إذ كان قد نشأ ذلك في خواص الناس وعوامهم فعال: أرى أن أبتدئ بإعراب القرآن أولاً. فأحضر من يمسك المصحف وأحضر صيغاً يخالف لون المداد، وقال للذي يمسك المصحف عليه: إذا افتحت فأي فاجعل نقطة فوق الحرف، وإذا كسرت فأي فاجعل نقطة تحت الحرف، وإذا ضمت فأي فاجعل نقطة أمام الحرف فإن أتبعت شيئاً من هذه الحركات غنّة يعني تنويناً فاجعل نقطتين. ففعل ذلك حتى أتى على آخر المصحف".

ويقول أبو عمرو الداني في موضع آخر: "اعلم أن موضع الفتحة فوق الحرف، وموضع الكسرة تحت الحرف وموضع الضمة وسط الحرف أو أمامه. على م رويناه عن أبي الأسود الدؤلي، فإذا ضبطت قوله عز وجل "الحمد لله" جعلت الفتحة نقطة بالحمراء فوق الحاء، وجعلت الضمة نقطة بالحمراء أمام الدال، وجعلت الكسرة نقطة بالحمراء تحت اللام وتحت الهاء وكذلك تفعل بسائر الحروف المتحركة بالحركات الثلاث (الحمد لله) فإن لحق شيئاً من هذه الحركات التنوين جعلت نقطتين إحداهما الحركة والثانية التنوين. فإن اتصلت الكلمة المنونة بكلمة أولها حرف من حروف الحلق وهي المهمزة والهاء والعين والحاء والغين والخاء ركّبت النقطتين وذلك في نحو قوله: "عذاب أليم" "لكل قوم هاد" ...ألخ.

أما السكون فعلامته حرة بالحمراء فوق الحرف سواء كان الحرف المسكن همزة أو غيرها من الحروف نحو قوله: "إن سأ" "سؤكم" أسئهم" أرائب"....ألخ.

كان نقط المصحف الذي فكر فيه أبو الأسود الدؤلي ونفذه عملياً يعد الخطوة الأولى في تطوير الكتابة العربية، وكان النقط يؤدي في هذه المرحلة معنى الشكل، وليس معنى الإعجام الذي كان يدل عليه فيما بعد.

بعد هذه المرحلة المتقدمة من مراحل الكتابة في عهدها الإسلامي، كانت الحاجة ماسة إلى الفرق بين الحروف المتشابهة رسماً، المختلفة نطقاً وجرساً، كالجيم والحاء والخاء مثلاً، وكالدال والذال، فأدخل بعض علماء العربية النقط في الكتابة لهذا السبب، وصارت النقط تعد جزءاً لا ينفصل عن الحروف المعجمة لا يصح إهماله.

وكان ذلك الخطوة الثانية التي أضافت جديداً للكتابة العربية ولم تكن النقط الدالة على الإعجام على درجة واحدة من الأهمية عند تزويد الحروف المعجمة بها فقد حدثنا علم الدين اللورقي الأندليس في كتابه: المحصل في شرح المفصل (مخطوط لوحة ١٩٦ جـ٥) عن تقسيم للحروف المعجمة حيث يقول"..قسم يحسن نطقة ولا يجب مفصولاً، ويجب نقطة موصولاً وذلك الفاء والقاف والنون والياء، لأن تعريقهن أغنى عن نقطهن...فإن اتصلت هذه الأربعة بغيرها من الألفاظ ولم يكن ثم فارق وجب نقطها عند الإشكال وحسن في غيرها".

يريد اللورقي أن يقول: إن الحروف الأربعة الفاء والقاف والنون والياء، إذا كتبت مفصولة هكذا (ف ق ن ي) فإن نقطهن في هذه الحالة لا يكون واجباً بل يكون أمراً مستحسناً لأن كل حرف منها له صورته الخاصة التي يمكن الاستغناء بها عن نقطة لعدم اللبس. أما إذا اتصلت بغيرها من الحروف، كما في الكلمات (فم، قد، ند، يد) أو في الكلمات (شفة، ثقل، هند، سير) فإن نقطها يكون واجباً لأن صورة الفاء في هذه الحالة هي نفس صورة القاف وصورة النون هي نفس صورة الياء. وعلى هذا يجب النقط لمنع اللبس.

ثم يقول اللورقي: "وقسم ينقط مفصولاً وموصولاً....كالباء والتاء والثاء والجيم والخاء والذال والزاي والشين والضاد والظاء والغين...." "وقسم يستغنى عن النقط فيها عند قوم، ولا يستغنى عند آخرين سواء كن موصولاً أو مفصولاً. وذلك ستة أحرف كالحاء والدال والراء والسين والطاء والعين، فمذهب اللغويين المحققين والمحدثين ضبط هذه الأشياء بعلامات من تحتها تقوم مقام النقط، ويكره ذلك الكتاب والمترسلون لأنهم إذا كانوا قد يحذفون من الخط مع استحقاق إثباته، فألا يلحقوا هذه الزوائد أولى".

واللورقي بهذا القول المهم يشير إلى ظاهرة هامة في كتابة النصوص، وهي أن الناس في كتابتهم صنفان: صنف متثبت مدقق، لا يريد أن يتطرق لما يكتبه من نصوص أدنى لبس أو شك، وهؤلاء هم اللغويون المحققون أصحاب المعاجم وغيرها من كتب متن اللغة، وكذلك المحدثون المدققون الذين يكتبون الحديث بمنتهى الضبط والإتقان فإن أولئك وهؤلاء لا يكتفون بنقط الحروف المعجمة بل يعمدون إلى الحروف المهملة كالحاء والدال والراء وغيرها من الحروف التي لها نظير من الحروف المعجمة، فيضعون لهاعلامات تؤكد إهمالها، ولهم في هذا طرق مختلفة ليس هنا مكان تبيانها.

والصنف الآخر هم الكتاب والمترسلون الذين يكرهون التدقيق في كتابة النصوص ويحاولون التخفف من عملية نقط الحروف المعجمة. وكذلك من عملية إثبات الشكل ما وسعتهم الطاقة. وكان لهذا أثره في كتابة الرسائل وغيرها من النصوص.

أما الخطوة الثالثة- ولعلها ليست الأخيرة- التي أضافت جديداً إلى الكتابة العربية فهي ابتكار علامات جديدة للشكل تقوم مقام النقط الذي يؤدي الغرض نفسه، والذي بيّناه في الخطوة الأولى، وتلك العلامات الجديدة هي:

ـَ ـُ ـْ ـٌ ـّ ،، ع ~
ـِ ـٍ

ولكل هذه العلامات أو لمعظمها أصل أخذت منه:

- الفتحة مأخوذة من الألف في حال اضطجاعها.
- الضمة عبارة عن واو صغيرة.
- الكسرة مأخوذة من الياء المردودة التي ترسم هكذا: يـ وليست من الياء الأخرى التي هذا رسمها: ي.
- السكون أخذ من جيم كلمة: جزم
- التنوين أخذت فكرة رسم علامته فتحتة ثانية وضمة ثانية وكسرة ثانية من النقط الثواني السابق ذكرها في الخطوة الأولى فيما أرجح.
- الشدة مأخوذة من شين "شديد".
- الهمزة من الحرف الأول لكلمة عين لاتفاق الهمزة والعين في المخرج
- المدة أخذت من كلمة: مد، وهي الميم والدال معاً.
- الوصلة من صاد "صل" أو من "وصل".

الأول: علامات خاصة بالحركات وهي الفتحة والضمة والكسرة والسكون، وبالحركات ألحق التنوين، وهذا استعملت في القرآن الكريم بدلاً من النقط الدال على الحركات، والذي لم يستعمل في كتابة أخرى غير المصاحف.

الثاني: علامات استعملت لأغراض أخرى غير الحركات وهي الشدة والمدة والهمزة وهذه كان استعمالها مشتركاً بين كتابة المصاحف وغيرها.

أما علامة الوصل فإنها لم تستعمل في كتابة المصاحف في المرحلة الأولى التي هي مرحلة النقط بل استعملت في المرحلة الثانية

مرحلة الشكل بالحركات. وكان يدل على الوصل في المصاحف في المرحلة الأولى بألف مكتوبة بالمداد الأخضر.

والراجح أن مبتكر علامات الفتحة والضمة والكسرة والسكون هو اخليل بن أحمد الفراهيدي وليس غريبا على الخليل أن يقوم بهذا الصنيع فقد كان مثال العبقرية العربية وإليه كذلك ينسب ابتكار علامتي الهمز والتشديد وابتكار علامتين آخرين خاصتين بالمصحف الشريف هما الروم والإشمام. وفي هذا يقول أبو عمر الداني في كتابه (النطق والشكل): "وأكثر العلماء على أن المبتدئ بذلك (أي بنقط المصاحف) أبو الأسود الدؤلي، جعل الحركات والتنوين لاغير، وأن الخليل جعل الهمز والتشديد والروم والإشمام".

ويتضح مما سبق تبيانه أن الكتابة العربية في تطورها كانت لها الصورة الآتية:

١- صورة الكتابة وهي مجردة من النقط الإعجامي والشكل.

٢- صورتها بعد أن دخلها النقط المصحفي الدال على الشكل وهي صورة مصحفية خالصة.

٣- صورتها بعد أن دخلها النقط الإعجامي دون حركات.

٤- صورتها بعد دخول الشكل بالحركات، بالإضافة إلى النقط الإعجامي.

ومن استعراض هذه الصورة الأربع للكتابة العربية نلاحظ بوضوح أن صورتها الأولى كان يلفها الغموض، ويحيط بها اللبيس من كل جانب. وهنا بدأ العلماء كفاحهم ضد هاتين الآفتين. وكان أكبر دافع لهم على ذلك حرصهم الشديد على أن يقرأ القرآن الكريم في المصاحف قراءة صحيحة. وظلوا يكافحون حتى انتهوا إلى تلك الصورة التي صارت إليها الكتابة بعد دخول الشكل والنقط، والتي يمكن معها أن يكتب أي نص عربي بدقة ووضوح.

هذه الجهود التي بذلها علماء العربية القدامى وخاصة أبو الأسود والخليل بن أحمد في مكافحة الغموض واللبس اللذين كانا يخيمان على الكتابة طوال القرن الأول وشطر من القرن الثاني للهجرة، كان لها أكبر الأثر في تطور الكتابة من الناحية العلمية وهو تطور من نوع آخر غير التطور الفني الذي سبق الكلام عنه، والذي قامت به المدرسة الفنية.

ويمكن أن يعد ما قام به أبو الأسود من إضافة النقط إلى المصاحف، وما قام به الخليل من ابتكار لعلامات الشكل، من عمل مدرسة علمية وضع أساسها أبو الأسود في القرن الأول للهجرة وتزعمها الخليل في القرن الثاني.

ولا جرم أن الكتابة العربية – بعد أن دخلها النقط الإعجامي والشكل الدقيق الوافي الذي أزال مع النقط كل غموض - قد استكملت أهم مقوماتها واستوفت معظم عناصرها.

ولما كانت الوظيفة الأولى لكتابة العربية- وكذلك لأية كتاب أخرى- تمكين القارئ من أن يقرأ أي نص مكتوب بها قراءة صحيحة، فإن ذلك لا يتم إلا إذا استوفى النص المكتوب كل عناصره اللازمة لبلوغ هذه الغاية. وعلى هذا يكون غياب أي عنصر منها حضوراً لجزء معادل له من الغموض أو من اللبس.

وإني أورد هنا مثالاً صغيراً قوامه ثلاثة أحرف خالية من النقط والشكل وهو لفظ "سـ" وأن أحاول معرفة القدر الذي تحويه صورة هذا اللفظ من مقومات الكتابة وعناصرها.

هذا اللفظ إذا حددت له صيغة معينة في ذهني، ثم طلبت إلى أي درس للغة العربية أن يقرأه وفق الصيغة المعينة التي حددتها، كانت إجابته: هذا رجم بالغيب، وهذه صورة هلامية، لم يتم تشكيلها بعد، فحدد صورة الكلمة على الورق وفق الصيغة المعينة التي تقصدها ثم أطلب مني بعد ذلك قراءتها. وللدارس كل الحق حين يتوقف عن محاولة قراءة اللفظ، بل قراءته.

ذلك لأن للفظ عشرات من الصيغ التي يمكن أن تؤدي إليها هذه الصورة الهلامية للفظ المطلوب. فإننا إذا جعلنا الباء، أول الحرف خرجت لنا الكلمات الآتية:

١- بنت ٢- بَيت ٣- بَيَّتَ ٤- بَتَّ ٥- بَنَت ٦- بُنَت (لغة في بُنِيَت) ٧- بَتَّت ٨- بُتَّت ٩- بيتَ ١٠- بُيِّت ١١- بيَثٌّ.

وإذا جعلنا التاء أول الحروف كانت الكلمات الآتية:

١٢- تَبَّت ١٣- تَبُتُّ ١٤- تَبُتَّ (في حالة النصب) ١٥- تَثِبُ ١٦- تَثِبَ (في حالة النصب) ١٧- تُثِبْ (في حالة الجزم).

وإذا جلعنا الثاء أولاً كانت الكلمات:

١٨- ثَبَتَ ١٩- ثَبَّتَ ٢٠- ثبتٌ ٢١- ثَيِّب ٢٢- ثَنَت ٢٣- ثَنَّت.

وإذا جلعنا النون أولاً كانت الكلمات:

٢٤- نَبَت ٢٥- نَبَت ٢٦- نَبُتُّ ٢٧- نُبُتَّ (مع الناصب) ٢٨- نَبتٌ ٢٩- نُبَّت ٣٠- نَثِبُ ٣١- نُثِبَ (مع الناصب) ٣٢- نُثِبْ (مع الجازم).

وإذا جعلنا الياء أولاً كانت الكلمات:

٣٣- يَثِبُ ٣٤- يَثِبَ (مع الناصب) ٣٥- يَثِبْ (مع الجازم) ٣٦- يَبُتُّ ٣٧- يَبُتَّ (مع الناصب) ٣٨- يُبِتُّ ٣٩- يَبِتَّ (مع الناصب) ٤٠- يَتُبْ (مع الجازم) ٤١- يَتُبْ (مع الجازم) ٤٢- يَبِتْ (مع الجازم) ٤٣- يَثِبْ (مع الجازم).

تلك هي الكلمات التي ظهرت لنا من الصورة المكتوبة (سـ)، وقد تظهر لنا كلمات أخر، إذا أعطيناها المزيد من إنعام النظر.

ومن هذا يتبين لنا أهمية النقط الذي قدر له أن تحتفظ به الكتابة العربية فزال به قدر من الغموض واللبس الكبير. كما تتبين لنا الأهمية القصوى للشكل الذي عليه المعوّل في إزالة القدر الآخر منهما حين

يكتب. والذي لم يقدر له أن يكون جزءاً من الحرف المشكول كما كان النقط جزءاً من الحرف المنقوط.

كان نصيب الشكل الإهمال عند كثير من الكتاب في العهود القديمة اعتماداً على فطنة القارئ وذكائه، مع العلم بأن كثيراً جداً من الصيغ التي يمكن أن تستنبط من صورة اللفظ حين تكتب بدون نقط ولا شكل وكذلك إذا كتبت منقوطة دون شكل يحتاج في معرفتها والوقوف عليها إلى الإلمام بالنحو والصرف ومتن اللغة. كما ظهر بوضوح في المثال السابق. وهل كل قارئ ملمّ بذلك؟ هيهات!

وأمر آخر جعل الكتّاب يهملون وضع الشكل حين يكتبون، هو أنهم كانوا حين يتبادلون الرسائل يعدون تزويدها بالشكل سوء ظن بالمكتوب إليه. ومن هذا أنشأت لدى الكتاب حساسية جعلتهم ينفرون منه حتى لا يتهم المكتوب إليه بالضعف أو بالقصور. وهذا يدفعنا إلى الحديث عن وظيفة الكتابة وعن دورها الخطير الذي عليها،------ من قراءة أي نص عربي في أي مستوى قراءة صحيحة، بحيث يستوي في ذلك المبتدئ في تعلم العربية، ومن قطع في دراستها أبعد الأشواط. وهذا لا يتأتى قطعاً إلا إذا كان النص مستوفياً كل المقومات المطلوبة من حيث النقط والشكل ووضوح الحروف ذاتها. وعلى هذا يعد كل نقص أو تقصير في هذه النواحي تعطيلاً للكتابة عن أداء مهمتها.

إن الكتابة بعد كفاح القدماء ضد غموضها وضد اللبس الذي كان يحيط بها في القرنين الأول والثاني للهجرة، أصبحت قادرة تماماً على تسجيل أي نص في أي مستوى على أصح وجه وأوفاه، والقصور أو التقصير- إذا حدث- إنما يكون من الكاتب نفسه حين يهمل الشكل أو النقط كلياً أو جزئياً، فينتج عن ذلك غموض أو لبس سببهما الكاتب وليس الكتابة.

كما فعل الكتّاب قديماً حين كتبوا كثيراً من الكتب ومن الرسائل نفعل نحن الآن حين ندفع بمعظم الكتب إلى المطبعة، فإنها تطبع إما خالية من الشكل، وإما مضبوطة ضبطاً جزئياً. ومن هنا كانت المعاناة

وكانت الحيرة التي يقع فيها كثير جداً من القراء ذوي المستوى الأدنى من الناحية اللغوية.

ولا علاج لهذا فيما أرى إلا بتزويد الكتاب حين يطبع بالنور الذي يتمثل في علامات الشكل، هذا الشكل الذي يحسبه الناس ترفاً يمكن الاستغناء عنه وما هو بترف وإنما هو مقوم هام من مقومات الكتابة، لا بد من إثباته واستبقائه وخاصة في الكتب التي تقوم المطابع بعطبعها، والتي يقرؤوها ملايين القراء جيلاً بعد جيل.

وهنا نتساءل: ما القدر الذي يتطلبه النص العربي المكتوب من علامات الشكل لكي يقرأ قراءة صحيحة؟ هل هو الشكل الكامل، أو الشكل الجزئي؟ وما حدود هذا الشكل الجزئي؟.

١- الكتابة قبل أن يدخلها نقط الإعجام والشكل:

مستبشر – معتز- هش- وفتية   مجال واحد

٢- الكتابة بعد أن دخلها النقط الإعجامي:

مستبشر – معتز- هش- وفتية   ثلاث مجالات

٣- الكتابة بعد أن دخلها الشكل:

مستبشر – معتز- هش- وفتية   ستة مجالات

مستبشر – معتز- هش- وفتية   ثلاثة مجالات

هذه كلمات أربع، كتبت ثلاث مرات، تمثل في كل مرة خطوة من خطوات الكتابة العربية في تطورها، وبدراسة رسم الكلمات في كل مرة نخرج بالنتائج الآتية:

١- رسم حروف الكلمات في الخطوة الأولى كان يجري في مجال واحد فقط، والسبب أن رسم كل حرف كان يمثل جسم الحرف ذاته. ولا شيء غيره، لأن النقط والشكل لم يكونا قد نشأ ولا عرفاً بعد.

وهذا المجال هو الأساس، ويمكن أن يعد المجال رقم (١).

٢- في الخطوة الثانية التي أضيف النقط فيها للكتابة، نلاحظ أن النقط وضعت إما فوق الحروف المعجمة وإما تحتها. أي أنها كان لها مجالان جديدان. وهما المجال رقم (٢) ومكانة فوق المجال الأول، والمجال رقم (٣) ومكانه تحت المجال الأول نفسه. وهذا أول حمل يحمله كل حرف معجم وكان إعجامه من فوق أما الحروف التي تعجم بوضع نقطها من تحت، وهما الباء والياء، فقد تعلمت بهما نُقط هذين الحرفين، ولم تكن حملاً عليهما كما هو الحال في الحروف المعجمة الأخرى.

١- أما رسم حروف الكلمات في الخطوة الثالثة بعد تزويد الكتابة بعلامات الشكل فقد أضيف إليهما مجالان جديدان هما المجال رقم (٤) والمجال رقم (٥). وفي أول هذين المجالين كتبت علامات الشكل الفوقية: الفتحة والضمة والسكون والشدة والتنوين بغير شدة. وفي الثاني كتبت حركة واحدة هي الكسرة منفردة، أو الكسرة مع علامة التنوين، أي أن حرفاً مثل ا لتاء في "معتز" يكون قد حمل حملين هما النقطان والفتحة.

وبالنسبة للحروف المضعفة فقد كتبت علامة التضعيف وهي الشدة في المجال الرابع مجال الحركات. ووضعت بعد ذلك الحركات التي تأتي مع الشدة في مجال جديد هو المجال رقم (٦). ومعنى هذا أن حرف الزاي في كلمة "معتز" وحرف الشين في كلمة "هشّ" يحمل كل منهما ثلاثة أحمال أو أربعة النقط والشدة والضمة الدالة على الإعراب والفتحة الثانية الدالة على التنوين. وهذا نوع من أنواع التصور للكتابة العربية وهو كذلك تحليل نظري لصور الكتابة في خطوات تطورها. انتهت صورة الكتابة عملياً بعد ذلك وبعد تداخل بعض مجالاتها في بعض إلى ثلاثة مجالات فقط هي التي نجدها في الشكل الأخير، والتي يشمل أولها جسم الحرف مع النقط، ويشمل الثاني الشكل الذي يوضع فوق الحروف والثالث يشمل الشكل الذي يوضع تحتها، وهذا التصور لتطور رسم الحرف يؤدي إلى أن نعد كتابة حرفي الزاي والشين في

الكلمتين المذكورتين في الخطوات الثلاث بمثابة نمو رأسي لهما، حدث هكذا:

رزَ زٌ زٌّ – س ش شّ شٌ شٌّ

ويتجه هذا النمو الرأسي إلى أعلى كما هو واضح هنا. ويتجه كذلك إلى أسفل كما يظهر من تطور كتابة حرف ا لباء من كلمة "نابٍ" مثلاً حين تجرّ مع التنوين، والتطور يحدث هكذا:

- ب بِ بٍ

وعلى هذا يكون شكل النمو الرأسي للحروف إلى أعلى وإلى أسفل هكذا: الحروف وهذا هو الذي قصدته وعبرت عنه بقولي: "نمو الكتابة الرأسي" فإن نمو الحرف على هذه الوتيرة ينبني عليه نمو الكلمة، ثم نمو الكتابة في مجموعها في هذا الاتجاه.

وقد يتفق هذا النمو الرأسي مع طبيعة الكتابة باليد، أما حين يطبع نص في المطبعة فإن الأمر يختلف. ولهذا كاد وجود المطبعة في هذا العصر مدعاة للنظر من جديد في مسألة الكتابة العربية وتطورها واتجاه نموها في ضوء آلات الطباعة. ويدافع الرغبة القوية والأكيدة في أن يقرأ أي نص مطبوع قراءة صحيحة دون تعثر أو توقف أو معاناة.

وبعد النظر طويلاً في هذه المسألة، تهديت- ولله الحمد- إلى طريقة يمكن أن تفي بهذا الغرض وفاء تاماً. وتتلخص هذه الطريقة في أمرين:

الأول: أن يأخذ نمو الكتابة عند عملية الطبع اتجاها جديداً هو الاتجاه الأفقي، بدلاً من الاتجاه الرأسي السائد في المطبعة الآن. وهذا الاتجاه الأفقي للكتابة يتفق وينسجم مع طبيعة المطبعة والعمل فيها. وذلك بأن توضع علامة للشكل لكل حرف، بعد الحرف وليس فوقه أو تحته كما هو المتبع حالياً في المطبعة. أي أن الكلمات السابقة يمكن أن تكون صورتها في المطبعة كما يلي:

مستبشر – معتز- هش- وفتية

والفكرة في هذا أن تعامل علامات الشكل معاملة الحروف سواء بسواء، وإن ينظر إلى كل علامة شكل على أنها وحدة مستقلة، وأن يكون لها في الطبع حيّز خاص بها مثل الحرف تماماً. والطريق إلى ذلك أن توضع علامة الشكل على ما يعرف عند العاملين في المطابع باسم "كشيدة"، وهي شرطة قصيرة توضع عليها علامة الشكل.

وهذا الصنيع يجعل من السهل جداً أن تتجه الكتابة اتجاهاً أفقياً، وبه أيضاً تخف الأعباء التي ينوء بها الحرف عند ضبطه بالشكل. إذ يكفي أن يحمل الحرف عبء نقطة، أما علامات الشكل فإن الكشيدة تتكفل بحملها نيابة عنه.

والآخر: أن تختصر علامات الشكل عند ضبط النص، بحيث يحذف من هذه العلامات ما لا ضرورة له، وما يمكن الاستغناء عنه.

والمبدأ الأساسي الذي يمكن وضعه في هذا الصدد أن نلتزم بكتابة الحركة لكل حرف متحرك بحركة قصيرة، وبوضعها بعده، مثل: كُتِبَ. وإذا تحقق هذا المبدأ أمكن على أساسه اختصار الشكل كما يلي:

إذا ولي الحرف المتحرك أحد حروف المد (الألف والواو والياء) فلا ضرورة لكتابة الحركة السابقة على حرف المد، لدلالة حرف المد عليها مثل: منار- نور- سعيد.

وإن التزمنا بكتابة الحركة بعد كل حرف متحرك، أصبح من الممكن الاستغناء عن علامة السكون في الكتابة، إلا في حالات قليلة بل نادرة. ومن ترك السكون لزم الحركة.

وعلى أساس هذه القواعد الثلاث نكتب الأمثلة الآتية تطبيقاً لها:

محمود- سامي- شوقي- إسماعيل- البارودي- المنفلوطي-

مسجد- كاتب- حديقة- مفتاح- استدراك- قاموس-

برهان- مشاهير- عباس- شباب- مستقيمون- عن- من-

مَن- لو- في – شيء- ضوء- ماء –سماء- ضياء- رداء- آمال- ساعات.

ومن الحالات النادرة التي يكتب فيها السكون، كتابة اللفظين: غزو وظبي عند الوقف عليهما. فإن وضع علامة السكون على كل من الواو والياء بمنع نطق اللفظين بضم الزاي في غزو وكسر الياء في ظبي. وعلى هذا يكون وضع السكون لمنع اللبس. (غزو- ظبي). على أن هذا اللبس لا يلبث أن يزول عند وضع علامة الإعراب حين استعمال هذين اللفظين وأمثالهما في جمل: (غزوٌ، ظبيٌ في حالة الرفع)

ومن أمثلة اللفظين: هَديْ- دلوْ- سقيْ- عدوْ...وغيرها. ولا أكاد أذكر حالة أخرى ملبسة غير هذه.

وباستعراض هذه الكلمات الثلاثين التي ضبطت بالشكل ضبطاً وافياً بالغرض دون لبس وعلى أساس واضح ومنطقي، نلاحظ أن منها ما لا يحتاج إلى ضبط مطلقاً مثل الكلمات:

قاموس- سامي- إسماعيل- ساعات، ومنها ما ضبط بحركة واحدة فقط مثل: مفتاح- محمود- مشاهير، ومنها ما يحتاج ضبطه إلى حركتين مثل: استدراك- مستقيمون.

ولمعرفة مقدار ما يمكن اختصاره من علامات الشكل أذكر البيت الآتي مكتوباً ومضبوطاً بالشكل الكامل، ثم مضبوط بالشكل المختصر، قال أبو الطيب:

أزوركم وسواد الليل يشفع لي وأنثني وبياض الصبح يغربي بي

أ ز و رـُكم وـَ سواد ـُ الليل ـِ يشفع ـُ لي

وـَ أ ـَنثني وـَ بياض ـُ الصُبحـِ يُغري بي

وبعملية إحصاء لعلامات الشكل الكامل لهذا البيت نجد أن عددها يبلغ ثلاثاً وثلاثين علامة.

وأن علامات الشكل المختصر يبلغ عددها عشرين علامة.

وعلى هذا يتبين أن علامات الشكل التي اختصرت للاستغناء عنها قد بلغ عددها ثلاث عشرة علامة، وهو قدر يبلغ أكثر من ثلث علامات الشكل في هذا البيت.

وبعمليات إحصائية أخرى مماثلة لأبيات ونصوص عربية ظهر لنا أن القدر الذي يمكن اختصاره من علامات الشكل عموماً هو الثلث وأكثر، وهو قدر ليس بالقليل.

إن تزويد الكتابة بالشكل وفق هذه الطريقة المختصرة المخففة بدلاً من الطريقة الأخرى الوافية المكثفة، وكذلك على أساس وضع الحركة بعد الحرف بدلاً من وضعها فوقه أو تحته لهو الحل الأمثل- فيما أرى- لمشكلة الكتابة العربية.

إن القارئ لأي نص عربي من حقه أن يقدم له النص مضبوطاً بالشكل لا خالياً أو شبه خال منه، وبخاصة حين تقوم المطبعة بطبعه. وتلك وظيفة الكتابة الأولى، ووظيفتها الأخيرة. وليس الشكل زينة ولا ترفا بالنسبة للكتابة وإنما هو أحد مقوماتها الأساسية.

وطبع الكتاب وتزويده بهذا الشكل الخفف سيكون في صالح المتعلمين للغة العربية سواء أ كانوا من الناطقين بها أم من غير الناطقين، لأنه سيكون له مزايا:

منها أن القارئ، أي قارئ، سوف يقبل على القراءة بكل ثقة واطمئنان، ولن يتهيب قراءة أي نص مشكوك بهذه الطريقة، فهو ضامن أنه لن يتوقف عند القراءة، لأنه لن يصادف أية عقبة تقف في طريقه.

ومنها أنه سيتمكن من النطق الصحيح الواثق للكلمات عموماً، وللكلمات اللغوية الصعبة بوجه خاص وهذا يعنيه فميا بعد على

الاستعمال الصحيح للألفاظ حين يتكلم وحين يكتب. وستكون المشكلة عنده هي البحث عن معنى اللفظ الصعب، لا عن كيفية نطقه نطقاً صحيحاً، فقد كفلت له الكتابة هذا النطق الصحيح. وهذا يجعل القراءة متعة من غير شك، بعد أن كانت معاناة بالنسبة لكثيرين يحسب لها كل حساب.

إن رفع الشكل من كثير من الكتب المطبوعة الآن ليس جديداً ولكنه من رواسب الماضي البعيد، فقد كان هو المتبع قديماً عند كتابة الرسائل وكثير من الكتب في عصور الازدهار.

كان الكتاب والمترسلون يبتادلون الرسائل خلية من الشكل اقتناعاً منهم بأن شكل الكتاب سوء ظن بالمكتوب إليه. وكانوا كذلك- كما سبق أن قلت في تعليقي على كلام اللورقي الأندلسي- يكرهون التدقيق في كتابة النصوص، ويحاولون التخفف من عملية نقط الحروف وشكلها ما وسعتهم ا لطاقة. ودليلنا على هذا رسالة كتبها الفرزدق إلى تميم بن زيد عامل خالد القسري على السند يطلب إليه فيها الإفراج عن أحد المعتقلين عنده.

والقصة كما وردت في لسان العرب مروية عن ابن بري، بعد تفسير ابن منظور للفظ "الحوبة" بأنها رقة فؤاد الأم، ثم الاستشهاد على ذلك يقول الفرزدق:

فهب لي خُنيساً واحتسب فيه منّة　　　　لحَوبَةِ أمٍّ ما يسوغ شرابها

هي كما يلي:

قال الشيخ ابن برّي:

والسبب في قول الفرزدق هذا ا لبيت أن إمرأة عاذت بقبر أبيه غالب، فقال لها: ما الذي دعاك إلى هذا؟ فقالت: إن لي أبناء بالسند في اعتقال تميم بن زيد القيني وكان عامل خالد القسري على السند، فكتب من ساعته إليه:

كنت وعجلت الراه أني
إذا حاحه حاولت عحب ركابها
ولي سلاد السد عند أمرها
حوايح حمات وعندي نوابها
أنسى فعادت دار شكوى نغالب
وبالحرة السامي عليه برأيها
فقلت لها: إن أطلبي كل حاجة
لدى فجعت حاجة وطلابها
فقالت نحزن: حاجتي إن واحدي
خنساً بأرض السند حوى سحابها
فهب لي حسنا وأحسب فيه منه
لحوية أم ما يسوغ فراعها
نعم من رمد لا يكونن حاجتي
يظهر ولا نعما عليك حوايها
ولا نفلس ظهر البطن صحفيفي
فشاهد منها عليك كتابها

فلما ورد الكتاب على تميم، قال الكتابة: أتعرف الرجل؟ فقال: كيف أعرف من لم ينسب إلى أب ولا قبيلة، ولا تحققت اسمه، أ هو خُنيس أو حبيش؟ فقال أحضر كل من اسمه خُنيس أو حُبيش. فأحضرهم فوجد عدتهم أربعين رجلاً، فأعطى كل واحد منهم ما يتسفر به، وقال: أقفلوا لي حضرة أبي فراس.

من هذه القصة نتبين أن الرسالة الشعرية التي كتبها الفرزدق إلى تميم بن زيد عامل خالد القسري على السند لم تكن منقوطة الحروف، بدليل عدم نقط أهم شيء فيها وهو اسم الرجل الذي أريد فك اعتقاله وإطلاق سراحه. فقد ترك الفرزدق الاسم مهملاً دون إعجام، مما يدل على أن الرسالة كلها كانت خالية من النقط. وإذا كانت خالية من النقط فخلوها من الشكل أولى.

كتابة الرسالة دون تزويدها بالشكل أمر مألوف، أما خلوها من

النقط فربما كن سببه راجعاً إلى عجلة الفرزدق التي أراد من وارثها أن ينفذ رسالته إلى تميم بالبريد دون ضياع أي وقت، وربما كان ذلك أمراً مألوفاً عند بعض الشعراء.

أما الأبيات التي كتبها الفرزدق دون نقط أو شكل- فيما نرجح- فضبطها بالشكل وإعجامها كما يلي:

كتبت وعجلت البرادة إنني
إذا حاجة ولت عجت ركابها
ولي ببلاد السند عند أميرها
حوائج جمات وعندي ثوابها
أتتني فعاذت ذات شكوى بغالب
وبالحرة الساقي عليه ترابها
فقلت لها: إيه اطلبي كل حاجة
لدي فخفت حاجة وطلابها
فقالت بحزن: حاجتي أن واحدي
خنيسا بأرض السند خوّى سحابها
فهب لي خنيساً وأحتسب فيه منّة
لحوية أم ما يسوغ شرابها
تميم بن زيد لا تكونن حاجتي
بظهر ولا يعيا عليك جوابها
ولا تقبلن ظهراً لبطن صحيفتي
فشاهدها فيها عليك كتابها

ويلاحظ هنا أني كتبت أبيات الفرزدق على طريقة الشكل المختصر أو الشكل المخفف أما إذا كتبناها وفق الاتجاه المقترح لنمو الكتابة وهو الاتجاه الأفقي، بدلاً من الاتجاه الرأسي فإنها تأخذ الصورة الآتية:

كتبت ـُ وـَعجلتـُ البرادـَةـَ إـِنني

إِـذا حاجةٌ حاوـلتُ عجت رِـكابها

وـَ لي ببلادِ السندِ عندَ أميرِـها

حوائجُ جماتـِ وعندي ثوابها

أتتني فعاذت ذات شكوى بغالب
وبالحرة الساقي عليه ترابها
فقلت لها: إيه اطلبي كل حاجة
لدي فخفت حاجة وطلابها
فقالت بحزن: حاجتي أن واحدي
خنيسا بأرض السند خوّى سحابها
فهب لي خنيساً وأحتسب فيه منّة
لحوية أم ما يسوغ شرابها
تميم بن زيد لا تكونن حاجتي
بظهر ولا يعيا عليك جوابها
ولا تقبلن ظهراً لبطن صحيفتي
فشاهدها فيها عليك كتابها

وهذا النمط من الكتابة الذي اتخذته رسالة الفرزدق يدلنا على أن الكتابة العربية كانت في بعض عصورها المتقدمة تتخذ طابعاً خاصا عند بعض الطبقات هو تجريدها من النقط ومن الشكل جميعاً.

وقد صادفت بعض المخطوطات العربية المنسوخة في عصر متقدم خالةي خلواً تاماً من النقط ومن الشكل، وأذكر من ذلك نسخة مخطوطة من كتاب لعبد القاهر الجرجاني في النحو، محفوظة بدار الكتب المصرية.

إن للنصوص العربية متسويات متعددة، ولقرائها سوءا أكانوا من الناطقين بالعربية أو من غير الناطقين- الدارسين لها، متسويات أكثر

تعدداً، وأي مستوى من مستويات النصوص قد يكون سهلاً يسيراً عن فئة، صعباً عسيراً عند أخرى وأحسب أن هناك ممن تخصصوا في اللغة العربية وأصبح لهم فيها باع طويل من ستوقف فترة يفكر أثناءها ويقدر قبل أن يتمكن من القراءة الصحيحة لنص لغوي لم يقدر له الاطلاع عليه أو دراسته من قبل.

ولا بأس من أورد هنا نصا وقع عليه بصري مصادفة أثناء تصفحي لكتاب شرح الرضي على الكافية لابن الحاجب. وقد حاولت قراءة النص فلم يتيسر في ذلك إلا بعد تكفير وبحث.

والنص كما ورد في الكتاب، هو بالحرف الواحد:

"ويستعمل استعمال أحد في الاستغراق في غير الموجب ألفاظ وهي عريب وديار وداري ودوري وطوري وطؤوري وأرم، وأريم وكتيع وكراب ودعوى وشفر وقد يضم شينه وقد لا يصحب نفياً ود بي ورميج وأبز وآيز بالزاي وتامور وتومور وتومري ونمى".

هذا النص الذي يدبو لمن درسه من قبل ووعاه واضحاً غاية الوضح، ولمن لم يدرسه غامضاً أشد الغموص، لو أنه نشر مضبوطاً بالشكل الواجب أن يضبط به لكفي كل قارئ، من أي مستوى، مؤنة البحث والتنقيب عن الضبط الصحيح للكلمات الواردة فيه أو لمعظمها، ولتمكن القارئ من قراءته قراءة صحيحة لأول وهلة في غير مشقة أنو عناء.

ومن هذا النص الذي لا يكاد يتجاوز ثلاثة أسطر، والذي يكلف القارئ جهداً ووقتاً كما رأينا يتبين لنا أن أي نص غير مشكول يحتاج لكي يقرأ قراءة صحيحة إلى قدر من التفكير قل أو كثر.

ولكي يأتي التفكير بنتيجة لا بد من أن يعتمد على قدر من معرفة بالنحو والصرف ومتن اللغة وغيرها، يرقى إلى المستوى الذي بلغه النص. وهذا القدر من المعرفة بهذه المواد ليس شيئاً ينال في يوم وليلة ولكنه يحتاج إلى السنين الطوال.

ومن واجب من يقدم للناس نصاً منشوراً في كتاب أو نحوه أن يهتم بضبطه ضبطاً صحيحاً بالشكل. وهذا الضبط الصحيح يكلفه استخدام كل مهاراته العلمية ويكلفه جهداً كذلك. وهذا الجهد يجب أن يعمل مرة واحدة، وأن يودع النص عن طريق ضبطه بالشكل، وبهذا لا يضيع الجهد هباء. وكان هذا يعمل في المخطوطات قديماً تضبط كل نسخة، وتكلف النسخة الواحدة كل هذا العناء. أما اليوم فإن الجهد الذي يبذل في ضبط الكتاب هو نفس الجهد الذي كان يبذل قديماً، ولكن المطبعة تطبع من الكتاب آلاف النسخ بل مئات الآلاف فإذا أودع الشكل كل هذه النسخ المطبوعة كفى ذلك كل قارئ مؤونة البحث والتفكير في النص، وإلقاء الضوء عليه من جديد لكي يستطيع قراءته قراءة صحيحة، لأنه يحمل الضوء في ثناياه وهو الشكل. وفي حرمان الكتابة من الشكل -والشكل نور الكتابة- إلزام للقارئ بأن يأتي بنور من عنده ليقرأ النص صحيحاً. وهل كل قارئ على ذلك قادر؟ ثم هل كل قارئ عنده النور الكافي؟.

والكلام في موضوع الشكل وبيان أهميته يقودنا إلى أن نعرض لما يتعرض له بعض المتحدثين في الإذاعات العربية المختلفة وكذلك في الإذاعات الأجنبية التي تذيع برامجها باللغة العربية. فإننا بسبب إهمال الشكل في كتابة ما يذاع- نسمع كثيراً من الأخطاء التي تصدر من مختلف البرامج الإذاعية. ومن ذلك ما نسمعه مؤخراً في فترات متقاربة:

١- سار في هدوء وتؤده، بتشديد الدال.

٢- الطغرائي، بضم الغين وتشديد الراء.

٣- فرقة تضم صفوة من الفنانين، بضم الصاد.

٤- كثرت المأدب هذا الشهر، بضم الدال.

٥- قابل غضبه باللين من القبول، بكسر لام اللين وسكون الياء.

٦- الأخطار التي تحدق بكيانها، بفتح التاء.

٧- الذين كانوا يتباهون، بضم الهاء.

٨- قبلها على علاتها، بضم العين.

٩- وهم قد نسوا نعمة الله عليهم، بفتح السين.

١٠- لن يفلتوا من العقاب، بفتح الياء.

١١- كثير من الأمم يعوزها الشعور بالطمأنية، بفتح الياء وضم العين في يعوزها.

١٢- توثيق روابط الإخوة والتعاون، بكسر الهمزة وسكون الخاء بدلاً من ضم الهمزة والخاء وتشديد الواو.

١٣- قام بما ينبغي عمله، بفتح اللام.

١٤- قبل أن يفيق من الإغماء، بفتح الياء.

هذا في الإذاعة، وفي مجلس من مجالس العلم ضم أساتذة وطالباً دارسا ومشهوراً قال أستاذ لطالب: لقد أخطأت حين قلت: "لم يقم عليه دليلاً" فنصبت المرفوع، فقال الطالب: "إنما أردت: لم يقم عليه دليلاً، وبهذا ينتفي وود الخطأ". والسبب في هذا اللبس أن كلمة "يقم" المجزومة دون شكل تحتمل قراءتين، ذكر السائل إحداهما وغابت عنه الأخرى. وهذا كله من مساوئ الكتابة غير المشكولة. ويظهر من استعراض الأخطاء التي تقدم ذكرها أن معظمها أخطاء صرفية ونحوية ويحتاج تجنبها إلى تحصيل قدر أكبر مما حصل من هذين العلمين. ولكن العلاج الناجح حقاً هو ضبط الكتابة بالشكل وبتعبير آخر تنوير الكتابة بالشكل ونور الكتابة ينير عقول القراء.

وإذا عقدنا مقارنة بين الكتابة العربية والكتابة بالحروف اللاتينية المستعملة في معظم اللغات الأوربية لوجدنا أن الشكل الكامل الدقيق المانع لكل لبس يلتزم في كتابة القرآن التزاماً كاملاً، ولا يكتفي بهذا في كتابة القرآن بل يكتب إلى جانب الشكل الكامل رموز إضافية للدلالة

على أغراض أخرى غير الشكل كالوقف وغيره.

وفي المعاجم العربية وكتب اللغة يكتب الشكل ولكنه لا يلتزم في كل الألفاظ، بل يوضع لكثير منها، وفي كثير من المواضع، ولكنه لا يلتزم في كل حرف كما يلتزم في القرآن الكريم.

أما كتب الحديث فمنها ما يلتزم بالشكل الكامل، ومنها ما يضبط بالشكل كما تضبط المعاجم وكتب اللغة، وقد تزيد عليها.

وأما غير ذلك من الكتب فإن ما يضبط منها ضبطاً جزئياً قليل، وما يضبط ضبطاً كاملاً أقل بل نادر. وأغلبها يطبع بدون ضبط. ومن هنا كانت القراءة الصحيحة صعبة على كثيرين، لأن عليهم أن يفكروا في النص قبل قراءته، بل عليهم في بعض الأحيان أن يفهموا النص أولاً لكي يقرؤوه صحيحاً.

هذا بالنسبة للكتابة العربية، أما الكتابة في اللغات الأوربية التي تعتمد على الحروف اللاتينية، فإن الحركات فيها أساسية، والأوربيون ينزلون الحركات منزلة الحروف الساكنة سواء بسواء. وهي تذكر في أبجد يأتهم مع الحروف الساكنة دون أدنى فرق. على حين تحذف الحركات من أبجديتنا العربية ولا يذكر فيها إلا الحروف الساكنة أو الصوامت كما تسمى في بعض الأحيان. ومن أجل هذا يستطيع المتعلم للغة عندهم أن يقرأ بعد فترة أي نص في سهولة ويسر، لأنه ليس بحاجة إلى إلقاء الضوء على الكتابة فضوؤها فيها. أما كتابتنا غير المشكوكة فلا بد لقارئها من أن يحمل ضوء معه ليستعين به على القراءة الصحيحة، وأضواء القراء درجات، والنصوص مستويات.

الكتابة في اللغات الأوربية هي لكل قارئ من كل سن. وكتابنا تلتزم الكل الكامل للأطفال في المرحلة الأولى من مراحل التعليم، وتضبط بالشكل الجزئي في المرحلتين الوسطى والثانوية ثم يرفع الشكل بعد ذلك من الكتابة.

ولست أشك في أن اللغات الأوربية لو كتبت بالحروف الساكنة

فقط دون حركات لكانت القراءة عند أصحاب هذه اللغات صعبة أيضاً.

ولنأخذ مثلاً لذلك اللغة الإنجليزية، فإنها لو اقتصر أصحابها في كتابتهم لها على الصوت دون الحركات كما نفعل نحن، لوجدوا نفس الصعوبة التي نجدها فالكلمات الثلاثة: Dig (بمعنى يحفر) وDug (بمعنى حفر)، وDog (بمعنى كلب) لو أنها كتبت بالحرفين الساكنين فقط دون الحركات هكذا: Dg لكانت قراءتها تحتاج عندما تكون في جملة إلى تفكير مثل ما نفعل. ونجد هذا أيضاً في الكلمات الآتية:

قبعة Hat، كوخ Hut، يضرب Hit، ساخن HT = Hot

أداة نفي Not، بندقة Nut، شبكة NT = Net

حقير Mean، قمر Moon، رجال Men، رجل MN = Man

معرفة الفرس Mane، عويل. أنين Moan، رئيسي Main

وحدة وزن قديمة Mina، منجم. ملكي Mine

أهلا وسهلاً WLCM =Welcome

معدة Stmch = Stomach

ويمكن كتابة نص إنجليزي بدون حركات كما يلي:

My intntn in wrtng ths bk hs bn t prdc an intrdctn t lngstcs as an acdmc sbjct, tht wll b cmprhnsbl and usfl t th stdnt entrng on th stdy of lngstcs at a unvrsty in wrk fr a frst dgr of a pstgrdt dgr or dplm, and at th sm tm wll srv to prsnt th sbjct in otln t th intllgn gnrl rdr as on tht is bth imrtnt and intrsting in its own rght.

أما النص الأصلي مع الحركات فهو:

My intention in writing this book has been to produce an introduction to the liguistics as an acadmemic subject, that will be comprehensible and useful to the student entering on the study of linguistics at a university in work for a first degree or a postgraduate degree or diploma, and at the same time will serve to present the subject in outline to the intelligent general reader as one that is both important and interesting in the own right.

كثيراً ما كنت من قبل أفكر في حال كتابتنا وفي الصعوبات التي يلاقيها القارئ عند قراءة النص المكتوب مجرداً من الحركات. وكنت كثير الحديث مع نفسي ومع الآخرين عن تلك الصعوبات، وما كنت أستشهد به مشافهة من قبل، كتبته اليوم كتابة فأصبح واضحاً ملموساً في لغات ثلاث. وهذه الصورة غير المتوقعة لكتابة بعض اللغات الأجنبية مجردة من حركاتها تجعلنا نحسن الصعوبات التي يعاني منها قراء العربية حين تكون الكتابة خالية من شكلها...ومن نورها.

لست أدري شعور الإنجليزي مثلا كيف يكون إذا أطلعته على النص الإنجليزي الذي أوردته هنا بعد تجريده من الحركات وقلت له: هذا نص كتب بلغتك فاقرأه. ولست أدري بما ذا يجيب.

وأنا شخصياً أرى قراءة النص بهذه الصورة تضطرني إلى إعمال الفكر وكذ القريحة لكي أستطيع قراءة بعضه. إن فيه ألفاظاً يشتد غموضها وأحسب أن من العسير معرفتها مهما حاولت، ومهما فكرت، وهذا شعوري.

ثم إنه يلاحظ على الكلمات المفردة التي ذكرت قبل النص أن عدداً منها يتفق في نوع الصوامت وعددها. ولا يفرق بينهما سوى الحركات مثل: dg وnt ومثل mn التي يخرج منها تسعة ألفاظ تتحد صوامت وتختلف حركات. وهذا يشبه تماماً ما يحدث في كتابنا العربية المجردة من الشكل.

وبعد، فلقد قضينا ما يزيد على ألف عام ونحن نعاني من الكتابة العربية رفع الشكل عنها، وحيل بينها وبين الاحتفاظ بأهم مقوماتها. ولا علاج لهذه المشكلة فيما أرى إلا الاعتراف بالشكل مقوما هاماً وخطيراً لها. إن الشكل المختصر أو المخفف -لا أقول الكامل أو المكثف- يجب أن يحتل مكانه وبخاصة في المطبعة وعند الطباعة، ويجب أن يكون مكانة بعد الحرف وليس فوقه أو تحته وهو المكان الصحيح والأمثل.

تحضير الدروس

(Lesson Planning)

أهمية التحضير(Importance of Planning)

الغرض من تحضير الدروس هو تعيين حدود المادة المراد إعطاؤها للتلاميذ، وكذلك ترتيب الحقائق التي يتضمنها موضوع الدرس، ورسم خطة محددة وواضحة يمكن بها توصيل المعلومات إلى أذهان التلاميذ بالشكل الذي يتناسب وعقلياتهم. ولذلك فإن التحضير أمر حيوي مهم في عملية التدريس، وبدونه لا يتمكن المدرس من السير على نهج واضح في درسه، أو يصل إلى ما ينشد من غايات. ومهما كان الدرس بسيطاً، ومهما بلغ علم النفس، وامتيازه في مادته، فلا بد من التحضير.

والتدريس يتطلب: إعداد المادة، ورسم الطريقة، وتدوين المذكرة، ثم إلقاء الدرس.

إعداد المادة (Text Preparation)

جدير بالمدرس أن يعين حدود مادة الدرس، وأن يرتب الحقائق على خير طريقة تناسب عقول تلاميذه. واستزادة المدرس من المادة رجوعه إلى مصادر مختلفة- تمكنه من أن يهضم حقائقها، وينفث فيها من روح الحياة والنشاط. ومهما كانت المادة بسيطة فهي تحتاج لتحضير. ولا بد من التأكد من صحة الحقائق التي تحتويها المادة. فكثير من المعلومات التي يدلي بها المدرس يكون قد اكتسبها من المساع دون دراسة وبحث. ويجدر بالمدرس أيضاً أن يعلم أكثر ما يتطلب الدرس،

وأن يحلل الحقائق حتى يلم بها من جميع وجوهها، وأن يختار من المادة القدر الذي يناسب الزمن المخصص، والغرض المقصود من الدرس، وقوة التلاميذ، والصعوبة أو السهولة.

وخير ترتيب للمادة هو ما كان طبيعياً، فترتبط كل حقيقة بما يلابسها وتتصل اتصالاً متيناً، وتكون متدرجة في صعوبتها. ومما يجدر بالمدرس التفكير فيه أن يعلم من أين وكيف يبدأ الدرس؟ فيجب أن يبحث عن أساس متين من معلومات التلاميذ يبني عليه المعلومات الجديدة، فيفكر في حلقة يصل بها المدرس الجديد بالدرس القديم. وإذا كان المدرس يعلم معلومات تلاميذه السابقة. وقواهم ومواهبهم كانت الخطوة الأولى من الدرس سهلة أمامه. على أنه على كل حال يستطيع بقليل من الأسئلة أن يمهد السبيل للسير في الدرس.

ومن المستحسن جداً أن يقسم المدرس درسه إلى مراحل فهذا يمكن المدرس من أن يجعل بين هذه المراحل فترات يستجمع فيها التلاميذ انتباههم، ويجددون نشاطهم للمرحلة الثانية. فالمدرس إذا استمر في الدرس دفعة واحدة من غير فترات كان ذلك باعثاً على السآمة والملل. ولهذه الفترات التي تمر بين مرحلة وأخرى فائدة جديرة بالذكر. فهي تمكن المدرس من التثبيت من فهم التلاميذ للمرحلة السابقة، حتى إذا ما أحس أن بعض النقط يعوزه الوضوح أعاده فثبته في عقولهم، وأظهر بجلاء النقط السهمة في الدرس، ولخص الدرس في حقائق متبلورة وأثبتها على السبورة. ويا حبذا لو كانت هذه المراحل متوسطة في العدد لا بالكثيرة التي تجعل الدرس مفككا، ولا بالقليلة التي لا تساعد المدرس على مراجعة أجزاء الدرس.

أما مصادر المادة التي يستقي منها المدرس معلوماته فهي تتوقف على نوع الدروس التي يتصدى لتحضيرها. فهناك مواد تحتاج بطبيعتها إلى اطلاع أكبر من غيرها ولعل أول مصدر يمكن أن يرجع إليه المدرس هو الكتاب المقرر، فهو يتمشى غالباً مع المنهاج الموضوع. على أن الاقتصار عليه لا يخلو من الخطورة. فقد يكون الكتاب المقرر غامضاً أو ناقصاً مبتوراً في بعض الأجزاء. وقد يكون سبباً في تسرب

الملل إلى التلميذ لأن ما يقال له هو نفس ما يقرؤوه. ولذلك كان لزاماً على المدرس أن يستعين بمراجع أخرى.

وللمدرس أن يستقي مادته من مصادر أخرى- بالإضافة إلى الكتب- كالصحف اليومية، "والمجلات"، "والسينما"، المسرح، والإذاعة اللاسلكية. فبعض "دور السينما" يعرض مناظر متنوعة لحياة الشعوب المختلفة، أو أفلاماً تمثل بعض النواحي العلمية. وهناك المعارض والمتاحف التي تقام بين آن وآخر. والتربية الحديثة قد بدأت تتجه إلى تغيير الاتجاه القديم الذي يقتصر على الكتاب باعتباره مصدراً للمادة، ويحث المدرس على أن يستقي مادته من واقع الحياة. فخبرة المدرس الشخصية أهم مصادر للمادة. وهكذا كلما اتسعت خبرة المدرس كان أقدر سيطرة على المادة وتكييفها للمواقف الجديدة، كما يصبح تدريسه أقرب إلى الهدف المقصود منه. هذا ويتمكن المدرس من إتمام نقص الكتب بدراسة الطبيعة ومظاهرها، وزيارة الأسواق، والقيام بالرحلات، وزيادة المتاحف ومكاتب السياحة، والبريد، والسكة الحديدية.

المبادئ التي تراعي في اختيار المادة وترتيبها
(Principles of Text Selection & Arrangement)

توضع للمادة عادة مناهج تراعي فيها عدة عوامل مهمة كطبيعة الطفل والبيئة التي يعيش فيها، والأهداف المتوخاة من تلقي هذه المادة. وهناك مبادئ عامة يجب مراعاتها في اختيار المادة وهي:

أولاً صحة المادة: جدير بنا معشر المدرسين أن نزود التلميذ بالمادة الصحيحة من جميع الوجوه، وأن نعمل دائماً على استبعاد الجوانب الخاطئة منها فقد أثبتت التجارب السيكولوجية أنه من الصعب التخلص من التأثير الأول الذي يتركه المدرس بعمله وقوله في نفس الطفل.

ثانياً: مناسبتها لعقول التلاميذ من حيث مستواها، فلا تكون فوق مستوى إدراكهم العقلي فيصعب فهمها، ولا دون مستواهم فيستهترون بها. فمن الصعب مثلاً على طفل في السنة الثالثة بالمدارس الابتدائية أن

يدرك أسباب الخسوف والكسوف، أو يلم بقاعدة أرشميدس للأجسام الطائفية. فيجب إذن أن نزود التلاميذ بما يتناسب وقدراتهم العقلية.

ثالثاً: يجب أن تكون المادة مرتبطة بحياة التلميذ وبالبيئة التي يعيش فيها. ففي دروس الجغرافيا مثلاً يجب ألا نعطيه شيئاً عن آسيا قبل أن يدرس البيئة المحيطة به. وفي دروس الصحة يجب أن يتعلم التلميذ الإرشادات والقوانين الصحية التي تتناسب مع البيئة التي يعيش فيها.

رابعاً: يجب أن تكون مناسبة للوقت المخصص لها، فلا تكون طويلة فيملها الأطفال ولا يستطيعون تذكرها، ولا قصيرة فيفهمونها بسرعة ويضيعون الباقي من الزمن في عبث غير منتج.

خامساً: يجب أن تكون مرتبة ترتيباً منطقياً، فيكون كل جزء مرتبطاً تمام الارتباط بما قبله، وأن تكون حلقاتها متصلة بعضها ببعض، وأن تكون نقطها الأساسية بارزة واضحة.

سادساً: يجب أن تكون مقسمة إلى وحدات رئيسية. وكل وحدة في ذاتها مجموعة لوحدات أصغر منها. والمقصود من تقسيمها إلى وحدات أن يفكر المدرس مقدماً في برنامج عمله، وأن يقسم مادة المنهاج إلى وحدات طبيعية تقطع في فترات معقولة كبضعة أيام أو بضعة أسابيع. وليس من الضروري أن تتمشى مادة الدرس مع صفحات الكتاب أو فصوله، لأن الكتب تقسم وتبوب بشكل يناسب ظروف الطباعة والكتابة والتأليف وهذا لا يلزمنا أن نتقيد به في التدريس.

سابعاً: يجب أن ترتبط مادة الدرس الجديد بمادة الدرس القديم. ويستلزم هذا محاولة إيجاد العلاقة بين الدرس القديم والجديد، وجمع أطراف كل درس قرب انتهائه، بحيث تتضح وحدته. ويحسن إن أمكن إثارة المشكلة التي يمكن أن نتخذها أساساً للدرس المقبل.

أما في إعداد الطريقة فننتضح المدرس أن يتبع ما يأتي:

أن يفكر في طريقة عرض الدرس فإن هذا يزيد المادة وضوحاً

وحيوية في ذهن المدرس نفسه.

وعليه أيضاً أن يختار الطريقة المناسبة لسن الطفل. فلو فرضنا أن المدرس يعرف مادته معرفة مناسبة، فإن هذا لا يعقبه من وجوب تكييف هذه المادة بحسب معدل وقدرة كل فصل، بل كل تلميذ يقدر ما يستطيع وبقدر ما يلعمه عن كل تلميذ.

وليعلم المدرس أنه في تجديد التحضير للدرس تجديد لشباب المدرس نفسه. لا من حيث المظهر الخارجي بل من حيث إقباله على تدريس مادته، ومن حيث القضاء على الآلية، والملل في تكرار درس ما. وخير ما يسلك من السبل أسهلها وأقربها. وقد يحسن المدرس صنعاً إذا استعاد صورة درسه واستعرضها في فكرة قبل إلقائه، لكي يستطيع أن يعلم إجمالاً ما عسى أن يكون للدرس من أثر في نفوس التلاميذ، وموقفهم أمام عناصره المخلتفة. فإذا كان بعض هذه النقط مما سيستطيعه التلاميذ بأنفسهم وجه إلى ذلك عنايته، واتخذ العدة لنوع الأسئلة التي سيلقيها.

مرونة التحضير (Flexibility of Preparation)

لا يصبح أن يجمد المدرس عند صيغ خاصة في التحضير يلزم نفسه باتباعها وعدم التصرف فيها، وليس من المستحسن أيضاً أن يصب المدرس كل درس من دروسه في قالب معين، فذلك من شأنه أن يضع قيوداً تقيد المدرس وتسليه حرية التفكير. ولا يتبادرن إلى الذهن أن تقسيم الدرس إلى خطوات هو في حد ذاته موطن الضعف، فالتقسيم أمر لا يخلو من الفائدة بحيث لا يطغي جزء على آخر. وكل ما ننصح به هو أن يكون تحضير الدروس مرناً، فيكتفي المدرس برسم خطة محكمة للدرس تكون بمثابة أساس يمكن السير على هديه حتى نأمن الزلل، ونترك التفاصيل تمليها ظروف الدرس. ويجب أن نتوخى في الخطة ارتباطها بالدرس عند صيغ خاصة أعدها للأسئلة، ويلزم نفسه عدم الخروج عنها أو عدم التصرف فيها، فإن ذلك يجعل المدرس متكلفاً، والدرس غير طبيعي. فخير للمدرس أن يترك صياغة الأسئلة في قوالب خاصة

للظروف التي يسير عليها الدرس حتى تكون مبنية على ما قبلها من الأجوبة، وإذا أراد التفكير في الاسئلة فليعد الاتجاه الذي تسير فيه. وإذا فكر في ألفاظها وصيغها فلا يكون ذلك مدعاة لجمود أو قيود.

وليكن إعداد الدرس طبيعياً من غير مبالغة أو تقصير فالغرض إنما هو تذليل الصعاب، والوصول إلى الغاية من أقرب الطرق. وليكن التحضير مرناً من سنة دراسية إلى سنة أخرى، ومن فصل إلى فصل، وجدير بالمدرس أن يكون على استعداد لمقابلة المفاجآت. فالأطفال يكثرون من المفاجآت للمدرس، وعندئذ قد يخرج الدرس عن الطريق الذي رسمه المدرس قبل دخول الفصل، فإن لم يكن على استعداد لأن يواجه أكبر عدد من الاحتمالات أفلت زمام الدرس من يده. وقد يؤدي الخروج عن الخطة المرسومة إلى إعطاء درس جيد، وإبراز طريقة أحسن من الطريقة المدونة في المذكرة. على أن عامل المصادفة يلعب هنا دوراً عظيماً. ولذا يجب الاستعداد للطوارئ مقدماً، بأن يجعل المدرس تحضيره مرناً قابلاً للتقديم وللتأخير وللزيادة والنقصان. على أن هذا لا يتمكن المدرس من تنفيذه إلا إذا كان مسيطراً على المادة، وكان ملماً بالهدف الذي يرمي إليه من الدرس.

إعداد مذاكرات للدروس (Preparation of Notes for Lesson)

ليس الغرض من مذكرات الدروس أن تكون معرضاً لسرد الحقائق العلمية، تكتنفه مجموعة كبرى من وسائل الإيضاح والأسئلة والأجوبة، ولكن الغرض من المذكرة أن تكون أساسية تشمل خير الطرق للتدرج في سير الدرس، وعرض ما فيه من أفكار وحقائق بطريقة منظمة متماسكة. وهي بهذا الشكل أشبه شيء برسوم المهندس ومعداته التي يعدها قبل شروعه في تشييد البناء. ونكرر والقول: هنا بأن ليس الغرض من مذكرة الدرس أن تكون قيداً للمدرس يمنعه من التصرف، ولكن أن تكون أداة تساعده فتكون خادمة لا حاكمة عليه. وليس من داع لأن يحيد المدرس عما رسمه لنفسه من خطط في مذكراته، ولكن يجدر به ألا يجعل درسه عبارة عن سرد للمذكرة التي أعدها، فيجعل شبح المذكرة يروح ويجيء أمامه، يملك عليه تفكيره ويجعله كآلة تسرد

حقائق مسطرة... فالمذكرة ما هي إلا خطة عامة تنير الطريق دون أن تبين تفاصيله.

ومذكرات الدروس تظهر مهارة المدرس في ترتيب مادة الدرس، وتبين مدى مقدرته على السير فيه بشكل منتظم. وكذلك توضح ما سوف يحصل عليه التلاميذ من فوائد وثقافة وتمرين للقوى العقلية.

أما عن ترتيب مذكرة الدروس، فإن الطريقة التقليدية في ملء الحافات المدرجة في صفحات (كراسة التحضير) ليست بالنظام الذي لا يحاد عنه، وإنما يجدر بالمدرس أن يتخير من النظم في ترتيب مذكرة درسه ما يراه مناسباً.

وننبه إلى أن ظروف الطالب الذي في التمرين تختلف عن ظروف المدرس الثابت في تفاصيل طريقة كتابة المذكرة. فالطالب ملزم في كثير من الأحيان أن يدون تفاصيل يرى أنها ضرورية في أول عهده بالتحضير لأغراض منها:

أن يعتاد التفكير في كل النقط التي تحيط بالدرس. ثم هو سيكسب عند الاشتغال بالتدريس خبرة ببعض الأشياء التي يمكن أن يغفلها فيما بعد في التدريس العادي. ومن أمثلة التفاصيل المطلوبة من الطالب الذي فى التمرين.

معلومات عامة عن الدرس، السنة والفصل (وهذا يهمل فيما بعد في كراسة التحضير ولا يثبت إلا لإثبات أن هذا الفصل قد أخذ الدرس)، متوسط سن التلاميذ حتى نضمن أنه فكر في مستواهم على قدر الإمكان (ولو أن متوسط السن الزمني لا يدل على متوسط السن العقلي). ويطلب من الطالب الذي في التمرين أيضاً أن يدرج في مذكرته "الغرض العام والخاص" من الدرس. والعام ينصب على المادة باعتبارها جزءاً من المنهج، والخاص ينصب على الغرض من درس ما بالذات وسيحار الطالب الذي يتمرن في التفنن لذكر غرض عام وغرض خاص، وما المراد من هذه المطالبة إلا أن يؤكد لنا أنه يفهم روح المنهج مادة الدرس بحق.

كذلك يطالب المدرس الذي في فترة التمرين بإثبات وسائل الإيضاح التي سيستعملها في الدرس، في مذكراته. ليس الغرض مجرد تعدادها إنما ضمان التفكير فيها وكذلك استعمالها في الوقت المناسب.

تلك هي النقط العامة في مذكرات الدروس أما صلب المذكرة فيشمل:

١- المادة ٢- الطريقة

ويرى بعض المربين أن هناك نوعين من المذكرات: (أ) مذكرات النقط الأساسية للدرس أو عناصره أي: مذكرات مختصرة. وهذا ما يجب أن يثبت في كراسة التحضير (ب) مذكرات إيضاحية أو تفصيلية للمادة وهذه تكون في غير كراسة التحضير وخاصة بالمدرس دون غيره. وهذه الطريقة تفيد المدرس المبتدئ. فلا بد للمدرس من أن يكون له مذكرة تكون خليطاً من المذكرات الجامعية والمصادر. أما المذكرة المختصرة فيجب أن تكون في غير اقتضاب أو إطناب، ولو أنه في التمرين يحسن أن تكون المذكرة أطول قليلاً منها في التدريس العادي، وأن تكون مبوبة تبويباً حسناً مع مراعاة زمن كل نقطة، وتمشيها مع طبيعة التلاميذ لا مع طبيعة المدرس.

ربط الدروس بالحياة الخارجية

(Relationship between Lessons and External Life)

إن المظهر البارز للمدرسة التقليدية هو الاهتمام بتلقين التلاميذ مجموعة من الحقائق الجافة يلزم التلميذ باستيعابها وحفظها والإجابة عنها في الامتحانات، وفي النهاية يخرج إلى الحياة العملية فيجد نفسه في محيط يختلف تمام الاختلاف عن المحيط الذي نشأ فيه. وهكذا نجد التلميذ المتقدم دراسياً لا ينجح أحياناً في الحياة العلمية والعمس صحيح أيضاً. وهذا يدل على أن التلميذ يخرج من المدرسة تنقصه معرفة الكثير عن حقائق الحياة الخارجية، الأمر الذي تعني التربية الحديثة بتلافيه، وذلك بالعناية يجعل المدرسة صورة من المجتمع الخارجي. وبتوجيه المواد المختلفة بحيث تهتم بتذليل الصعوبات أو المشكلات التي تواجه الفرد في الحياة العلمية.. ولذلك نجد للرحلات الدراسية، والأعمال التعاونية،

والجمعيات، والفرق الرياضية، وجمعيات التنظيم الداخلي للطلبة. نجد لكل هذه مكاناً بارزاً مهماً في المدرسة الحديثة. والغرض من ذلك هو معالجة موضوعات الدراسة علاجاً واقعياً عملياً يرتبط بالحياة الخارجية، وبذلك يتاح للتلميذ أن يفيد منها فائدة عملية، وفي الوقت نفسه تصبح شائقة تبعث على اهتمام الطفل. والخلاصة: أنه لا بد من أن تكون مواد الدراسة مرتبطة ارتباطاً وثيقاً بالحياة الخارجية. فلا تقتطع المادة اقتطاعاً من ملابساتها الحيوية والاجتماعية، وإلا جعلناها جافة لا معنى لها في نظر الطفل. فإن المعلومات المختلفة التي نعطيها للطفل لم تشتق إلا من الحياة، والمواد المختلفة ما هي إلا صفحات للتكفير الإنشائي في الحياة العلمية. ففي هذا الميدان مثلاً توجد أمثلة كثيرة جداً يمكن استغلالها داخل المدرسة بشكل حيوي.

فمثلاً يمكن الربط بين التطبيقات أو المسائل الحسابية، وبين ما يدور خارج المدرسة فعلاً كالبيع والشراء، وذلك في تعليم الجمع والطرح والضرب...ألخ أو نستغل وقوع حادثة سيارة في معرفة سرعة السيارة، ونستغل ذلك في تعلم القسمة.

ومن هنا يتضح لنا أن طرق التربية الحديثة قد وصلت إلى أساليب في التعليم تقوم على أساس ربط الدروس بالحياة، ومن أبرزها "طريقة المشروع" وهي طريقة عملية واقعية، أساسها الاهتمام بربط الدروس بالحيارة الخارجية، وذلك بإثارة مشكلات من واقع الحياة، تثير في التلاميذ الرغبة في حلها أو تنفيذها، وذلك في سياق مشروعات مثل: مشروع إنشاء مقصف للمدرسة- مشروع تربية الدواجن أو دودة القز... وفي أثناء تنفيذ مثل هذه المشاريع نتيح للتلاميذ أن يتصلوا اتصالاً مباشراً بالحياة الخارجية مبتدئين في ذلك بمختلف الهيئات الخارجية من محلات للبيع، أو مصانع، أو هيئات رسمية.

أهمية المشكلات في الدروس
(Importance of Difficulties in Lessons)

إذا كان الفكر لا يعمل فكره إلا إذا وجد ما يدعو إلى التفكير كان أول ما تعني به التربية الحديثة إيجاد ما يتمشى مع جهد التلميذ، وسنه،

واستعداده، وخبراته وميوله- من مسائل فعلية ومشكلات تفكيرية، وترويضه من أول الأمر على حل المشكلات المدرسية حتى يتدرج منه إلى مقابلة المشكلات العامة والمسائل العامة والمسائل الاجتماعية والاقتصادية، حيث يتعاون الأفراد والجماعات على حلها. من ذلك نتبين مدى فائدة رأى الأستاذ "ولتن" حين يقول: "لا بد لكل درس من مشكلتين، أو ثلاث تؤدي إلى صميم الدرس، وتنتهي إلى غاية"...إذ أنه ما من شك في أن التعليم يكون أثبت في الذهن إذا جاء عن طريق محاولة الفرد أن يكشف بنفسه المعضلة التي تعترضه ويحلها. ويجب علينا أن نهتم دائماً بأن نختار من المشكلات ما يثير شوق الطفل ويدفعه إلى التفكير.

ففي رياض الأطفال مثلاً توجد بعض المشكلات كتكملة الجمل بكلمات مناسبة، أو ملء الفراغات الخشبية بقطع منتظمة مساوية لها، وكاختيار الألوان المناسبة لمنظر خاص، أو ترتيب الحرز، أو نحوه في نظام خاص.

وفي هذه الحال يلجأ التلميذ إلى استعمال الخرائط بنفسه لمعرفة تلك البلاد، وقراءة الخرائط وألوانها تستلزم بالتالي معرفة الرموز المختلفة المستعملة في الخرائط...ألخ. وفي درس مشاهد الطبيعة نجد من المشكلات طفو بعض الأجسام ورسوب البعض الآخر، وهذه مشكلة يمكن أن يوجه التلميذ إلى حلها بالتجربة. كذلك من المشكلات: معرفة السبب في عدم الاحتراق إذا كان الهواء فاسداً، واتجاه النباتات في نموها وجهات مختلفة، أو وصول المياه في الأنابيب إلى الطبقات المرتفعة في المنازل، وغير ذلك.

والمشكلة هي- كما يقول ديوي- "حالة حيرة وشك وتردد تتطلب بحثاً أو عملاً يجري لاستكشاف الحقائق التي تساعد على الوصول إلى الحل" وفي حل المشكلة نراعي وجود خطوات تساعد التلميذ عليه وهذه الخطوات قد فصلها جون ديوي في كتابه "كيف نفكر" ويمكن تلخيصها في:

الشعور بالمشكلة (Awareness of Problems)

- تحديد المشكلة
- افتراض الحلول المحتملة
- اختبار صحة هذه الفروض عن طريق التعليل الاستقرائي

القطع بصحة الحل الراجح بواسطة الملاحظة والتجريب من جديد وتطبيق الحل الجديد بالقياس، بقبوله أو رفضه، والاعتقاد بصحته أو خطئه.

والشعور بوجود المشكلة يتطلب من المدرس أن يكون درسه جديداً يتناول موضوعاً جديداً شائقاً، ونقطاً جديدة واضحة. أما تحديد المشكلة فيتطلب منا تحليل الموقف وجمع المعلومات اللازمة وترتيبها، وتنظيم كتلة المعلومات القديمة، وتهيئة العناصر الإدراكية. فالمهم في عملية التدريس أن يكون عند الطالب إلمام بكل العناصر اللازمة لبحث هذا الموضوع وسلسلة الموضوعات المرتبطة به، وأن يحضرها ويجمعها بنفسه كلما أمكن. وهذا هو أساس كل الطرق الحديثة: فطريقة المشروع، وطريقة دالتن، وطريقة منتسوري، وطريقة دكرولي، وطريقة وينتكا، وكافة الطرق الحديثة متفقة في أساسها وإن كانت مختلفة في وجهاتها، فهي ترمي إلى جعل التلميذ عنصراً فعالاً في بيئته. فجدير بنا أن نعود الطفل من البداية الاعتماد على نفسه في التحصيل والفهم والنقد والابتكار. ومرحلة افتراض الحلول المحتملة تتطلب من المدرس إعداد الأسئلة الممكنة للدرس. وأن يقدر جميع الأجوبة الممكنة على السؤال. أي: أن يفكر المدرس في جميع الإجابات المحتملة حتى لا يضطر إلى إهمال إجابات ربما تؤدي إلى حلول صحيحة للموقف. أما عن الخطوتين الأخيرتين، وهما: اختبار الحل، والتحقيق فهما يتطلبان منا أن نفهم أن الفكرة الصحيحة لا تكون صحيحة إلا إذا أثبت التطبيق صحتها. فلا بد للفكرة، كيما تثبت، أن تقلب على جميع أوجهها، وتطبق تطبيقات مختلفة، وتجرب بنتيجتها الأخيرة على أشكال مختلفة، وفي

أوضاع متغايرة.

ويستطيع المدرس أن يجعل دروسه لتنظيم التفكير إذا أوقف التلميذ في كل درس على الغرض الذي يرمي إليه هذا الدرس، إذ أن العقل في التفكير يتبع الغرض الذي يريد أن ينتهي إليه، وهذا ميسور إذا وضع الدرس للتلميذ في شكل مشكلة، أو عدة مشكلات يراعي تدرجها من السهولة التامة إلى التعقيد. وليعلم المعلم أن فشل التلميذ الغبي في المدرسة لا يرجع إلى غبائه، ونقص عقله، بقدر ما يرجع إلى عدم تشجيعه على التفكير الصحيح. وليعلم أيضاً أن الغرض من التدريس أن يصل التلاميذ إلى حقائق وأفكار صالحة، وأن ننمي مواهبهم مع بذل أقل مقدار من الزمن والجهد، ومما يساعد على تحقيق ذلك أمور ثلاثة نجملها فيما يأتي:

الغرض الواضح فينبغي أن يعلم المدرس بالدقة ما الذي يسعى للوصول إليه في الدرس ليسترشد به في خطئه.

الإلقاء الواضح: وهذا يتطلب تخير الطريقة التي تناسب مقدرة التلاميذ وأعمارهم وطبيعة مادة الدرس.

اشتراك التلاميذ وبذل جهدهم في الدرس، ولذلك يجب أن يعمل المدرس على إيقاظ عقول التلاميذ، وتنشيط مواهبهم، وحملهم على شغل عقولهم في الدرس.

تصميم اختبارات اللغة العربية بوصفها لغة أجنبية

(Designing of Arabic Language Test Paper as a Foreign Language)

للاختبارات أهمية كبرى في توجيه الطالب في دراسته سواء من منحية الكم أم الكيف. فمن حيث الكم نجد أن الطالب الذي يعرف مثلاً أن الاختبار يشمل الكتاب كله لا شك سيحاول أن يدرس الكتاب كله والعكس صحيح، وكذلك الطالب الذي يعرف مثلا أن المعلم يهتم بسرد الحقائق فحسب سيصب اهتمامه نحو استظهار المعلومات...وهكذا. وتنطبق هذه القاعدة على اختبارات اللغة بالطبع فالطالب الذي سيخضع لاختبار في التحدث مثلاً يبذل جهداً في سبيل التدريب عليه والطالب الذي يعرف أن الاختبار مقصور على القراءة والكتابة قد يتشجع على إهمال الجانب الشفوي للغة.

الأسس العامة في وضع الاختبارات
(General Principles of Test Papers)

هناك أسس ومعايير عامة يجب مراعاتها عند وضع أي اختبار، وأهم هذه المعايير:

الصدق (Validity)

وهذا يعني أن الاختبار فعلاً يختبر ما وضع له، فلا نستطيع مثلاً أن نضع اختبارات في الحساب ونعتبره اختباراً للتاريخ. وإذا طبقنا هذه القاعدة على اختبارات اللغة نجد أن اختبار الطالب في الترجمة لا يعني بالضرورة اختبار قدرته على التعبير الحر كما لا نستطيع أن نعتبر

اختبار الإملاء اختباراً للمقدرة على النطق الصحيح. ومن ناحية أخرى نحد أن اختبار الإملاء إذا كان جيداً قد يختبر قدرة الطالب على تمييز أصوات اللغة أو قدرته على كتابة الرموز (الحروف) المناسبة للأصوات من جهة والمنسقة مع قواعد الإملاء من جهة أخرى.

الثبات (Reliability)

وهذه القاعدة تعني أن الاختبار لا يتذبذب في وظيفته القياسية كما يفعل الميزان الذي به خلل فيعطي أوزاناً مختلفة للشيء الواحد، فالاختبار الذي يعطي نتائج مختلفة في كل مرة بالرغم من عدم تغير الظروف يعتبر ناقصاً من زاوية الثبات ولا نستطيع الاعتماد عليه، فلو أعطينا اختباراً في اللغة لمجموعة من الدارسين ثم أعدنا نفس الدارسين بعد مدة لم يطرأ فيها تعليم إضافي ووجدنا النتيجة مختلفة اختلافاً كثيراً فنعتبر مثل هذا الاختبار غير ثابت.

التمييز (Discrimination)

هذا المعيار يعني أن الاختبار يميز بين الطلاب ذوي القدرة أو التحصيل المختلف، فلو أعطينا الاختبار لمجموعة متباينة من الدارسين وحصلنا على نتائج متماثلة فهذا يعني أن الاختبار غير صالح من ناحية التمييز، وأمثلة ذلك الاختبار الذي يكون فوق مستوى جميع الدارسين فلا يستطيع أحد أن يجيب عليه وبذلك تتساوى نتيجة الجميع فيه، وكذلك الاختبار الذي يكون أدنى بكثير من مستوى جميع الدارسين فتكون إجاباتهم كلها صحيحة. هذا ويرى بعض خبراء الاختبارات أن الحالة المثالية لظاهرة التمييز هذه هي أن نحصل على تجمع في منطقة المتوسط وتقل كلما اتجهنا إلى أعلى أو أسفل وهو ما يطلق عليه باسم شكل الجرس (Bell Shape)، ولو أن هذا لا يسهل الحصول عليه إلا إذا كان عدد الخاضعين للاختبار كبيراً.

العملية أو سهولة التطبيق (Practicality)

هذه القاعدة تعني أن الاختبار سهل في استعماله ولا يتطلب توفر

إمكانات خاصة يصعب توفرها في الظروف العادية كأن تتطلب الاختبارات أجهزة إرسال تلفزيوني أو حساب إلتكرونياً في تطبيقها أو تصحيحها..ألخ ومن أمثلة الاختبار غير العملي ذلك الذي يتطلب ساعات طويلة من المدرس في تصحيحه أو في تقويم نتائجه.

أنواع اختبارات اللغة (Kind of Language Test)

يمكننا أن نصف اختبارات اللغة من زاوية الإجابات المطلوبة فنتحدث عن اختبارات الأجوبة المقفلة (كما في الاختبار المتعدد أو ملء الفراغات) واختبارات الأجوبة المفتوحة (كما في أسئلة التبعير الحر مثلاً). هناك زاوية أخرى نستطيع أن نصنف في ضوئها الاختبارات المختلفة وهي زاوية أسلوب التصحيح أو تقويم نتائج الاختبار على الأصح، وهنا نتحدث عن الاختبار الموضوعي (objective) أي الذي لا يتلطب اجتهاداً من المصحح (كما في الاختبار المتعدد واختبار خطأ أو صواب...ألخ) والاختبار الشخصي أو الذاتي (subjective test) الذي يعتمد في تقويم نتائجه على شخصية المصحح بل ومزاجه في كثير من الأحيان كما هو الحال في أسئلة التعبير الحر والترجمة (في أغلب صورها) والأسئلة التي تتطلب تذوقاً أو تأليفاً من جانب الطلاب، وكذلك الاختبارات عن طريق المقابلة الشخصية.

وهناك تقسيم آخر للاختبارات اللغوية تبعاً للهدف العام لكل منها فهناك:

اختبارات الاستعداد (aptitude) اللغوي: وهي التي تستعمل لتبيين لنا مدى استعداد الفرد الفطري لتعلم اللغات الأجنبية.

اختبارات قياس المقدرة اللغوية (Proficiency) وهي التي نستعملها لنعرف مدى إلمام الطالب باللغة أو مستواه فيها.

الاختبارات التحليلية (Diagnostic) وهي التي يستعملها المعلم أو الباحث للتعرف على نقاط القوة والضعف لدى الدارسينن ومن ثم ربما يتم التعرف على نقاط القوة والضعف لدى الدارسين، ومن ثم ربما يتم

التعرف على نقاط الصعوبة والسهولة في اللغة المدروسة.

اختبارات التحصيل (Achievement) وهي الاختبارات التي يستعملها أكثر المعلمين في المدرسة وذلك للتعرف على مدى إلمام الطالب بما درسه أثناء الفصل أو العام الدراسي أو أي جزء منهما.

تصميم اختبارات اللغة (Designing of Language Test)

هناك قاعدة عامة ينصح بها خبراء التخطيط يجب إتباعها قبل الشروع في أي عمل مهما كان نوعه، ألا وهو تحديد الهدف الذي تنشده من وراء ذلك العمل ثم نضع الخطة أو الخططط اللازمة للوصول إلى ذلك الهدف، فإذا أردنا السفر مثلاً فلابد أن نعرف ما هو الهدف من هذه السفرة أ هي لغرض ديني مثلاً فإذا كان كذلك فإن أمام المسلم مناطق معينة ليشد إليها الرحال فإن كان الغرض الديني هو الحج فإذن لا بد من الذهاب إلى مكة في وقت معين من العام وبذلك يحدد المكان والزمان ثم نقرر إذا كنا نريد الراحة واختصار الزمن فالخيار في وسيلة السفر هو الطائرة، أما إذا كان عامل الزمن ليس هاماً جداً ولكن تهمنا السياحة وزيارة أكبر عدد ممكن من الأماكن في الطريق فقد تكون السيارة هي الوسيلة الأمثل...وهكذا.

وإذا طبقنا هذه القاعدة (قاعدة تحديد الهدف أولاً) فإن تصميم الاختبار يصبح أسهل ولا شك، ثم إذا تعرفنا على الوسائل المختلفة (وحسناتها وسيئاتها) للوصول إلى الهدف المنشود اقتربنا من مرحلة تصميم الاختبار المناسب، ومن ثم نتمكن من تطبيق قاعدة الصدق التي أشرنا إليها سابقاً، ثم إذا صممنا اختباراً تقل في تقويمه فرص الذاتية وعوامل الصدفة (Chance) تمكنا من زيادة عامل الثبات للاختبار وهذان (الصدق والثبات) أهم عمودين من أعمدة الاختبار الناجح.

أما كيف نصمم الاختبار فهذا يرجع كما أسلفنا إلى الهدف من الاختبار:

- أ هو اختبار في العناصر اللغوية مثل الأصوات والصرف

والنحو والمفردات؟

- أم هو اختبار مهارة مثل القدرة على فهم المسموع أم القدرة على التعبير الشفوي أم القدرة على فهم المقروء أم التعبير التحريري؟....ألخ
- سنتحدث فيما يلي بإيجاز عن نماذج مختلفة لاختبارات للعناصر اللغوية أولا ثم اختبارات للمهارات اللغوية.

اختبارات العناصر اللغوية

القواعد - الأصوات - المفردات

اختبارات المهارات اللغوية (Examining the Linguistic Skills)

- فهم المسموع - فهم المقروء - التعبير الشفوي (الـ م).

(Examining the Linguistic Skills)

الكتاب المدرسي لتعليم اللغة العربية

(Text Book of Arabic Language)

التأليف للأجانب مسألة بالغة الدقة، وتحتاج إلى تجربة من بصير باللغة بل تجارب.

ومن الخير الاستعانة فيها بالجهود التي سبقت في مجال دراسة اللغة التي يراد التأليف فيها، ومجالات غيرها من اللغات، مع مراعاة اختلاف طبيعية اللغات بعضها عن بعض، واختلاف الدارسين باختلاف جنسياتهم أو بعبارة أدق اللغات التي نشؤوا عليها. فلكل لغة طرائق تنميتها وبناء مفرداتها وجملها. والعقل الإنساني في حاجة إلى فترة من الوقت، تختلف باختلاف الشخص، لكي ينتقل من عبقرية لغة إلى عبقرية غيرها.

ثم إن الدارسين للغات الأجنبية الذين نتحدث عنهم، ونعني بهم، هم من كبار السن الذين تكيفت أجهزة نطقهم تكيفاً محدوداً، بعد أن جاوزوا مرحلة الطفولة. فمن المبادئ المقررة في (علم اللغة) أن جهاز النطق عند الطفل صالح للنطق بأي صوت، وأن السن حين تتجاوز حداً معيناً، تستقر أعضاء النطق على وضع ثابت، لا تتحول عنه إلا بمعاناة. ولهذا كان تعلم الكبير النطق بأصوات لغة غير لغته أشق عليه نم الصغير، وكان الصغار أسرع، وأقدر على النطق، والتعلم من الكبار.

زد على ذلك أن لكل لغة أسلوبها الخاص في تأليف كلماتها،

وتراكيب جملها وهذا الصنيع يطبع عقلية الدارس بطابع خاص. فأسلوب التفكير مستمد من أسلوب اللغة، فهما متلازمان لا نفكان. ويكفي أن نتذكر أن أساليب التبعير تختلف من فصيلة من الألسنة إلى أخرى، لندرك هذه الحقيقة. فاللغات السامية مثلاً تشتمل على جمل خالية من الفعل، على حين أن اللغات الهندية- الأوروبية لا بد من وجود فعل في كل جملة من جملها، حتى لو كانت ما نسميه إسمية.

كذلك اللغة العربية معربة، وهذا يعني أن قواعد نحوها كبيرة ومعقدة وأن أواخر كلماتها تتغير أصواتها الطليقة (الحركات) بتغير وظائف الكلمة في الجملة. وهذا يلقي عبئاً ثقيلاً على من لم يتعود ذلك في لغته.

وكثيراً ما تحذف اللغة الإنجليزية أداة التعريف وthat (أن) التي هي أداة الربط بين القول ومقولة...أو بين الكلام المباشر وغير المباشر فيجد الفرنسي والألماني صعوبة في تصور ذلك، والالتزام به، لأن لغة كل منهما لا تحذف الأداة إلا في حالات خاصة، ولاتحول الكلام غير المباشر إلى كلام مباشر. وهذا الأمر نفسه هو الذي يجعل العربي في حيرة: متى يستعمل الأداة، ومتى يحذفها رغم ما تعلم من قواعد، ومتى يحول الجملة غير المباشرة إلى مباشرة وهذا هو السر في أن الذي ينطق بالإنجليزية يجد صعوبة في هذا الشأن عند تعلم اللغة العربية أن لا بد له من وضع (أن) التي لم يتعود عليها. فمثلاً يقول العربي: قلت لك أنه مريض

ولكن الإنجليزي يقول: I told you: He is ill

وكلنا يذكر الخلاف الذي حدث في مجلس الأمن عام ١٩٦٧ عند صياغة القرار ينص على جلاء إسرائيل عن "أراض" أو عن "الأراضي" كما ورد في النص الإنجليزي. وقد أصر مقدم مشروع القرار اللورد على الإبقاء على الكلمة دون أداة تعريف، وأصر مندوب فرنسا على وضع الأداة في النص الفرنسي ولا زلنا نعاني حتى الآن من جراء حذف هذه الأداة.

من هذا نرى أن صياغة الكلم والتراكيب في كل لغة مرتبطة بأسلوب التفكير وبالتكيف الذي يحدث في جهاز النطق.

ثم إن اللغة العربية تستعمل نوعاً من الضمائر تصله بالكلمة (الضمائر المتصلة) وقد يكون بها أكثر من ضمير كما في "انلزمكموها". فمن الصعب على الفكر الأوروبي الذي درج على فصل الضمائر عن الكلمات- في مراحل التعليم الأولى تصور ذلك.

لقد تعود أن يرى أمامه، للتعبير عن الفكرة في "الآية"، جملة طويلة، وإذ به يجد نفسه أما كلمة واحدة. وإني لأذكر أن طالباً أسبانياً، حين سمع كلمة من هذا القبيل صاح: يالله! إن لغيت في حاجة إلى كاملة للتعبير عن مثل هذا التركيب.

أنا لا أذكر أن كان مثل هذا حسنة أو سيئة، ولكنني أقرر واقعاً، يجب أخذه في الحسبان عند التأليف.

قواعد النطق (Speaking Method)

وإذا نحن جاوزنا مرحلة الفكر إلى مرحلة الأصوات وجدنا أن هناك قدراً مشتركاً بين اللغات، أهتدي إليه الإنسان بفطرته التي فطره الله عليها، مع اختلاف يسير أحياناً في طريقة النطق.

هذا القدر المشترك يجب أن يبدأ بتعليم المفردات التي تتألف منه، حتى لا يجد المتعلم أمامه صعوبتين أو أكثر في وقت واحد. فليس من الضروري أن يتبع ترتيب الأصوات كما ورد في الأبجدية في تأليف كلماتنا. إن مثل هذا العمل يمكن أن يكون لأرباب اللغة أنفسهم، لأن النطق بالأصوات كلها ميسور لهم.

ثم تأتي مرحلة الأصوات التي تنفرد بها اللغة العربية وهنا يجب أن نسير فيها تدريجياً، مع شيء من التأني، فنختار المفردات التي تشمل على صوت واحد منها كالحاء مثلاً، ونكثر من ذكرها، من إدخالها في كلمات، تارة في أولها، وأخرى في وسطها، وثالثة في آخرها، وندرب

المتعلم عليها تدريباً كافياً، حتى نطمئن إلى حسن أدائه لها. إن التعجل، والإقلال من التدريبات كفيلان بالإبقاء على النطق غير الصحيح للصوت، واستمرار ذلك مع المتعلم.

ويعين "معمل الصوتيات" على تيسير النطق كثيراً.

ثم إن لكل جنس صوتاً أو أكثر يسير عليهخ النطق به. ومن المفيد أن يراعي ذلك في التأليف، وفي التدريس.

أما في التأليف فيراعي جنس الدارسين، فتختار لهم المفردات التي يصعب عليهم النطق بها، ويذكر منها عدد لا بأمر به للتدريب عليه، فالناطقون بالصيينة أو اليابانية بعسر عليهم النطق بكذا أو كذا من الأصوات، والناطقون باللغات الآرية كذلك، وهكذا.

وأما في التدريس، فيراعي جمع أبناء اللغة الواحدة، في مجموعة واحدة، حتى نوفر الكثير من الوقت والجهد. فلا نضع الصيين الذي لا يحسن النطق بالراء مثلاً مع الفرنسي الذي لا يجد صعوبة في نطقها، لأن هذا معناة مضاعفة الجهود، وإضاعة بعض الوقت.

غير أننا نبادر فنقول إن دور "معمل الصوتيات" هذا أساسي، فهو يستطيع أن يحصر الأصوات التي لا وجود هلا في كل لغة من اللغات، ثم يراعي في التدريب على النطق ما يعسر نطقه على أهل كل لغة، الهولندي والألماني مثلاً ينطقان بالخاء العربية، على حين أن الفرنسي والإنجليزي يحتاجان إلى معاناة في سبيل ذلك.

هذا، والكلمات المختارة يجب أن تكون سهلة، كثيرة الدوران على الألسنة فلا نضحي بالألفة في سبيل نطق الصوت، إذ أن تعلم مفردات في البداية لا تستعمل يدعو إلى تثبيط الهمة. فالدارس يشجعه أن يحس بأنه أفاد شيئاً، ولو قليلاً ويدفعه إلى متابعة الجهد.

ثم إن هناك بعض أجزاء من النطق تحتاج إلى معالجة وافية منذ البداية.

من ذلك التفرقة بين الأصوات الطليقة (الحركات) الطويلة

والقصيرة. ومن الخبر تعدد الأمثلة التي توضح ذلك، لأن المتعلم إذا لم يفرق منذ البداية بينهما تفريقاً واضحاً ظل إلى مدى بعيد يخلط بينهما، فتخلط كتب بكاتب مثلاً وسأل يساءل وبلغ ببالغ، وهكذا، الصيني لم يتعود في لغته نطق الصوت الطليق الطويل، ولذلك ينطقه غالباً قصيراً، وهذا يفسد المعنى أحياناً.

ومن ذلك أيضاً أن بعض الأصوات الطليقة الطويلة تتحول في حالات خاصة إلى قصيرة، كما في مثل: ما السؤال، وعلى الله التوفيق، ومعلمو المدرسة، ومعتنقو الإسلام.

ويتصل بهذا أن بعض الأصوات لا ينطق بها رغم أنها تكتب. وهذا يحدث ارتباكاً شديداً لدى المتعلم. فأداة التعريف إذا وليها صوت من الأصوات "الشمسية" وأدوات العطف والجر في مثل "وأسأل القرية"، "باستعمال هذا" وغيرها تحتاج إلى تدريب كثير، فيراعى تخصيص قدر كاف من المفردات والتراكيب التي تتضمن هذه الظاهرة للتمرن عليها. كذلك الأمر مع الشدة، ومع النبرة والألف اللينة وغيرهما.

قواعد الإملاء (Dictation Method)

من الأمور الهامة التعريف الكامل الموجز بقواعد الإملاء، ولاسيما طريقة كتابة الهمزة، والتفرقة بين همزتي القطع والوصل، وكتابة الألف المقصورة والتاء بين المفتوحة والمربوطة وغيرها. كذلك الأكثار من التدريب عليها.

وحبذا لو تبع تعليمها تعليم الأبجدية الهجائية مباشرة، حتى يكتب الدارس على أساس سليم، وحتى لا يتوه بين الهمزات المختلفة الأوضاع، والتأءات، فيحار ومن لخير ألا تذكر قواعد الإملاء دفعة واحدة، مجتمعة في مكان واحد، بل تعلم واحدة واحدة، ويمهد لذكرها. فإذا ما استوفيت جمعت في موضع واحد، ليرجع إلى ما بها من تدريبات عند الحاجة.

قواعد الكتابة (Writing Method)

ذكرنا أن حروف الهجاء نوعان: نوع يعبر عن أصوات موجودة

في اللغة العربية وآخر يعبر عن أصوات لا وجود لها. ولما كانت الحروف العربية تكتب من اليمين إلى اليسار، وتختلف في أشكالها عن الحروف اللاتينية الشائعة، فإن مما يسير عملية التعلم أن يستعان في أول الأمر بذكر الحروف اللاتينية إزاء ما يناظرها من الحروف العربية. ولكن هذا العمل يجب ألا يستمر إلا إلى مدى قريب، وأن يجعل على كتابة الحروف العربية، حتى يمرن عليها، لأننا إذا تركنا إلى مدى بعيد يقرأ العربية بحروف لاتينية، صعب عليه بعد ذلك قراءة نص عربي مكتوب بالحروف العربية.

ثم إن هناك أصواتا عربية لا نظائرها لها في اللغات الأخرى، ليس للحروف التي تسجلها ما يقابلها في تلك اللغات. فيلجأ المؤلف إلى اختراع حروف يصطلح عليها رغم وجود الأبجدية العالمية. وتعلم الحروف العربية يغنينا عن اللجوء إلى تلك الوسيلة.

الترجمة (Translation)

تلجأ المؤلفات إلى ترجمة كل ما يذكر باللغة العربية إلى لغة أجنبية، على مدى مراحل التعليم المختلفة.

ولهذا الأسلوب عيوبه، إذ أنه يصرف المتعلم عن المعاناة التي يجب أن يعانيها في فهم اللغة، وهي أمر لا معدى عنه لمن يريد أن يتقدم في دراسة اللغة بسرعة.

إن لكل لغة -كما قلنا- أسلوبها الخاص في بناء جملها، فالدارس في حاجة إلى التمرس بهذا الأسلوب، ولا سبيل إلى ذلك إلا بوقوفه وجهاً لوجه أمام النص العربي، يحلله، ويرجع كل جزئية فيه إلى مكانها. فإذا ما مارس ذلك مدة طويلة سهل عليه فهم التراكيب العربية المتنوعة.

ومع ذلك، فمن الممكن، بعثا للاطمئنان في نفس الدارس، وإشعاراً له بأنه أحسن الفهم، عمل مفتاح لما يرد في الكتاب من تدريبات، وتراجم في مراحل التأليف الأخيرة، على أن يكون منفصلا عن الكتاب، كأن يكون ملحقاً به أو في كتيب مستقل. كذلك عمل ثبت

بالمفردات التي وردت في ثنايا الكتاب، وما يقابلها بلغة أو لغات أجنبية، كما يعمل عادة.

أما في المراحل الأولى، فيمكن، تيسيراً على المتعلم، الاستعانة بالترجمة من حين لآخر إلى لغة الكثرة الغالبة للدارسين، فإن هذا يوفر الكثير من الجهود والوقت. فكثيراً ما رأينا دارسين ينصرفون عن التعلم يأساً، لعدم قدرة المعلم والكتاب على تسهيل العمل لهم، وتوفير بعض الوقت والجهد، عن طريق الترجمة.

وسائل الإيضاح (Means of Explanation)

من المستحسن الاستعانة بصور الأشياء المحسوسة، ولا سيما في المراحل الأولى، للدراسة، فإن في وجود الصورة -متى كانت موحية- إرشاداً للمتعلم وتثبيتاً للمعنى في ذهنه.

حقاً، إن الدارسين من الكبار عادة، ولكن هذا لا يمنع في هذا المجال من تقديم كل عون لهم.

قواعد اللغة (Principles of Language)

قواعد اللغة العربية لا حصر لها، ولكن القليل منها يكفي لاستقامة اللسان والقلم. وهذا هو الهدف من دراسة القواعد في كل لغة. ولهذا كان مما ينبغي في التأليف أن يضع المؤلف نصب عينيه هذه الغاية.

هذا، ولما كانت الجملة العربية تحتوي على العديد من القواعد في وقت واحد كان من المفيد أولاً أن ندرس القواعد في ضوء الجملة، أي أن تستمد من الواقع. وهذا معناه ألا نسير في دراستها سيراً منظماً، منسقاً يضم كل طائفة منها معاً المرفوعات، المنصوبات، المجرورات...ألخ بل سيراً عملياً تطبيقياً أكثر منه انسجامياً. إذ أن هناك قواعد تتردد كثيراً، وأخرى لا تكاد نستعملها إلا نادراً. والمتعلم في حاجة إلى ما يرد ذكره بكثرة أكثر مما هو في حاجة إلى ما لا يرد إلا

لماماً. فالمبتدأ والخبر، والفاعل، والمفعول، والفعل بأنواعه..لا تكاد تخلو من بعضها جملة. ولكن هناك أنواع من المفعولات لا تكاد نحس بوجودها في اللغة لعدم استعمالها كثيراً.

ثم إن دارس اللغة العربية ليس في حاجة إلى الدخول في المتاهات التي يضل فيها النحاة أنفسهم، ولا إلى المماحكات اللفظية التي لا نفيد منها شيئاً إنه في حاجة إلى تحقيق الهدف من تعلم الذي ذكرناه قبلاً، وهو في سبيل الوصول إليه يكفيه القليل من هذه القواعد.

الموضوعات ولغتها (Subject and its Language)

لما كان المتعلمون كباراً كان لزاماً أن تختار لهم موضوعات تتمشى ومداركهم وتنمي فيهم روح التسوق إلى معرفة ما بالتراث العربي من ذخائر.

اللغة

ويراعي في التأليف في البداية:

أ- اختيار الجملة السهلة، والموضوعات المترابطة بحياة المجتمع، حتى يوجد نوع من الألفة بين المتعلم واللغة. فإذا ما تدرب على الجمل اليسيرة أمكن أن ننمي لغته، بذكر جمل صعبة، فأكثر صعوبة، وهكذا مع تذليل الصعوبات التي تعترض طريقه، وعدم الإكثار منها في وقت واحد.

ولا ضير علينا أن نكثر من التدريبات على الأصوات وعلى الكتابة، وعلى تركيب الجمل اليسيرة التي ينشئها الدارس بنفسه، من مفردات يزود بها أو يكون قد تعلمها على غرار ما درس. وحبذا لو أعطى نماذج ينسج على منوالها.

ب- التدريب على طرق استعمال الأفعال الغربية، الاختيارية منها والإجبارية اللازمة والتعدية، وذكر الحرف الذي يتعدى به الفعل

اللازم أو الحروف، مع بيان التغيرات التي تحدف في الدلالة المعنوية. فكثير من المعاجم العربية تهمل هذه الناحية اعتماداً على أن الذين يتعلمون يدركونها بأنفسهم. وهذا يجر إلى سوء الاستعمال.

ت- اختيار الكلمات السهلة المستعملة في اللغة الدارجة، ولو بشيء من التحوير في النطق، إذا كلما أحس المتعلم أنه حفظ شيئاً له وجود في الاستعمال الجاري سهل الأمر عليه، وأقبل على الدرس.

أما إذا لجأنا إلى المفردات القليلة الدوران على الألسنة والأقلام، جريا وراء ما بها من أصوات، تؤيد القاعدة الصوتية التي تدرس، أو الإملائية، أو غيرها أحسن الدارس أن اللغة التي يتعلمها غريبة، أحسن الدارس أن اللغة التي يتعلمها غريبة، فينفر منها.

د- عمل دراسة لحصر الكلمات الكثيرة الدوران على الألسنة والأقلام، لتكون نقطة الانطلاق في التأليف، فقد ثبت عملياً أن عدد الكلمات الكثيرة الاستعمال قليل جداً إذا ما قيس بالحصيلة اللغوية التي تحويها بطون المعاجم. حتى ليقال إن قسيساً أحصى المفردات التي يستعملها عادة أهل ا لقرية التي يقيم فيها في حياتهم اليومية فوجدها لا تزيد على ٥٠٠ كلمة، وسواء أصح هذا الإحصاء أم لم يصح، فإن الذي لا خلاف فيه أن العدد المستعمل عادة من المفردات لا يكاد يذكر.

هـ ألا نمل من تكرار الكلمات في التأليف، وإدخالها في جمل ذات طبائع مختلفة فتارة تكون إثباتاً، وتارة تكون نفياً، وثالثة تكون استفهاماً أو تعجباً..ألخ. مما يثبتها من جهة في ذهن المتعلم ويجعلها من جهة أخرى تحيا بالاستعمال. وهذا هو المهم في التعليم، فكثير منا يحفظ العديد من الكلمات الإنجليزية أو الفرنسية مثلاً، ولكنه يعجز عن إدخالها في جمل، فلا تخرج حينذاك عن أن تكون معجماً حياً.

الموضوعات

أما الموضوعات فيحسن ربطها ما أمكن بالحياة، وإرجاء

الموضوعات الدينية إلى فترة متأخرة بعض الشيء، فلا تذكر في المراحل الأولى إلا لماماً، حتى لا يشعر غير المسلم بأنه يراد زعزعة عقيدته، فينصرف عن الدرس حتى يتمكن المسلم أولا من اللغة العربية. فإذا ما خطونا بضع خطوات أمكن أن نذكر بعض المبادئ والتعاليم الإسلامية، والبطولات، وبذلك ندفع غير المسلم إلى قراءة الإسلام في مصادره والمسلم إلى التزويد بما ينير أمامه السبيل، ويجعله يقيم عقيدته على أسس ركنية.

أسلوب العرض (Style of Presentation)

وأما أسلوب العرض في المراحل المتقدمة، فيحسن أن يكون متنوعاً. والقصص أكثر جاذبية، كذلك الحكايات الهادفة، وذكر الأحداث البطولية، والتاريخية والعلمية الهينة. لأن في هذا كله ربطاً بالحياة ونوعاً من المتعة النفسية، والذهنية.

ينبغي أن يختلف الكتاب المدرسي لتعليم العربية لغير الناطقين بها عن الكتاب المدرسي لتعليم العربية لأبنائها من حيث الغرض والبناء والوسيلة ولكننا أغفلنا هذه الفروق الأساسية زمناً طويلاً، وكنا- ومازلنا مع الأسف- نبعث بالكتب التي تستعملها في مدارسنا العربية إلى البلدان الصديقة غير العربية التي تطلب مساعدتنا في تعليم لغتنا في مدارسها، وبصورة عامة يكمن الفرق الجوهري بين الكتاب المدرسي المخصص للعرب والكتاب المدرسي المخصص لغيرهم، هو أن الأول يستعمله تلاميذ ينتمون إلى الحضارة ذاتها ويتكلمون اللغة العربية التي يتعلمونها، أما الثاني فيستعمله طلاب لا ينتمون إلى الحضارة نفسها ولا يعرفون اللغة العربية. وهكذا فإذا كان الكتاب الأول ينبغي أن يقوم على نتائج التحليل التقابلي للغة العربية الفصحى ولهجة التلاميذ، ودراسة بيئتهم فإن الكتاب الثاني ينبغي أن نبني على أساس التحليل التقابلي للغة العربية ولغة التلاميذ بحيث تحدد ما تتفق فيه اللغتان وما تختلفان فيه للاستفادة من ذلك في معرفة الصعوبات التي يواجهها التلميذ في تعلم تراكيب العربية ونظامها الصوتي كما يجب أن يأخذ هذا الكتاب بيئة الطالب ومجمل حضارته منطلقاً له في تقديم الحضارة العربية

الإسلامية. وهكذا فإن الكتاب المدرسي الذي يصلح لتدريس اللغة العربية لأبنائها لا يصلح بالضرورة لتدريسها لغير الناطقين بها.

عدم توفر الكتاب المدرسي (Non-availability of Text Books)

إن الكتاب المدرسي بالشكل الذي ذكرنا لتعليم العربية لغير لناطقين بها غير موجود على الإطلاق، وحتى المواد الأساسية لهذا الكتاب قليلة جداً لا تتناسب مع الانتشار الواسع الذي تحظى به العربية في العالم اليوم.

ويرجع عدم توفر الكتاب المدرسي لتعليم اللغة العربية لغير الناطقين بها خاصة في الهند للأسباب الآتية:

أولاً: ندرة المتخصصين في حقل علم اللغة التطبيقي الحديث العاملين في مجال تدريس العربية لغير الناطقين بها. وهذا ينطبق على المواد الدراسية الأخرى، فالعالم بوجه عام والعالم الثالث بوجه خاص يعاني نقصاً في المعلمين المؤهلين تربوياً ومهنياً.

ثانياً: قلة البحوث العربية عن اللغات الأفريقية والآسيوية وعن الأوضاع السياسية والاقتصادية والاجتماعية المختلفة في أقطارها. فليست هناك في العالم العربي -على ما نعلم- معاهد للدراسات الأفريقية والآسيوية ما عدا معهدي الخرطوم والقاهرة.

ثالثاً: عدم تشجيع التأليف والنشر وصعوبات التوزيع، والمعاناة التي يلقاها المؤلف العربي في سبيل إخراج كتابه أو الاستفادة من ذلك.

مقترحات لمواجهة مشكلة الكتاب المدرسي

من أجل توفير الكتب المدرسية الخاصة بتدريس اللغة العربية لغير الناطقين بها ينبغي إتباع خطة موحدة هادفة يمكن تلخيص خطوطها الرئيسية فيما يلي:

١- تقوم المنظمة العربية للتربية والثقافة والعلوم بتشكيل جهاز

دائم متخصص يستعين بالخبراء من كل حدب يتولى إخراج كتاب مدرسي متكامل عام يستمد الطريقة السمعية البصرية لكافة المستويات، ويقوم بمتابعة تقويمه وتطويره.

٢- تقوم وزارات التربية والتعليم في الوطن العربي والمنظمات العربية والإسلامية المعنية كمنظمة المؤتمر الإسلامي، والاتحاد العالمي للمدارس العربية الإسلامية الدولية وغيرهما بتأليف لجان متخصصة في تعليم اللغة العربية في مناطق محددة من العالم. على أن تتألف كل لجنة من ثلاثة متخصصين على الأقل:

١- عالم لغوي تطبيقي

٢- تربوي إخضائي في المنهج والوسائل المعنية

٣- متخصص في اللغة العربية، ومساعدين لهم من العرب من أبناء المناطق التي سيستخدم فيها الكتاب المدرسي.

٣- تعلن الهيئات والمنظمات المعنية عن استعدادها لطبع ونشر الكتب المدرسية التي يتقدم بها مؤلفوها، وتدفع لهم مكافآت مجزية، بعد أن تعرض هذه الكتب على لجنة متخصصة لإقرار نشرها، أو أجزاء التعديلات عليها، أو ردها.

٤- تشجع الجامعات العربية الدراسات الأفريقية والآسيوية والبحوث المتعلقة بها.

٥- إذا وجد كتاب مدرسي جيد في أحد الأقطار، ينبغي أن تقوم إحدى المنظمات العربية المعنية بتشجيع مؤلفيه على تطويره، ثم توفيره في الأسواق

٢- المادة الأساسية للكتاب المدرسي

نعني بالمادة الأساسية الكتاب المدرسي بشكله التقليدي، ويتكون

مما يأتي:

١- نصوص الدروس، سواء أوضعت على شكل حوار أم سرد، نثراً أم شعراً.

٢- قواعد التراكيب اللغوية، سواء صيغت باللغة العربية أم بلغة الطلاب بعد النص الأصلي أم في بداية كل تمرين، أم ألحقت بنهاية الكتاب.

٣- تمارين (صفية) يؤديها الطارب بإشراف المدرس وتقويمه.

٤- كشاف بموضوعات الكتاب والأصوات والمفردات والتراكيب اللغوية التي يحتويها.

٥- مسرد بالمفردات سواء أكان ذلك بالعربية أم بلغة الطلاب وسواء وضعت مواده في هوامش أم لا.

٣- المادة المساعدة لكتاب المدرسي

تتألف المادة المساعدة للكتاب المدرسي من ستة أنواع من الكتب هي:

١- المعجم

٢- كتاب التمارين التحريرية

٣- كتاب التمارين الصوتية.

٤- كتب المطالعة المتدرجة.

٥- كتاب الاختبارات.

٦- مرشد المعلم.

المعجم

لا يمكن لغة ثانية من غير معاجم سواء أكانت معاجم ثنائية اللغة (أي أنها تتناول اللغة الهدف وما يقابلها في لغة التلميذ) أم معاجم أحادية اللغة (أي أنها تشرح اللغة الهدف باللغة ذاتها). وكل نوع من هذه المعاجم يخدم (بشكل أفضل) مرحلة معينة من مراحل تعليم اللغة العربية لغير الناطقين بها ويلائم بصورة أحسن إحدى المهارتين الاستيعاب أو التعبير. ولنا ملاحظات عدة على المعاجم العربية المتوفرة حالياً:

أولاً: إن المعاجم العربية الأحادية اللغة المتوفرة تستهدف أبناء اللغة العربية. ولا تفيد غيرهم ممن يريد تعلم العربية. والمعجم الذي يصنف لأبناء اللغة يختلف في تكوينه عن المعجم المخصص لغير الناطقين بتلك اللغة.

ثانياً: إن المعاجم العربية الثنائية اللغة محدودة في عددها، فهي ليست متوفرة إلا في عشرين لغة فقط ومعظم هذه المعاجم قديم جداً لا يصلح في العملية التربوية.

ثالثاً: إن العاملين على صناعة المعجم العربي لم يتوصلوا حتى الآن إلى حل مرض لكثير من المشكلات المتعلقة بصناعتهم. فمشكلة ترتيب مواد المعجم العربي مثلاً ما زالت قائمة.

ومهما يكن من أمر، فإن المعجم المرافق للكتاب المدرسي يعني من حيث الأساس بمفردات الكتاب وتعبيراته الاصطلاحية، ويزود الطالب بكافة المعلومات الصوتية والصرفية والنحوية والدلالية والحضارية عنها ليمكنه من استيعاب لغة الكتاب أو التعبير بها.

كتاب التمارين التحريرية (Hand-Writing Exercise Book)

وهذا الكتاب عبارة عن مجموعة من التمارين المتدرجة التي يختص كل مجموعة منها بدرس أو قسم معين من دروس المادة الأساسية أو أقسامها وتهدف هذه التمارين إلى إعطاء التلاميذ مزيداً من التدريب على استعمال مفردات الدرس وتراكيبه اللغوية. وتعزيز مفردات الدروس السابقة وتراكيبها اللغوية. ويقوم الطلاب عادة بالإجابة

على هذه التمارين في البيت، والتأكد من صحة إجاباتهم في الصف مع المدرس أو بمقارنة إجاباتهم مع الإجابات الصحيحة الموجودة في كتاب التمارين التحريرية ذاته. ومن الأفضل أن يكون كتاب التمارين التحريرية قد أعد وفقاً لمبادئ التعليم المبرمج.

كتاب التمارين الصوتية (Voice Exercise Book)

ما دمنا تعليم اللغة العربية بوصفها لغة حية وأداة للاتصال المنطوق فلا مندوحة من تدريب الطلاب على سماعها والتحدث بها. ومن أفضل الوسائل التي تعين على تحقيق ذلك التمارين الصوتية التي تستخدم في مختبر اللغة أو حتى في الصف أو البيت باستعمال مسجل اعتيادي. وتتخذ هذهه التمارين الصوتية تمارين المادة الأساسية منطلقاً لها ثم تضيف عليها تمارين متنوعة تشتمل على مفردات الدرس وتراكيبه اللغوية. والفرق بين كتاب التمارين الصوتية وكتاب التمارين التحريرية يكمن في طبيعة التمارين الصوتية، إذ أن بعض أنواع التمارين لا تصلح للاستعمال في مختبر اللغة أو بواسطة المسجل، ومن هذا الضرب تمارين الترجمة أو ملء الفراغ أو المطابقة. وقد يستعمل كتاب التمارين الصوتية المدرسي وحده أو المدرس والطلاب طبقاً للطريقة التي يتبعها الكتاب المدرسي.

كتاب المطالعة (Book of Study)

إن الكتاب المدرسي لا يكفي (وحده) في تعليم اللغة العربية لغير الناطقين با بل يحتاج معه إلى كتاب مساعد يأخذ مفردات الكتاب المدرسي وتراكيبه ويستعملها في سياق مختلف تمريناً للطلاب على استعمال اللغة في مواقف متعددة وحالات متباينة. فلو فرضنا أن الكتاب المدرسي الأول لتعليم اللغة العربية لغير الناطقين بها يتناول الـ ٣٠٠ كلمة الأولى من مفردات اللغة الأساسية، ويستخدم تركيباً لغوياً واحد هو "المبتدأ أو الخبر" أو الجملة الإسمية فقط، ويعتمد أسلوب الحوار أو الأسئلة والأجوبة في تقديم المادة اللغوية فمن الضروري أن يرافقه عدد من كتب المطالعة التي تستخدم المفردات والتراكيب ذاتها وتقدم المادة

اللغوية على شكل قصة قصيرة أو رواية، أو مسرحية أو غير ذلك بحيث يتسنى لمن يدرس الكتاب المدرسي الأول أن يطالع على سبيل التسلية والمتعة كتب المطالعة المتدرجة ذات المستوى الأول دون أن يجابه صعوبة تذكر بل عل العكس فإن المطالعة هذه تثبت وتعزز المادة اللغوية التي تعلمها من الكتاب المدرسي. وتتدرج كتب المطالعة هذه بتدرج الكتب المدرسية فيتناول بعضها مثلاً الـ ٥٠٠ كلمة الأولى من قائمة المفردات، ويتناول بعضها الآخر الألف الأول من هذه المفردات الأساسية الشائعة ويصاغ صنف ثالث من كتب المطالعة من الألف والخمسمائة كلمة الأولى من قائمة المفردات الأساسية الشائعة، وهكذا تتدرج هذه الكتب من حيث عدد المفردات، ونوع التراكيب، وصعوبة الأساليب البلاغية. ويمكن أن تأخذ هذه الكتب شكل ملخص ميسر لروايات أو كتب من الأدب العربي. تبنى فكرة كتب المطالعة المتدرجة على نظريات العلم السلوكية في علم النفس التربوي التي ترى في اللغة مجموعة من العادات الصوتية والتراكيبية التي لا يمكن إتقانها إلا بالتكرار والتمرن المستمر. وإن الساعات المخصصة لدراسة اللغة الثانية في الجدول لا تكفي بذاتها.

فيقوم الطالب بقراءة كتب المطالعة التي يجب أن تعزز ما تعلمه في المدرسة وتشجعه على مواصلة القراءة بما تقدم له من أدب حي وفكر يعكس حضارة الناطقين باللغة الثانية التي يتعلمها. وتستند كتب الأطفال في اللغة الأم إلى النظرية التربوية ذاتها.

إن الكتاب المدرسي الأساسي الجيد لتعليم العربية لغير الناطقين بها نادر الوجود، فإن من نافلة القول بأن كتب المطالعة المتدرجة المساعدة تكاد تكون معدومة.

كتب الاختبارات (Self-Tests Book)

الاختبارات الموضوعية الجيدة جزء من العملية التعليمية، تفيد المعلم والطالب في زيادة الأهداف الخاصة جلاء، وتقويم ما تم درسه، وتوجيه الضوء إلى الجوانب التي تحتاج مزيداً من الجهد، وتصميم هذه

الاختبارات يتطلب مهارة ووقتاً قد لا يتوفران لمدرس العربية لغير الناطقين بها. ولهذا فإن الكتاب المدرسي الجيد هو الذي يحوي مجموعة من هذه الاختبارات المرحلية. وقد يطلع الطالب على اختبارات التقويم الذاتي. أما الاختبارات الخاصة بالمدرس فتوضع في كتاب منفصل لا يباع للطلاب ولا يطلعون عليه.

مرشد المعلم (Teacher's Guide)

نعني بمرشد المعلم الكتاب الذي يرشد المعلم إلى أفضل سبل استخدام مادة الكتاب الأساسية. ويقوم مرشد المعلم أولا بشرح الطريقة التعليمية التي بني عليها الكتاب المدرسي، ثم يقدم المادة الأساسية درساً درساً مبيناً للمعلم كيفية تقديم الدرس للطلاب وعرضه عليهم، واضعاً أمامه أمثلة إضافية، عارضاً عليه بعض الأسئلة التي يستطيع توجيهها في نهاية الدرس للطلاب للتأكد من استيعابهم للمادة وقدرتهم على استخدام مفرداتها وتركيبها على الوجه المطلوب، ملمحاً له عن إمكانة تمارين إضافية أن اتسع الوقت لذلك.

الوسيلة المعينة للكتاب المدرسي

ندعو إلى استعمال نوع من الوسائل البصرية في تعليم اللغة العربية لغير الناطقين بها خاصة في المراحل الأولى منه، وأن تكون هذه الوسائل البصرية مصحوبة بأصوات مسجلة. وهذا هو الأساس في ما ندعوه بالاتجاه السمعي – البصري الذي لا يرتبط في واقع الأمر بطريقة معينة من طرائق تعليم اللغات الأجنبية، وإنما يمكن أن توضع المواد السمعية البصرية وفقاً لمبادئ الطريقة التعليمية التي نتبناها في الكتاب المدرسي، غير أن جميع المواد السمعية- البصرية تتفق على إيجاد رابط بين المعنى الكامن في الصورة الكلام المسجل الذي يرافقها بغية إيصال المعنى للطالب دون اللجوء إلى الترجمة للغاتهم الوطنية. وتتمتع المواد السمعية- البصرية بأهمية خاصة إذا أردنا تأليف كتاب مدرسي موحد لتعليم العربية لغير الناطقين بها حيثما كانوا دون استعمال لغة وسيطة في التعليم. وللمواد السمعية البصرية فوائد كثيرة من حيث إثارة رغبة

الطلاب والاستحواذ على انتباههم وتعزيز تعلم المادة اللغوية للأثر الكبير الذي تتركه الصورة على حواس الطلاب، والاقتصاد في الوقت والجهد.

الوسائل السمعية (Audio Means)

يكون الشريط أساس الوسائل السمعية التي يتألف منها الكتاب المدرسي الجيد لتعليم اللغة العربية لغير الناطقين بها. ومن حيث الأساس تسجل على هذا الشريط النص الأساسي لكل درس من دروس المادة الأساسية، والتمارين الصوتية، ونصوص الكتاب الأخرى الخاصة بالاستيعاب والقراءة والإملاء وغيرهما. ويمكن استخدام الشريط في الصف أو البيت بواسطة المسجل، كما يمكن استخدامه في مختبر اللغة إن وجد في المدرسة ومن ناحية أخرى فإنه بمقدورنا أن نستخدم الوسائل السمعية المعينة بمفردها أو بصحبة الوسائل البصرية المعينة كالفيلم الثابت والشرائح وحتى الصور الاعتيادية.

الوسائل البصرية (Video Means)

تتنوع الوسائل البصرية المعينة من حيث الإعداد والكلفة والفائدة، ولعل الإشارة والتمثل والسبورة والرسم من الوسائل البصرية الشائعة الاستعمال التي استخدمها ويستخدمها معلمو اللغات الأجنبية في كل مكان.

وفي الوقت الحاضر تنتج الشركات المتخصصة في التقنيات التعليمية سيلاً من الوسائل البصرية المعينة كالشرائح والأفلام المتحركة والأفلام الثابتة والتلفزيونات التربوية، والمسجلات الصورية (الفيديوتيب)، والأجهزة العارضة فوق الرأس، وغيرها.

إن واقع تعليم اللغة العربية لغير الناطقين بها يدل على أن كثيراً من المدارس التي تعلم العربية لا تتوفر لها الطاقات الفنية والبشرية المدربة للاستفادة من الوسائل البصرية المعنية المتطورة التي قد يلجأ إليها معد والكتاب المدرسي لتعليم اللغة العربية لغير الناطقين بها. ولهذا نقترح أن يتوفر للكتاب المدرسي الذي ندعو إليه نوعان من الوسائل

البصرية:

الأول: وسائل بصرية ميسرة تتكون من صور ورسوم موضوعة في كتاب المادة الأساسية أو كتاب منفصل بحيث لا تحتاج إلى إمكانات فنية متطورة ويستطيع استخدامها المدرس والطالب بسهولة، وترافق هذه الصورة والرسوم المادة الأساسية المدونة والمسجلة بطريقة منسقة مدروسة.

الثاني: شرائح أو أفلام ثابتة تحوي ذات الصورة والرسوم المرافقة للمادة الأساسية للكتاب المدرسي، بحيث يمكن استخدامها حيثما توفرت الإمكانيات المهنية والفنية في المدارس أو في المراكز الثقافية العربية التي ينبغي أن تفتحها المنظمة العربية للتربية والثقافة والعلوم في جميع أنحاء العالم وخاصة في الدول النامية.

خصائص الكتاب المدرسي الجيد

(Features of Text Book)

ينبغي أن توضع للكتاب أهداف تعليمية محددة تصف بدقة السلوك النهائي للتعليم، أي الفعالية المنظورة التي يؤديها الطالب بتأثير المادة التعليمية عليه. وبعبارة أخرى ينبغي تحديد المستوى الذي يجب أن يبلغه المتعلم بعد الانتهاء من دراسة الكتاب المدرسي، وما يستطيع فهمه من اللغة العربية، ومقدار المفردات ونوع التراكيب التي يستطيع فعلاً أن يستعملها.

ويجب أن يقوم المؤلف بصياغة هذه الأهداف بطريقة تنقل مراميه إلى القارئ بوضوح. ولا نستطيع القول بأن المؤلف نجح في توضيح الأهداف إلا إذا استطاع المدرسي الذي يستخدم الكتاب أن يساعد الطلاب على تعلم المادة اللغوية وبطريقة مطابقة لما في ذهن المؤلف من قصد. ويجب أن يتحاشى المؤلف تلك المفردات أو العبارات الغامضة مثل "ينبغي أن يتعلم الطالب كذا وكذا"، أو "أن يتقن الطالب هذه المادة أو تلك "أو" أن يعرف الطالب هذا أو ذاك. فهذه الكلمات مشحونة بالمعاني وعرضه لتفسيرات عديدة. فما المقصود بـ (يتعلم) و (يتقن) أو (يعرف) يا ترى؟ وهل تعني بأن الطالب يستطيع أن يتعرف على شكل المفردات التي يتعلمها إذا وضعت مع غيرها مثلاً؟ أم يستطيع أن يلفظها بنطق مقبول؟ أم أنه يستطيع أن يكتبها إذا لفظها أحد أمامه؟ أم أنه يستطيع أن يعطي معناها بلغته أو باللغة العربية ذاتها؟ أم كل ذلك؟

إذن يجب وضع الأهداف التعليمية بعبارات واضحة تحدد السلوك المطلوب من التلميذ بعد انتهائه من تعلم مادة الكتاب. ومن ناحية

أخرى يجب أن تتسم أهداف الكتاب المدرسي بالواقعية بمعنى أنها ممكنة التحقيق في ضوء الفترة الزمنية المحددة، ونوع الطلاب، وإعداد المدرس الذي يتولى تعليم الكتاب المدرسي.

ملائمة الكتاب للمتعلمين (Suitability of Book for Students)

يمكن أن يهدف الكتاب إلى تعليم اللغة العربية لمجموعة معينة من المتعلمين الناطقين بلغة ما والقاطنين بمنطقة جغرافية وحضارية محددة، بحيث يضع الكتاب ظروفهم اللغوية والحياتية في الحسبان ويبني المؤلف مادته على نوعين من أنواع التحليل التقابلي.

التحليل اللغوي التقابلي (Comparative Linguistic Analysis)

قبل الشروع بتأليف الكتاب المدرسي ينبغي القيام بدراسة وصفية منهجية للغة المتعلمين تتناول كافة المستويات اللغوية الصوتية والصرفية والنحوية والدلالية للوقوف على خصائص هذه اللغة وملامحها ثم مقارنتها بخصائص اللغة العربية وملامحها لمعرفة ما تتفق فيه هاتان اللغتان وما تفترقان به لتلمس مواطن السهولة والصعوبة التي سيواجهها المتعلم لدى دراسة اللغة العربية، فيأخذ المؤلف مثلاً بزيادة التمارين التي تعالج تلك الأصوات أو التراكيب أو التعابير الاصطلاحية التي تنفرد بها اللغة العربية ولم يعتد المتعلم عليها في لغته.

التحليل الحضاري (Cultural Analysis)

ينبغي أن يقوم مؤلف الكتاب المدرسي بدراسة وافية لحضارة المتعلمين وخصائصها المميزة بحيث تتناول هذه الدراسة حضارة المتعلمين بجانبيها الأخلاقي والمادي ونعني بالجانب الأخلاقي للحضارة المعتقدات الدينية والفكرية، والتقاليد والعادت والنظم السياسية والاجتماعية والقيم الأخلاقية. أما الجانب المادي للحضارة فيشمل على الأزياء والملابس والطعام والمأكولات والسكن والبناء، وطريقة المعيشة من زراعية أو صناعية، أو تجارية أو غير ذلك، وكذلك مدى شيوع مظاهر التكنولوجيا الحديثة في المجتمع كالتلفزون والتفزيون والمطارات

وغير ذلك. ثم يقابل هذا التحليل الوصفي لحضارة المتعلمين بتحليل منهجي للحضارة العربية الإسلامية كي تستطيع أن يختار المادة المناسبة للطلاب، وأن يقدم الحضارة العربية الإسلامية في كتابه بأسلوب مقبول يساعد الطلاب على تقبل حضارتنا أو تفهمها على الأقل.

التحليل التربوي (Educational Analysis)

يجب أن يلائم الكتاب المدرسي المتعلمين من حيث: ١- العمر و٢- القابلية و٣- المستوى اللغوي والتعليمي و٤- الولوع ٥- والوقت الذي يستطيعون تكريسه لدراسة العربية.

عمر المتعلم (Age of Student)

ينبغي أن يختلف تعليم اللغة العربية للأطفال الذين هم في سن الخامسة عنه لليافعين الذين هم في سن الخامسة عشرة. فهنالك فروق بين هذين النوعين من المتعلمين على المستويات الجسمية والعقلية ومن حيث الولوع والرغبات، وطريقة التعلم المناسبة، إن عمر المتعلم يؤشر على الكتاب من حيث (أ) المحتوى (ب) العرض.

صحيح أن عمر المتعلم لا يؤثر على المحتوى اللغوي للكتاب في المراحل الأولى من تعليم اللغة العربية لغير الناطقين بها فسواء أ كان المتعلم المبتدئ صغيراً أم كبيراً فهو يحتاج إلى المفردات والتراكيب الأساسية في اللغة، ولكنه ينبغي أن يؤثر حتماً في المواقف التي تصب بها تلك المفردات والتراكيب فالقصة التي تلائم صغار الأطفال لا تتفق وأذواق الراشدين الكبار الذين يميلون إلى قصة تحتوي على مواقف مختلفة، حتى ولو أن القصتين تستعملان المفردات والتراكيب ذاتها. أما في المراحل المتقدمة من تعليم اللغة العربية فإن فارق السن يؤثر في المستوى اللغوي ومحتوى المواقف على حد سواء. فما يلائم طلاب المدرسة المتوسطة من مفردات وموضوعات قد لا يتفق وحاجة رجال الأعمال الذين يدرسون اللغة العربية لتحقيق أغراض تجارية وصناعية.

ومن ناحية عرض المادة اللغوية في الكتاب فإن ينبغي أن يتأثر

بعمر المتعلم الذي سيستخدم الكتاب. يجب أن يتذكر مؤلف الكتاب أن صغار المتعلمين يفضلون السرد على الوصف، وأنهم أكثر تقبلاً للمحسوسات منهم للمفاهيم المجردة، كما تستثيرهم المنبهات الحسية. وفي تعليم التراكيب النحوية والمعاني للأطفال يفضل استخدام الأمثلة في حين يحتاج الكبار إلى معرفة القاعدة.

قابلية المتعلم اللغوية (Linguistic Ability of Student)

يتباين المتعلمون من حيث القابلية اللغوية أي من حيث قدراتهم على تعلم اللغة. ويتطلب تعلم لغة ثانية عدداً من القابليات أهمها: ١- الذاكرة ٢- قابلية المحاكاة ٣- الذكاء ٤- الشخصية ٥- الخلفية.

يميل المشتغلون في علم النفس إلى التحدث عن أنواع ثلاثة من الذاكرة هي: بصرية وسمعية وحركية.

فالقراءة مثلاً تحتاج إلى الذاكرة البصرية والفهم والاستماع يحتاجان إلى الذاكرة السمعية أما الكتابة فتحتاج إلى الذاكرة الحركية ويختلف الأفراد من حيث قوة هذا الأنواع فيهم، فهناك من يفضل التعلم بطريقة العين، وهناك من يجد من السهل عليه التعلم بواسطة الأذن وهكذا. ويستطيع الكتاب المدرسي أن يفضل بعض المتعلمين على بعض وذلك باختيار الطريقة التي ينتهجها.

ومن القابليات التي يحتاجها تعلم اللغة الثانية قابلية التمييز بين الأصوات الأجنبية وتقليدها بدق وتتصل بهذه القابلية القدرة على تمييز التنغيمات المختلفة للعبارات المنطوقة ومحاكاتها. وإذا احتوى الكتاب على تمارين صوتية مسجلة فإنه لا شك يستغل هذه القابلية لدى المتعلمين.

أما مستوى ذكاء المتعلمين فله علاقة وثيقة بتعلم اللغة الأجنبية، وعلى مؤلف الكتاب المدرسي أن يضع في الحسبان مستوى ذكاء المتعلمين الذين يؤلف لهم الكتاب. فالمادة التعليمية وموضوعاتها يجب أن تتناسب مع قدرات المتعلمين الذهنية. فصغار المتعلمين لا يستطيعون

فهم مرامي قطعة للقراءة اقتسبت من مقدمة ابن خلدون حتى ولو كانت جميع مفرداتها مفهومة لهم. ومن ناحية أخرى فإن المتعلمين الذين يمتازون بذكاء أشد هم أقدر على الاستفادة من الطرق والأساليب التعليمية المعقدة.

وتتباين شخصيات المتعلمين تبايناً ملحوظاً، ومعروف أن هنالك أنواعاً من الشخصية أكبر استعداداً لتعلم اللغة الأجنبية من غيرها. فالفرد الذي يتمتع بشخصية منتفتحة محبة للحديث مع الآخرين يكون أكثر استخداماً للغة من غيره وبذلك يتمرن على استخدام اللغة.

والفرد الذي يميل إلى العمل باستمرار وانتظام أكثر نجاحاً في تعليم اللغة الأجنبية من الفرد الذي يعمل بجد في فترات متقطعة غير منتظمة مهما كان ذكاء الأخير.

كما تعمل خلفية الطالب الاجتماعية واللغوية على تيسير تعلم اللغة الأجنبية له فالطالب الذي ينتمي إلى مجتمع مزدوج اللغة أو متعدد اللغات يجد من اليسير عليه تعلم لغة جديدة. وكذلك يصبح تعلم اللغة الجديدة أكثر يسراً إذا ما قاربت لغة الطالب الأم من حيث أصواتها ومفرداتها وتراكيبها. فالعربية مثلاً أسهل من غيرها لأبناء الشعوب الإسلامية لشيوع المفردات العربية لغات أهلها، وكذلك بالنسبة لأبناء اللغات السامية والحامية، لاشتراك العربية وهذه اللغات في كثير من الأصوات والتراكيب النحوية، وللخلفية الحضارية أهمية خاصة في تعلم معاني المفردات والتعبيرات الاصطلاحية ومدلولاتها.

فالمسلمون غير العرب الذين يتعلمون اللغة العربية أسرع من غيرهم في فهم معاني المفردات ذات المفاهيم الإسلامية كالله والنبي والصلاة والحج وغيرها، حتى ولو لم تكن هذه المفردات موجودة في لغاتهم بأصلها العربي. ومن ناحية أخرى تعمل الخلفية الحضارية على تيسير فهم معاني المفردات الأجنبية التي تدل على مفاهيم ومواد حضارية مشتركة. فحينما تدرس العربية مثلاً في الهند لا يجد التلاميذ صعوبة في فهم المفردات المتعلقة بالصحراء، والخيام والجمال، لأنها

تشكل جزءاً من بيئتهم وحضارتهم، ولهذا فإن من الطرائق المتبعة في تأليف الكتاب المدرسية لتعليم اللغات الأجنبية تضمين نصوص مقتبسة من حضارة الطالب وبيئته، وموضوعة باللغة الأجنبية لكي يسهل عليه فهم المعاني.

المستوى اللغوي والتعليمي (Educational and Lingual Levels)

ينبغي أن يكون الكتاب المدرسي لتعليم اللغة العربية لغير الناطقين بها ملائماً للمستوى الذي بلغه الطالب في تعليم اللغة العربية. ومستوى الطالب الحقيقي في اللغة العربية لا يحدده الصف الذي ينتمي إليه الطالب أو الدرجة التي حاز عليها في آخر امتحان له. فقد ينهي الطالب برنامجاً لغوياً معيناً ويدرس الكتاب المقرر ويجتاز الامتحان النهائي بنجاح ولكنه لم يستوعب المادة اللغوية جيداً ولا يستطيع استخدامها، وليس مستعداً فعلاً لبدء المرحلة التي تليها.

ولهذا نصبح بأن تحتوي مقدمة الكتاب المدرسي المخصص لتعليم العربية لغير الناطقين بها على اختبار أولي يستطيع من يجتازه أن يشرع باستعمال الكتاب موضوع البحث، إن لم يكن هذا الكتاب مخصصاً للمبتدئين حيث تنتفي الحاجة إلى الاختبار الذي أشرنا إليه ولا يوضع المستوى الذي بلغه الطالب في اللغة العربية في وقت سابق في الحسبان وإنما يعتد فقط بالمستوى الذي عليه في الوقت الحاضر فقد يبلغ الفرد مستوى جيداً في اللغة الأجنبية ثم إذا لم يمارس استعمالاً بصورة منتظمة ينسى الكثير منها وقد ينساها تماماً.

كما ينبغي أن تكون مادة الكتاب المدرسي ملائمة في مضمونها وطريقة عرضها لمستوى الطالب التعليمي العام فنحن لا نستطيع أن نضمن الكتاب نصوصاً في السياسة الدولية إذا كان الكتاب مخصصاً لتلاميذ المرحلة الأولية الابتدائية حتى ولو كان مستواهم في اللغة العربية متقدماً جداً. إذ أن الموضوع لا يتناسب وقتئذ ومستواهم التعليمي والذهني العام.

إن الاهتمام بولوع التلاميذ ورغباتهم في الكتاب المدرسي هو غاية ووسيلة في آن واحد. فهو غاية لأننا نعني بتطوير قدرات التلاميذ وقابلياتها. وهو وسيلة لأننا نحصل عن طريقة على انتباه التلاميذ واهتمامهم ولا يمكن لهم أن يتعلموا المادة اللغوية في الكتاب المدرسي ما لم يوجهوا انتباههم إليها ويبدو اهتماماً بها.

فقد وجد علماء النفس التربوي أن الانتباه- الذي هو شرط من شروط التعلم- يتصل اتصالاً وثيقاً بالقدر الذي تلبي به المادة التعليمية رغبات التلاميذ وحاجاتهم وتخدم ولوعهم وهواياتهم. يقول هيوز "إن المعلم لا يعلم إلا حينما يتعلم الأطفال، ولكي يتعلم الأطفال ينبغ أن يحسنوا الانتباه". وعليه فليس المعلم الناجح من يلم بأطراف مادته فحسب بل من يحسن عرضها، ويجذب انتباههم إليها. وحين ينتبه الأطفال يتخذون موقفاً ذهنياً يدل على يقظة، فهم يستمعون، ويراقبون، ويفكرون ويساءلون.

ويعرف الانتباه أحياناً بأنه "تركيز ذهني تركيزاً شعورياً على شيء موضوعي أو فكرة تتصل بشيء موضوعي، أو التركيز على فكرة مجردة، فهو عملية عقلية تتصل باهتمام الجانب الشعوي بشيء معين على نحو واضح.

فالانتباه الإرادي شرط ضروري لعملية التعلم وخير وسيلة لإثارة هذا الانتباه هو وصل مادة الكتاب المدرسي اللغوي بولوع المتعلمين ورغباتهم نستطيع أن نفعل ذلك إذا كان الكتاب معداً لطلاب الدراسات الجامعية العليا حتى ولو كانوا من المبتدئين في تعلم اللغة العربية، خاصة إذا كانوا من المتخصصين في التاريخ أو العلوم السياسية.

إن سن المتعلمين وجنسهم وغايتهم من تعلم اللغة العربية تلقي الضوء على ولوعهم مما يساعد مؤلف الكتاب على اختيار الموضوعات والنصوص والتمارين المناسبة إذ لا بد من أن يعمل الكتاب المدرسي على تلبية حاجات المتعلمين، ويغذي دوافعهم ويشبع ولوعهم فصغار

الأطفال مثلاً تستهويهم الموضوعات المصورة عن الألعاب والأطعمة والدمي والأطفال الآخرون، والمراهقون أميل إلى قصص المغامرات والقصص البوليسية. والبالغون يختلفون في ميولهم فمنهم من يفضل المكتشفات والاختراعات العلمية الحديثة ومنهم من تستهويه القصص العاطفية الرومانسية، وما إلى ذلك ولهذا فإن على مؤلف الكتاب المدرسي للبالغين أن ينوع النصوص والمادة بحيث تشبع الرغبات المختلفة للمتعلمين.

كما ينبغي أن نتذكر استمتاع المتعلم بالمادة يختلف طبقاً لطبيعتها فالمادة المعدة للاستماع والتكلم تختلف عن المادة المعدة للقراءة والكتابة فمادة المحادثة مثلاً يجب أن تتسم بالواقعية وأن تدور حول أمور مألوفة ومواقف حقيقية في البيت والمكتب والمطعم والفندق والمطار وغير ذلك. أما مادة القراءة والكتابة فيجب أن تكون ملائمة للمستوى العاطفي للمتعلمين.

الوقت المخصص لدراسة اللغة العربية

(Time of Study for Arabic Language)

يجب أن يضع مؤلف الكتاب المدرسي لتدريس العربية لغير الناطقين بها الوقت المخصص لدراسة الكتاب في الحسبان، وهذا يعني ما يأتي:

أ- الفترة الكلية المخصصة لتدريس الكتاب أو البرنامج فهناك برامج تستغرق سنة دراسية كاملة (٩ شهور) وأخرى تستغرق فصلاً دراسياً واحداً (٤ شهور) وثالثة لا تتعدى ثمانية أسابيع.

ب- عدد الحصص الأسبوعية المخصصة لتدريس الكتاب، فهل يدرس الطلاب اللغة العربية ٦ ساعات في الأسبوع أو ساعتين فقط.

ت- الوقت الذي يستطيع الطلاب تخصيصه للتمرن على اللغة

العربية أو حل تمارين الكتاب المدرسي والواجبات البيتية خارج المدرسة. أن تعلم لغة ثانية هو بمثابة مهارة جديدة، وهذا يحتاج إلى المران الذي يستغرق وقتاً ليس بالقصير، ولذلك فإنه من الناحية المثالية يفضل تخصيص وقت كاف لدراسة اللغة العربية بوصفها لغة ثانية. ومن ناحية أخرى، وجد أنه من الأفضل نشر الوقت المخصص لدراسة اللغة بدلاً من تجميعه. فإذا كنا قد وضعنا في منهج العام الدراسي ٢٠٠ ساعة لتدريس اللغة العربية فإن من الأفضل توزيعها على الشهور الثمانية بواقع ٦ ساعات أسبوعياً، بحيث يدرس الطلاب ساعة واحدة كل يوم. فذلك أجدى من تجميع مائتي الساعة في فصل دراسي واحد، أو توزيع ست الساعات الأسبوعية على ثلاثة أيام.

ملائمة الكتاب للمعلم (Suitability of Book for Teacher)

يجب أن يضع مؤلف الكتاب المدرسي نصب عينيه المدرس الذي سيستخدم الكتاب في الصف، وفيما إذا كان هذا المدرس ملائماً لتدريس المادة اللغوية التي يحويها الكتاب. وتحدد ملائمة المدرس للكتاب المدرسي عوامل ثلاثة هي:

١- مهارات المدرس اللغوية.

٢- مهارات المدرس المهنية.

٣- عبء المدرس التعليمي.

مهارات المدرس اللغوية (Linguistic Skills of Teacher)

نفترض أن يكون المدرس قادراً على استعمال اللغة العربية شفوياً وتحريرياً، فهماً وتعبيراً بحيث ينفع لفظه وخطه نموذجاً يحتذ به الطلاب ويقلدونه، ولكن واقع الحال في الوقت الراهن خلاف ذلك. ففي كثير من البلدان الأفريقية والآسيوية يقوم بتعليم العربية مدرسون لم تتح

لهم الفرصة الكافية لإتقان العربية أو التمرن على التحدث بها بطلاقة ولهذا فإننا حين نؤلف الكتاب المدرسي لتعليم العربية لغير الناطقين بها يجب أن نوجه اهتماماً خاصاً للتسجيلات الصوتية المرافقة للكتاب بحيث تساعد المدرس على تقديم نماذج صوتية جيدة يتمرن الطلاب على سماعها ومحاكاتها.

وينبغي ان نشير هنا إلى أننا لا نتوقع أن يكون المدرس فقيهاً بالعربية وعالماً بآدابها ليستطيع أن يدرسها، بل إن المهم هو أن يكون ملياً بالقدرة اللازم للمستوى الذي يقوم بتدريسه. فمعلم العربية غير العربي في المرحلة الابتدائية لا يضاهي أبناء اللغة العربية من حيث عدد المفردات التي يعرفونها، ولكن قد يستطيع أن ينيرهم في تعليمها إذا ما كان لفظه حسناً، ومعرفته بتراكيب العربية وأساليب تدريسها كافياً للمرحلة التي يتولى تعليمها.

مهارات المدرس المهنية (Professional Skills of Teacher)

يتطلب كثير من الكتب المدرسية من المدرس أن يعدل المادة اللغوية في الكتاب لتلائم طلابه، ويعد التمارين اللازمة المبنية على النص الأساسي لتدريب الطلاب على استعمال مفردات أو تراكيب لغوية معنية في النص الأساسي. كما تتطلب منه معرفة في تصميم الاختبارات الموضوعية لتقديم طلابه في فترات مختلفة من دراسة الكتاب المدرسي. وفوق كل ذلك فإن مؤلفي هذه الكتب المدرسية يتوقعون إلمام المدرس بالطريقة التعليمية التي تبني عليها هذه الكتب، ومعرفته بكافة مبادئ تعليم اللغة الثانية والأساليب الواجب إتباعها. ولما كان حقل تعليم العربية لغير الناطقين بها حقلاً جديداً وينمو نمواً سريعاً فإن كثيراً من المدرسين الذين يقومون بتعليم العربية سواء أ كانوا عربياً أم غير عرب لم تتوفر لهم كافة المهارات المهنية اللازمة. ولهذا فقد أصبح من اللازم أن يكون الكتاب المدرسي لتعليم العربية لغير الناطقين بها متكاملاً بحيث يشتمل على كتاب للتمارين وآخر للاختبارات التي يستخدمها المدرس في فترات منتظمة، والأهم من ذلك مرشد المدرس الذي يبين له الطريقة والأساليب.

عبء المدرس التعليمي (Educational Responsibility of Teacher)

قد يتطلب الكتاب المدرسي من المدرس أن يقوم بإعداد تمارين ووسائل معنية سمعية أو بصرية واختبارات موضوعية وغير ذلك- كما ذكرنا قبل قليل. وحتى لو تجمعت للمدرس المهارات اللغوية والمهنية للقيام بذلك فإنه قد لا يجد الوقت اللازم للتنفيذ. فكثير من معلمي المدارس الابتدائية يدرس خمس أو ست ساعات يومياً، أضف إلى ذلك الوقت اللازم لتصحيح أوراق طلابه والتحضير لدروسه. وغالباً ما تكون الصفوف كبيرة الحجم فيجد المعلم نفسه تحت وطأة العمل. ولهذا فإن أفضل الكتب المدرسية لتعليم العربية لغير الناطقين بها هي تلك الكتب التي لا تضيف عبءاً آخر على المدرس، ولا تتطلب وقتاً طويلاً للإعداد للدروس أو التمارين أو الاختبارات. وهذا يعني أن يقوم مؤلف الكتاب المدرسي بنفسه بإعداد ما يلزم من تمارين ووسائل واختبارات. فيوصف كتابه بأنه كتاب جيد.

المادة التعليمية في الكتاب المدرسي (Educational Materials in Text Book)

يجب أن تتناول المادة التعليمية التي يحويها الكتاب المدرسي الجانب اللغوي والحضاري للعربية على النحو التالي:

المادة اللغوية

يعرض الكتاب المدرسي الجيد لتعليم اللغة العربية لغير الناطقين بها المادة اللغوية بصورة متكاملة بحيث يساعد الطلاب كل حسب مستواه على تعلم ما يأتي:

أ- النظام الصوتي لا يقتصر النظام الصوتي للغة العربية على الوحدات الصوتية الأساسية- الفونيمات- فقط وإنما يشتمل كذلك على نبر الكلمات وتنغيم الجمل. ومؤلف الكتاب المدرسي الجيد يتوصل أولاً إلى الفونيمات العربية التي تشكل صعوبة للطلاب الذين يستهدفهم الكتاب ويخصص تمارين تعني بتعليم تلك

الأصوات والتدرب على نطقها ويفعل الشيء ذاته بالنسبة لنبر الكلمات بالأحادية والثنائية والثلاثية والمتعددة المقطع فيبني موقع النبر في كل نوع منها ويخصص تدريبات صوتية عملية تساعد الطلاب على الأداء الصحيح. ثم يدرب الطلاب على التنغيمات المخلتفة للجمل العربية الخبرية منها والاستفهامية وينبغي أن يتم عرض هذه التمارين بشكل منظم متدرج، يسهل للطالب إحراز تقدم ملموس في نطق العربية وأدائها.

ب- المفردات والتعابير الاصطلاحية يجب أن يهدف الكتاب المدرسي الجيد إلى تقديم عدد معين من المفردات والتعابير الاصطلاحية تقسم على دروس الكتاب المختلفة بحيث يتناسب عدد المفردات الجديدة في كل درس مع الوقت المخصص لها وأن يتم اختيار هذه المفردات والتعابير الاصطلاحية من قائمة الكلمات الشائعة باللغة العربية مع إضافة تعبير ومصطلحات قد لا تظهر في قوائم الشيوع ولكن لها منفعة علمية كذلك التي يستعملها المعلم في الصف كالسبورة والطباشير وغيرها. فلو فرضنا أن الكتاب الأول يتألف من أربعين درساً وأنه ينبغي تعليم الألف الأول من المفردات الأساسية فإنه تقسم هذه المفردات الجديدة على الدروس بحيث يصيب كل درس حوالي خمس وعشرين كلمة. ويجب أن تعمد مادة كل درس وماريته إلى مراجعة المفردات التي وردت في الدروس السابقة له، بحيث تعزز هذه المفردات في فترات منتظمة.

ت- التراكيب اللغوية إذا كانت هنالك بعض قوائم المفردات الشائعة في اللغة العربية ولو أنها ليست على المستوى الذي نتمناه، فإنه لا توجد لحد الآن قائمة بالتراكيب الشائعة في اللغة العربية المعاصرة، وإن التراكيب التي تقدم في الكتب المدرسية لتعليم العربية للناطقين أو لغير الناطقين بها أما أنّ تحذو حذ وقدامى النحويين العرب، أو تقوم على تقديرابت مؤلفي هذه الكتب من حيث الأهمية التي يتمتع بها كل تركيب. ومع ذلك فإن مؤلف

الكتاب المدرسي يستطيع أن يستخلص قائمة بالتراكيب اللغوية الهامة في اللغة العربية، ثم يوزع مفردات هذه القائمة على الدروس المختلفة للكتاب بحيث يقتصر كل درس على عرض تركيبين أو ثلاثة، وتخصص عدة تمارين لتدريب الطلاب على كل تركيب من تراكيب الدرس. كما تعزز هذه التراكيب في نصوص الدروس اللاحقة وتمارينها.

المادة الحضارية:

لا يمكن فصل اللغة عن الحضارة لأن اللغة بمثابة الشكل المنطوق المكتوب لمضمون الحضارة، إضافة إلى أنها عنصر من العناصر المكونة للحضارة. والكتاب المدرسي الجيد لتعليم العربية لغير الناطقين بها هو الذي يختار مواقف حقيقية حية يضمنها في دروسه ويعرض من خلال الحضارة العربية الإسلامية من كافة جوانبها الفكرية والمادية. فيعرف الطالب بالدين الإسلامي الذي يعتنقه أغلبية العرب والتقاليد العربية والقيم الاجتماعية، وكذلك المظاهر المادية للحضارة العربية كالملابس والطعام والزيارة والفن والموسيقى...ألخ.

إن الغرض من اشتمال الكتاب المدرسي على المعلومات الحضارية هو تعميق إدراك الطالب للغة العربية وتراكيبها، ومساعدته على التعرف على الحضارة العربية الإسلامية وتفهمها.

المهارات اللغوية في الكتاب المدرسي

(Linguistic Skills in Text Book)

معروف أن المهارات اللغوية الأساسية أربع هي:

١- الإصغاء والفهم.

٢- النطق والتكلم.

٣- القراءة.

٤ - الكتابة.

وفي حقيقة الأمر، توجد هذه المهارات متداخلة ومتصلة بعضها ببعض والكتاب المدرسي الجيد المتكامل يرمي إلى مساعدة الطلاب على اكتساب هذه المهارات اللغوية الأربعة بصورة متوازنة. غير أنه من الممكن نظرياً التركيز على مهارة أو أكثر من هذه المهارات لأغراض خاصة. فمثلاً لو كنا نقوم بإعداد مترجمين يضطلعون بالترجمة الشفوية الفورية في المؤتمرات، فإن الكتاب المدرسي المخصص لهؤلاء سيؤكد المهارتين الأولى والثانية أي الإصغاء والفهم، والنطق والتكلم، أما إذا كنا نقوم بإعداد مترجمين يعملون في وكالات ويتولون مهمة ترجمة الأخبار المكتوبة التي تصلهم بواسطة البرق الطابع (Teleprinter) مثلاً فإن الكتاب المدرسي المخصص لهؤلاء المتعلمين ينبغي أن يؤكز على المهارتين الثالثة والرابعة وأعني القراءة والكتابة.

إن نوع المهارات اللغوية التي يتوخى الكتاب المدرسي تنميتها وتطويرها قد تختلف طبقاً للهدف من تعلم اللغة العربية الذي قد يتباين من مجموعة من المتعلمين إلى مجموعة أخرى.

إما إذا كنا نعد برنامجاً طويلاً لتعليم اللغة العربية في المدارس الابتدائية والثانوية فعلينا أن نأخذ في الاعتبار جميع المهارات اللغوية، ونبرزها جميعاً في الكتاب المدرسي بحيث ننمي مقدرة الطلاب على استعمال العربية فهماً وتعبيراً نطقاً وكتابة، في مواقف متعددة متباينة.

الطريقة

يجب أن تتناسب الطريقة التعليمية المتبعة في الكتاب المدرسي الأهداف التي يرسمها المؤلف ويتوخى تحقيقها. فلا يمكنه مثلاً تبني طريقة النحو والترجمة في كتاب مدرسي يأمل منه أن يعلم العربية بوصفه الغة تفاهم منطوقة. كما أنه لا يستطيع إتباع الطريقة السمعية الشفهية في كتاب مدرسي مخصص لتعميق معرفة الدعاة الإسلاميين بالنصوص الدينية. إذن لكل هدف طريقة تناسبه، ولكل غاية أسلوب

يلائمها. أما إذا كان الكتاب المدرسي يهدف إلى تنمية المهارات اللغوية المختلفة ويتوخى تحقيق أغراض عامة ولست خاصة فمن حق مؤلف الكتاب المدرسي أن يتبع الطريقة الانتقائية.

أي أنه يصطفي من الطرائق التعليمية المختلفة ما يراه مفيداً ونافعاً، وما يجد فيه ضالته. ولكننا نود هنا أن نشير إلى أن الكتاب المدرسي العربي قد أغفل طريقة حديثة أثبتت ملائمتها لتعليم اللغة الثانية تلك هي طريقة التعليم المبرمج وإذا كان الكثير منا يقرن التعليم المبرمج بالمكائن التعليمية أو التعليم بالعقل الإلكتروني فإن واقع الحال يدل على أن بالإمكان برمجة المادة التعليمية في الكتاب المدرسي كذلك دون اللجوء إلى استخدام الآلة. لقد ثبت أن كثيراً من المهارات اللغوية كالإملاء والقراءة والقواعد وحفظ المفردات والإنشاء وغيرها يمكن تعلميها بشكل أفضل إذا ما تم برمجة المادة التعليمية بشكل جيد.

العرض

تعني بالعرض هنا كيفية إيصال المادة التعليمية إلى الطالب ولهذا يجب أن تعرض المادة التعليمية في الكتاب بشكل جيد يساعد على تيسير عملية التعلم. وهذا يتطلب أن يتناسب العرض مع الطريقة التعليمية التي يتبعها المؤلف في الكتاب، والأسلوب التعليمي الذي يستخدمه المعلم في الصف.

وتختلف الكتاب المدرسية المعتمدة في تعلم اللغات الأجنبية من حيث العرض فبعضها يعرض مضمون اللغة والآخر يعرض شكلها. ففي النوع الأول من الكتب المدرسية نجد سلسلة من الصور التي تشكل معاني اللغة التي يقدمها المدرس، أما في النوع الثاني فنجد اللغة مكتوبة، وعلى المدرس أن يقدم معانيها للتلاميذ. وهناك من الكتب المدرسية ما يسعى إلى تعليم مهارة الكلام باعتبارها المهارة اللغوية الأساسية ومنها ما يسعى إلى تعليم مهارة الكتابة لأنها الغاية التي يتوخاها. إن الكتاب المدرسي الجيد لتعليم العربية لغير الناطقين بها هو ذلك الكتاب الذي يقدم العربية لغة ومضمونا تكلماً وكتابة بحيث يكون مرجعاً ميسراً للدارس.

إن تعلم اللغة العربية المنطوقة والمكتوبة يتطلب عدداً من القدرات بعضها مشترك بين اللغة المنطوقة واللغة المكتوبة وبعضها يختص بإحداهما كما أن بعض هذه القدرات مشترك بين المهارات اللغوية الأربع (الاستماع والكلام والقراءة والكتابة)، وبعضها يقتصر على عدد من هذه المهارات. إن تعلم اللغة الثانية بنوعيها المنطوق والمكتوب يتطلب القدرات الآتية:

أ- القدرات اللازمة للفهم:

١- تمييز الوحدات الصوتية (الفونيمات) الاستماع

٢- تمييز العبارات

٣- تمييز الحروف القراءة

٤- تمييز الكلمات

٥- فهم المحتوى الاستماع والقراءة

ب- القدرات اللازمة للتعبير:

٦- اختيار المضمون للتكلم والكتابة

٧- انتقاء التركيب

٨- وضع الكلمات

٩- إضافة الأشكال للتكلم

١٠- تكوين الجمل

١١- تجميع الأصوات

١٢- تلفظ الأصوات

١٣- تهجي الكلمات

١٤- خط الحروف أو كتابتها   للكتابة

إن تعليم هذه القدرات التي تكون المهارات الأساسية الأربع يمكن أن يوزع على مراحل. وتختلف الكتب المدرسية من حيث توزيع هذه القدرات على المراحل المختلفة، ومن حيث ترتيب هذه المراحل. فمنها ما يفصل بين هذه المراحل حيث لا يبدأ في تعليم مهارة حتى ينتهي من تعليم المهارة الأولى، ومنها ما يخلط بين هذه المهارات. كما تختلف الكتب المدرسية من حيث الوقت الذي تخصصه أو التمارين التي تكرسها لتعليم كل واحدة من هذه المهارات.

الحوار في الكتاب المدرسي

(Discussion Method in Text Book)

إن نجاح عملية التعليم لأي موضوع من الموضوعات وفي أي بيئة من البيئات يتوقف على ثلاثة عوامل أساسية لا رابع لها وهي المعلم، الكتاب المدرسي والطالب لا أنكر وجود عوامل أخرى تلعب دورها في عملية التعلم كعاملي الزمان والمكان ولكن هذه عوامل ثانوية ذات تأثير محدد. هذه العوامل الثلاثة مترتبة ترتيباً تنازلياً أي أن المعلم هو أهم عامل في نجاح أو فشل عملية التعلم ويتبع ذلك في الأهمية الكتاب ثم الطالب، إذا وجد المعلم الكفء ولا أقول المعلم المؤهل بل المعلم الكفء بل ما في هذه الكلمة من معنى نستطيع أن نستغني عن الكتاب المدرسي والمعلم الكفء إنسان وموجه ومرب. إنه نبراس يشع وينير الطريق لمن حوله للسير على الدرب المستقيم.

الكتاب المدرسي هو الوعاء الذي يحوي اللقمة السائغة الطيبة أو اللقمة الزقوم التي نقدمها للطالب الجائع والمعلم هو الوسيلة أو الواسطة التي تقدم بواسطتها هذه اللقمة للطالب وهذه الوسيلة أو الواسطة لا يتوفر وجودها دائماً بل تكاد تكون معدومة أحياناً وإذا كان الأمر هكذا فنركز اهتمامنا على الوعاء أو المحتوى إلا وهو الكتاب المدرسي وأهم محتويات الكتاب المدرسي هو الحوار أو النص ولو لا هما لما وجد هذا الكتاب المدرسي الذي نحن بصدده.

الحوار: مادته وأسلوبه (Discussion: Subject and Style)

الحوار موقف من المواقف في الحياة اليومية وبخاصة في المراحل الأولى من الكتاب المدرسي. هو حديث بين اثنين أو أكثر من

المتكلمين عن موقف من المواقف التالية: لقاء (ويشمل التعارف والتحايا مثلاً)، في السوق في مكتب البريد، في المطار، في الفندق، في المطعم، في البنك، في المكتب، في الجامعة...ألخ أو التوقيت وأيام الأسبوع، الطقس والأحوال الجوية، الجهات الأربع وكيفية الذهاب إلى السوق أو المطار مثلاً...ألخ من الموضوعات البسيطة ذات الفائدة العملية وحبذا لو سجل الحوار لموقف معين من المواقف الطبيعية وبعد ذلك كتب وصقل وأعد للطالب في المراحل الابتدائية لا بد أن يكون في الحوار شيء من الاصطناعية واللاطبيعية لكي يلائم الدارسين المبتدئين، أما في المراحل المتقدمة وذلك بعد أن يكون الطلاب قد تمكنوا من النطق بالأصوات الصعبة وعرفوا التراكيب الأساسية وحصلوا على قسط وافر من المفردات باستطاعتنا أن نقدم لهم الحوار دون صقله أو تحويره أو المساس به. أما من ناحية الأسلوب فيكون أسلوب الحوار الجيد سهلاً براقاً ومعبراً وتكون جملة قصيرة بحيث يسهل على الدارس حفظه عن ظهر قلب إن أمكن وللحفظ عن ظهر قلب مكانة هامة في تعليم اللغات الأجنبية.

قبل الانتهاء من هذا التعريف البسيط بالحوار تجدر الإشارة إلى نقطة أخرى هامة بخصوص مادة الحوار. الحوار الجيد يشير من قريب أو من بعيد إلى الخلفية الثقافية للمتكلمين أصلاً باللغة العربية وكما نعلم أن المعلم الكفء لأي لغة أجنبية لا يدرس اللغة فقط أي أنه لا يدرس فقط الأصوات والمفردات والتراكيب للتعبير السمعي الشفوي الكتابي ولكن أيضاً ينقل إلى الدارسين الأجانب للغة العربية تراثنا الثقافي مسلمين أولاً وعرباً ثانياً ومدلول عبارة "الثقافة" بالنسبة لنا كمدرسين للغة العربية بصفتها لغة أجنبية.

إحدى هاتين الطريقتين الموقف الحواري نفسه وذلك كأن يسأل أحد المتكلمين في الحوار عن أحوال المخاطبة الاجتماعية والمعاشية وذلك كأن يقول له كيف حالك؟ كيف العائلة؟ أرجو أن يكون الجميع بخير؟ أو هذه سيارة جملية. بكم اشتريتها؟ كم راتبك الشهري؟ نريد من الدارس الأجنبي وخصوصاً الأوروبي أو الأمريكي مثلاً أن يعرف أننا

لا نبغي من أسئلة كهذه وأن نتدخل في أموره الخاصة ولكننا نريد أن نشعر معه ونكون قريبين منه نشاطره سعادته وأفراحه وأحزانه وأتراحه.

الطريقة الثانية هي أن تتخلل الحوار عبارات تكون أقرب إلى الاصطلاحات اللغوية مثل "بسم الله الرحمن الرحيم" و "السلام عليكم" و"حياك الله" و "إن شاء الله" وتوكل على الله" و "أهلاً وسهلاً" و"شرفتنا" ورافقتك السلامة"...ألخ.

أجزاء الحوار (Parts of Discussion)

الحوار الجيد يتألف من أربعة أجزاء كل واحد منها يكمل الآخر وجميعها مكملة للحوار.

الأصوات

من المستحسن أن لا يحوي الحوار في المراحل الأولى من الدراسة أي من الحوار الأول إلى الحوار العاشر- صوتين يواجه المتعلمون صعوبة في النطق بهما رب سائل يقول من لغة الدارس الأم تحدد الأصوات التي يجد فيها ذلك الدارس صعوبة في تمييزها والنطق بها. هذا صحيح ولكن هذه المشكلة ليست بالمشكلة الصعبة وذلك لأن اللغة العربية تحوي أسواتاً تشكل صعوبة لمعظم الدارسين ومنهم الطلاب العرب أنفسهم كصوت الضاد مثلاً أما هذه الأصوات فهي الحاء والخاء والراء والصاد والضاد والطاء والظاء والعين والغين والقاف. هذه الأصوات مثلاً كلها صعبة بالنسبة إلى الطالب النطق باللغة الإنكليزية ومعظمها إن لم يكن كلها صعبة إلى الطالب الهندي.

الشرح

لنفرض أن هدفنا هو تدريب الطلاب على النطق بصوت الطاء..يشرح المعلم باللغة الإنكليزية أو بأي لغة أخرى أو بالإشارة باستعمال المزايا كيفية النطق بصوت الطاء وذلك بتبيان مخرج النطق وطريقة النطق، ويذكر ويبين أجزاء الفم كاللسان والأسنان وسقف

الحلق...ألخ التي تشترك في إخراج هذا الصوت، كما ويقارن بين مخرج هذا لصوت وصوت آخر مقارب له هو صوت التاء.

الإصغاء

يأتي المعلم بكلمات فيها صوت الطاء وصوت آخر مقارب له في النطق كصوت التاء ويراعي في ذلك ورود هذين الصوتين في أول الكلمة وفي وسطها وفي آخرها وفي كل موضع من هذه المواضع يراعي أيضاً ورودهما بجوار العلة (الطويلة والقصيرة)) الأمامية والخلفية. لنفرض أنه أتى بالأمثلة التالية:

١	٢	٣
تام- طام	تتر تطر	بات- باط
تاب- طاب	ساتر- ساطر	قات- قاط
تل –طل	فاتن- فاطن	قت- قط
تم- طم	رتيب –رطيب	تت- تط
تواب- طواب	مرتب- مرطب	توت- طوط
توت- طوب	لتيفة- لطيفة	شوت- شوط
تين- طين	وتوات وطوات	سليت- سليط
تيب- طيب	بتين- بطين	خليت- خليط

يلفظ المعلم هذه الكلمات أزواجاً والطلاب يستمعون فقط.

التمييز

يطلب المعلم من الطلاب أن يخرجوا أوراقاً ويرسموا عمودين. العمود الأول لكلمات التي تحتوي صوت التاء والثاني للكلمات التي تحوي صوت الطاء. يختار المدرس حوالي عشر كلمات بعضها يحوي

صوت التاء والآخر صوت الطاء مراعياً أن يكون عدد الكلمات كل واحد على حده. إذا كانت الكلمة ا لأولى مثلاً تحوي التاء يكتب الطلاب تحت العمود الأول- وهكذا في النهاية يحل الأستاذ التمرين على اللوح بسماعة الطلاب.

النطق

ينطق المعلم بكلمة تحوي صوت التاء ويطلب من الطلاب كلاً على حدة أن ينطق بقرينتها التي تحوي صوت الطاء.

الإعادة الجماعية

يقول المعلم مثلاً تام- طام –تام ويطلب من الصف أن ينطق نظير الكلمة تام وهي طام وهكذا إلى أن يأتي على الكلمات.

المفردات (Vocabularies)

من المستحسن في المراحل الأولى أن لا يحوي أكثر من ٣٠ كلمة جديدة والحوار المثالي في هذه المرحلة تتراوح عدد مفرداته بين ٢٠ و٣٠ يراعي في هذه الكلمات أن تكون قصيرة وشائعة الاستعمال. نستطيع في هذا المجال الاستعانة بقوائم المفردات الشائعة الاستعمال. تجمع هذه المفردات من الحوار وتنظم حسب ورودها فيه وتوضع في آخر الوحدة ليرجع إليها الطلاب عند الحاجة.

المفردات الإضافية (Additional Vocabularies)

المفردات الإضافية هي مفردات ذات علاقة وثيقة بالمفردات التي وردت في الحوار ووجود المفردات الإضافية في كل حوار ليس ضرورياً ولكن لا بد منه خصوصاً إذا كان عدد مفردات الحوار قليلاً. هذه المفردات الإضافية غالباً ما تكون مكملة لمفردات الحوار ومثال على ذلك إذا وردت في الحوار الكلمات التالية واحد، إثنان، ثلاثة وأربعة. بعض المفردات الإضافية يمكن أن يكون خمسة، ستة،

سبعة..ألخ أو إذا وردت المفردات التالية لحم، أرز موز، طماطم...ألخ بعض المفردات الإضافية يمكن أن يكون خبز، سمك، تفاح، برتقال، خبس، فلفل...ألخ. من الممكن أن يرد في الحوار الواحد نوعان من المفردات أو أكثر وذلك فإن تكون مفردات العدد والفوكه، والخضار وأنواع المرطبات أو أصناف الطعام مثلاً. من المستحسن ألا يزيد عدد المفردات الإضافية في المرحلة الابتدائية عن عشرة توضع المفردات الإضافية في آخر الوحدة أيضاً للرجوع إليها عند الحاجة.

التراكيب اللغوية (Linguistic Phrases)

يدخل تحت التراكيب اللغوية الصرف والنحو. والحوار الجيد تكون عند تراكيبه اللغوية قليلة ويفضل ألا تقل عن تركيبين. أمثلة على التراكيب اللغوية الجملة الإسمية، الجملة الفعلية، أسماء الإشارة، الضمائر المنفصلة، الضمائر المتصلة، المضاف إليه، النسب...ألخ. جمل الحوار التي تحوي التراكيب اللغوية الجديدة أو جملاً أخرى نموذجية تحوي هذه التراكيب، تكتب وتوضع في نهاية الوحدة بعد المفردات الإضافية للرجوع إليها.

التدريبات (Exercises)

أعني بالتدريبات هنا التمارين والتراكيب اللغوية، أما تمارين الأصوات فتقع تحت شرح كيفية النطق. عدد ونوع التدريبات يحددها عدد ونوع المفردات والتراكيب اللغوية التي وردت في الحوار الهدف من التدريبات هو تثبيت المفردات والتراكيب اللغوية في أذهان الطلاب ومساعدتهم على فهمهما وحفظهما. لا أريد أن أحدد عدد ونوع التدريبات في طور ما ذلك لأنهما يعتمدان على نوع مادة الحوار ولكن لا بد من القول أن عدد ونوع التدريبات يتناسبان تناسباً طردياً مع تغطية الموضوع وبالتالي مع الفائدة المرجوة.

أما بالنسبة لنوع التدريبات فمن المستحسن أن تكون متنوعة وهناك أنواع كثيرة من التدريبات التبديل والبسيط المركب وذلك كأن

يطلب من الطالب تبديل كلمة أو عبارة أو أكثر من كلمة أو عبارة بكلمات أو عبارات أخرى من الكلمات والعبارات الجديدة التي وردت في الحوار أو من الكلمات أو العبارات السابقة التي يعرفها الطلاب. هذه أبسط أنواع التدريبات ولا تتطلب من الطالب مجهوداً عقلياً كبيراً. هناك نوع آخر ألا وهو التحويل وذلك كأن يحول الطالب إلى المثنى أو الجمع أو إلى المذكر أو المؤنث أو إلى النفي أو السؤال...ألخ. من المستحسن أن تكون جميع المفردات في هذه التدريبات من الحوار نفسه ومن حوارات أو دروس سابقة كان الطلاب قد درسوها وفهموها وإذا كان لا بد من إدخال بعض المفردات فيشار إلى هذه المفردات بإشارة خاصة تعني أن هذه المفردات ثانوية وللفهم فقط ولا يطالب الطالب بحفظها ولا تدرج مع المفردات التي وردت في الحوار.

في المراحل الابتدائية من المستحسن أن يكون متوسط عدد التدريبات على كل حوار عشرة وألا يقل عن ثمانية وألا يزيد عن خمسة عشر تدريباً في أي حوار. أما بالنسبة لمتوسط عدد مكونات أو بنود التدريب (Items) فأوصي بأن يكون أربعة عشر بنداً.

بعد أن ينتهي المعلم من التدريبات على الحوار يبدأ بالتهيئة لتحفيظ الطلاب للحوار، والبداية يمكن أن تكون بأن يستمع الطلاب إلى تسجيل الحوار في المختبر اللغوي أو بقراءته لهم في الصف ببطء وبوضوح تام ثم يسألهم أسئلة عن مادة الحوار. يستحسن بعد ذلك أن يكتب الحوار وتحذف منه كلمات أو عبارات ويطلب من الطلاب كتابة الحوار كله مالئين الفراغات بكلمات الحوار ويستحسن بعد ذلك تمثيل الحوار في الصف...ألخ من الطرق السليمة المتبعة في تحفيظ الحوار.

مشكلة تعليم العربية لغير الناطقين بها: حلول علمية وعملية

(Problem of Arabic Language Teaching to Non-Arabic Speaking People: Scientific and Practical Solutions)

للغة العربية في نفوس العرب جميعاً مكانة كبيرة لا تقل عن مكانة الدين الإسلامي، بل إن أي إنسان قد تسول له نفسه أن يمس اللغة العربية من قريب أو بعيد بأي أذى سوف يجد مقاومة عنيفة وهجوماً شديداً من كل عربي غيور على دينه ولغته. ولقد أدرك علماء العرب مكانة اللغة العربية في وقت مبكر جداً من صدر الإسلام، وعلموا أن المحافظ عليها محافظة على الدين الإسلامي، وأن ضياعها معناه هدم الإسلام والقضاء عليه، فأولوها كل عنايتهم، وكتبوا فيها أسفاراً قل أن تحصى، نشر بعضها وما زال الكثير من مخطوطاتها قابعاً في مكتبات العالم المختلفة، بل ويمكننا القول دون تحفظ أنه لا توجد أمة من الأمم أو شعب من الشعوب ألف في قواعد لغته بمقدار ما ألفه العرب في قواعد لغتهم، إلا أن هذه المؤلفات جميعها إنما وضعت أساساً لمن يعرف اللغة العربية مسبقاً، ومع ذلك ما زالت هذه الكتب هي التي تدرس حتى الآن في مدارسنا وجامعاتنا دون تغيير ودون تفرقة بين عربي وأجنبي.

ولقد كانت هناك محاولات متعددة من جانب المستشرقين في أوربا خصوصاً في فرنسا وألمانيا وإنجلترا لوضع كتب تلعيمية للغة العربية إلا أن الكتب التي ظهرت في هذا الجانب كان معظمها ترجمة لبعض كتب النحو العربية كالكتاب لسيبويه، المفصل للزمخشري وغيرها أو مأخوذة عنها. وقد ظهر في الآونة الأخيرة عدة محاولات لتطوير هذه الكتب بما يتلاءم ومتطلبات العصر الحديث وبما تقتضيه

ضرورة الاتصال بالعالم العربي، إلا أن هذه الكتب رغم جمال تنسيقها وجودة تبويبها ما زالت في حاجة إلى نصوص عربية تتسم بالأصالة، ولقد جاءت معظم نصوص هذه الكتب عبارة عن محاورات كتب أولاً بلغة أجنبية ثم ترجمت إلى اللغة العربية، ففقدت بذلك الأصالة والتفكير العربي. والإنسان في تعلمه للغة يحتاج قبل كل شيء إلى أن يقف على وسائل تفكير الشعب حتى يتفاعل معه ويشعر بشعوره ويحسر بإحساسه، ولن يتأتى ذلك إلا إذا كانت النصوص أصيلة ونابعة من الشعب عارضة حياته وطرق معيشته.

مشاكل تعليم اللغة (Problems of Language Teaching)

أما المشاكل الأخرى التي تواجه الأجنبي عند تعلمه اللغة العربية فأهمها ما يلي:

- ازدواجية اللغة
- الكتابة والخط العربي
- الكتاب التعليمي
- مدرس اللغة

وفيما يلي عرض لكل مشكلة على حدة بشيء من التفصيل:

المشكلة الأولى: ازدواجية اللغة

يوجد في الدول العربية في وقتنا الحاضر لغتان بينهما حاجز نفسي كبير:

الأولى: لغة مشتركة بين الدول العربية كلها، وهي اللغة العربية الفصحى "لغة الأعراب، وهذه اللغة مقصوة فقط على الكتابة بها وإلقاء الخطب وقراءة نشرات الأخبار، أي أنها (لغة تكتب ولا يتحدث بها)، ويا ويل من تحدثه نفسه أن يجرب حظه ويتحدث بها، حيث لا يسلم من لسان

العامة الخاصة على السواء.

والثانية: لغة عامية تتعدد لهجاتها في البلد الواحد بشكل ملحوظ، وناهيك عن بقية البلدان الأخرى العربية، وهذه اللغة خاصة بالحديث فقط، أي أنها (لغة يتحدث بها ولا تكتب)، ويا ويل من تحدثه نفسه بالكتابة بها أو وضع لها قواعد أو قام بتعليمها، فسوف يواجه بهجوم عنيف من كل غيور على اللغة ومن كل من يحرص على ألا يشبع استعمال اللغة العامية أن هي كتبت أو وضع لها قواعد، حتى ولو درست للأجنبي الذي يرغب في التفاهم مع الشعب.

معنى هذا أن على الأجنبي المسكين أن يتعلم لغتين، أحدآهم للكتابة والقراءة بها وهي الفصحى، والثانية للتفاهم والتحدث بها وهي العامية الدارجة.

وقد يتراءى لنا نحن العرب أن هاتين اللغتين لغة واحدة ليس بينهما سوى فرق ضئيل للغاية، ولكنهما في نظر الأجنبي لغتان مختلفان تماماً بعضها عن بعض وليس بينهما رابط سوى أنهما تابعتان من مصدر واحد.

وإذا سلمنا جدلاً أن على الأجنبي أن يتعلم لغتين هما الفصحى والعامية فبأي لغة يبدأ؟ هل يتعلم أولاً العامية ثم يتبعها بالفصحى أم بالعكس؟

إن قلنا عليه أن يتعلم العامية أولا ليتفاقم مع الشعب ثم ينتقل إلى الفصحى بعد ذلك، قلنا أي عامية يمكن أن يتعلمها؟ هل العامية المصرية (لهجة القاهرة)؟ أم العامية السورية (لهجة دمشق)؟ أم العامية المغربية لهجة الرباط)؟ وفي أي كتاب أو معهد يتعلم؟ وان قلنا عليه أولاً أن يتعلم الفصحى نرى أنه سوف ينقطع عن الناس ولا يستطيع التفاهم معهم، رغم أن الشعب هو أحسن مدرسة لإتقان اللغة والإحساس بجمالها والوقوف منه على دقائقها. وهل يستطيع أجنبي أن يحس بسحر لغة لا يستطيع التحدث بها أو يقضي بها شؤونه؟

لو كنا نستطيع وضع خطة عامة تنفذ على سنوات عديدة وتشجع العرب جميعاً على اختلاف دولهم وتعدد لهجاتهم على التخلي عن العامية وقصر حديثهم على لغة الأعراب حتى تصبح الفصحى في النهاية هي لغة الكتابة وفي نفس الوقت لغة الحديث لما احتاج الأجنبي إلا إلى تعلم لغة واحدة هي الفصحى. ولكن هذا الحل إذا كان من الممكن حقاً تنفيذه في يوم من الأيام فسوف يستمر دون ريب لعشرات من السنين. وعلى هذا فليس أمامنا في الوقت الحاضر من حل لهذه المشكلة سوى أن نقدم للأجنبي لغتين للتعليم، إحداهما للكتابة والأخرى للتحدث. ولكن بأي لغة يبدأ العامية أولاً أم الفصحى؟

وأخيراً وبعد طول تفكير قررت البدء بالعربية الفصحى، وكانت الأسباب التي دفعتني إلى ذلك ما يلي:

أولاً: العربية الفصحى لغة مكتوبة، والمكتوب أسهل في التعليم وأيسر في التحصيل من المسموع، خصوصاً إذا كان ذلك في بلد أجنبي.

ثانياً: كانت وما زالت هناك محاولات تبذل من أجل إعداد كتب تعليمية للغة العربية الفصحى، أما العامية فما زال التأليف فيها ضئيلاً ومتعثراً، وكل ما كتب فيها لا يتعدى أن يكون كتباً علمية بحتة تقتصر على عرض أصوات اللغة وشرح قواعدها بالإضافة إلى أن النصوص العربية التي ذكرت بها كلها مكتوبة بحروف لاتينية.

ثالثا: امتناع العرب عن كتابة اللغة العامية قد أفسح لها الطريق لكي تتطور دون ضابط يضبطها أو يحد من هذا التطور، وقد دخلها كثير من الكلمات الأجنبية سواء كانت تلك الكلمات أوربية أو أفريقية أو فارسية أو تركية كل حسب مكان وجودها وقد أدى ذلك إلى تباعد اللهجات عن بعضها، واتسعت الشقة بينها تبعاً لبعد مكان اللهجة عن الأخرى، لدرجة جعلت من العسير على المصري مثلاً أن يتفاهم مع أخيه المغربي، أن تحدث كل منهما بلهجته المحلية، وليس هناك من سبيل والحالة هذه سوى اللجوء إلى العربية الفصحى أو التحدث بلغة أجنبية غير العربية يعرفها الطرفان.

رابعاً: اختفاء بعض الحركات القصيرة في الوصل وظهورها في القطع ثم تقصير الحركات الطويلة بسبب غلق المقطع، وهو ما لا يحدث في العربية الفصحى فقد جعل اللغة العامية أكثر صعوبة في التعليم من العربية الفصخى، وعلى سبيل المثال كلمة "سماعة" (Sammaaa) التي لا يسمع تاء التأنيث فيها عند النطق بها غير مضافة ونطق بتاء التأنيث فيها مسموعة في حالة الإضافة، تم تقصير حركتها الطويلة وهي الألف الممدودة بسبب غلق المقطع فيقال سماعة الطبيب (samm t it-tabib) قارن بين الكلمات الجملة التالية وهي منفصلة غير مضافة ثم بينها وهي مضافة:

الطلبة، بيكتبوا، بالقلم، بيسمعو، لشرح المدرس

الطلبة بيكتبوا بالقلم بيسمعوا لشرح المدرس

It-tablaba- bi yikitbu- bi- il-qalam- wi bi yismau- li- sarh- il- mudarris.

It-tablaba bi yikitbu bi il-qalam wi byismau li- sarh- il- mudarris.

ملاحظة: اضطررت إلى كتابة المثالين السابقين أيضاً بالحروف اللاتينية لأن خصائص هذه الحروف على أن الحركات فيها تكتب بنفس حجم السواكن فيمكن بذلك رؤية سقوط الحركات القصيرة عند الوصل وأحياناً بسبب تأثير الرن، تم تقصير الحركات الطويلة عند غلق المقطع. ولجوئي في هذه الحالة إلى الحروف اللاتينية لا يقلل من أهمية الحروف العربية، فلكل حروف ميزاتها وخصائصها.

خامسا: الجملة في اللغة العامية أكثر تعقيداً منها في العربية الفصحى حيث تمتاز الأخيرة بقصر جملتها وبساطتها، ويوجد في العامية كثير من التعبيرات التي ترتبط بخلفية خاصة لا يدركها إلا من كان واقفاً على هذه الخلفية. صحيح أن مثل هذه التعبيرات موجود في كل اللغات ولكن الواضح أن العربية الفصحى هي أسهل في عباراتها وجملها وأبسط في تركيباتها من العامية، الأمر الذي جعل الفصحى أسهل بكثير في تعليمها من العامية.

كل ذلك قد دفعني إلى أن أبدأ بالعربية الفصحى. وعندما بدأت بعد ذلك تدريس اللغة العامية لم تكن النتيجة مرضية، ولم يخالفني ذلك التوفيق الذي خالفني عند قيامي بتدريس العربية الفصحى، وربما كان ذلك راجعاً إلى عدم توافر الكتب التعليمية التي تخدم اللغة العامية، وربما كان مرجع ذلك إلى اقتناعي شخصياً بعدم جدوى تدريس هذه اللهجات فلم أبذل فيها جهداً يعادل ذلك الجهد الذي بذلته عند تدريس العربية الفصحى.

المشكلة الثانية: الكتابة والخط العربي (Writing & Arabic Script)

ولهذه المشكلة شقان. الشق الأول ويتعلق بالحروف العربية وطريقة كتابتها، والشق الثاني ويتعلق بكتابة الحركات القصيرة أو عدم كتابتها أي بتشكيل الحروف. وفيما يلي تعرض المسألة بشيء من التفصيل.

طريقة الكتابة (Method of Writing)

وصول الحروف بعضها ببعض- رغم ما يضفيه على شكل الكتابة العربية من جمال- أدى إلى أن يأخذ الحرف الواحد عند الكتابة أشكالاً مختلفة. فحرف العين مثلاً له أربعة أشكال. فهو في أول الكلمة يختلف عنه إذا وقع في وسط الكلمة أو آخرها أو إذا جاء منفصلاً غير متصل بحرف آخر.

وحرف النون في أول الكلمة أو وسطها يختلف عن الباء والتاء والثاء والياء في أن النون توضع فوقها نقطة والتاء نقطتان والثاء ثلاث نقط وتضع أسفل الباء نقطة وتحت الياء نقطتان. ومشكلة وضع هذه النقط في مكانها الصحيح أي في أسفل أو أعلى الحرف وعدد هذه النقط سواء واحدة أم إثنان أم ثلاثة مشكلة يعاني منها المتعلم لشهور طويلة. ولا أود أن أبالغ كثيراً في هذه المشكلة وأهول من شأنها، فقد لوحظ رغم ذلك أن الطالب لا يعتبر ذلك مشكلة وأنه يجيد الحروف في فترة وجيزة إذا ما قيست بالفترة التي يقضيها في تعلم اللغة.

كتابة الحركات القصيرة (Writing of Short Vowels)

وهذه المشكلة لا يواجهها الأجنبي وحده بل تواجه العربي أيضاً. فالحركات في اللغة العربية الفصحى ست حركات، ثلاث منها قصار وثلاث طوال. أما الحركات القصيرة فهي الفتحة والضمة والكسرة، والحركات الطويلة، هي الفتحة الطويلة أي الألف الممدودة والضمة الطويلة أو الواو الممدودة والكسرة الطويلة أي الياء الممدوة. وقد اصطلحنا منذ أزمان طويلة على كتابة الحركات الطويلة، باستثناء بضع كلمات قديمة محفوظة لنا جميعاً مثل هذا وهذه وذلك ولكن، وكذلك بعض أسماء قديمة نكتبها تارة بالمدة وتارة أخرى بدونها مثل اسحق واسمعيل وهرون وهكذا باستثناء نصوص القرآن الكريم حيث تشكل تشكيلاً كاملاً وباستثناء بعض القصائد والدواوين الشعرية. أما كتب الأطفال فكانت في الماضي تشكل تشكيلاً كاملاً ولكننا نلاحظ في الوقت الحاضر بعض اتجاهات تميل إلى عدم تشكيل هذه الكتب أيضاً تشكيلاً كاملاً بحجة أن الطفل سوف يقرأ فيما بعد نصوصاً غير مشكلة.

ولقد كانت وما تزال مشكلة عدم كتابة الحركات القصيرة أو بتعبير آخر عدم تشكيل الحروف سبباً في ظهور أصوات تدعو إلى ضرورة تطوير الخط العربي، بل من دعاة الإصلاح من نادي باستعمال الحروف اللاتينية في الكتابة. وليس هنا مجال للتوسيع في هذه المشكلة والتعرض لجوانبها المخلتفة، ولكن من رأيي أن سبب عدم تطور الحركات القصيرة أي الفتحة والضمة والكسرة وهي التي كانت موضوعة أصلاً لحل هذه المشكلة يكمن في أننا من بادئ الأمر لم نكتب الحركات بعد الحروف كما هو الحال في اللغات الأوروبية وإنما كتبت هذه الحركات القصيرة بناء على نظرية معينة فوق الحرف أو تحته، وظلت مشكلة عدم كتابة الحركات القصيرة مشكلة هندسية ما زالت تواجه المطابع حتى الآن. حقاً فقد وجد لهذه المشكلة في وقتنا الحاضر حل عن طريق جمع الحروف بواسطة الصف الضوئي، ولكن هذه الآلات ما زالت مرتفعة الثمن ولم تبلغ بعد درجة عالية من التطور.

معنى هذا أن تلك المشكلة يمكن حلها أن تمكنا بطريقة عملية من

تشكيل النصوص تشكيلاً كاملاً، سواء كان النص مكتوباً للصغار أم للكبار، وسواء كان ذلك للأجنبي أم للعربي. وسوف يوفر علينا هذا جهداً كبيراً أثناء القراءة يمكن صرفه لتحصيل شيء آخر، وعندئذ لن يقول لنا أوربي كما كان يقول في الماضي "إننا نحن الأوربيين نقرأن لنفهم أما العربي فهو يفهم أولا ليتمكن من القراءة الصحيحة". ومن جانب آخر فإن تشكيل الحروف سوف يؤدي لا محالة إلى الوحدة اللغوية بين العرب جميعاً. وقد يقول قائل إننا نستطيع قراءة النص غير المشكل أسرع كثيراً من قراءة النصوص المشكلة، وأرد على ذلك بأن هذا قد يكون صحيحاً في بادئ الأمر، ولكننا عندما نتعود على قراءة النصوص المشكلة فسوف نلمح وضع المشكلة ونوعها بنفس السرعة التي نلمح بها مكان النقطة من الحرف هل هي فوقه أم تحته وعدد هذه النقط واحدة أم اثنان أم ثلاث، وقيامنا بتشكيل النصوص وعدم لجوئنا إلى تعبير صورة الحرف أو استبداله بحرف آخر سوف يحافظ على تراثنا الضخم المكتوب طبعاً بهذه الحروف العربية ولا يعرض هذا التراث للنسيان أو الضياع كما حدث للغة التركية عندما فضلت تركيا الحروف اللاتينية على الحروف العربية فضاع منها علم كثير، وانقطعت بسب ذلك الصلة بين تراثها القديم و الحديث.

المشكلة الثالثة: الكتاب التعليمي (Educational Book)

إذا أراد شخص أن يتعلم لغة أجنبية ويجيدها فلا يكفي مطلقاً أن يتعلم منها لغة الكتابة والقراءة فقط بل عليه أن يلم بالخطوات التالية:

- أن تصبح لديه القدرة على سماع أصوات هذه اللغة بحيث إذا سمع منها شيئاً فهم ما يسمع.
- أن يستطيع التحدث بها، وإذا تحدث بشيء منها أمكن للآخرين فهم ما ينبيغي.
- أن تكون لديه القدرة على القراءة بها مع فهم ما يقرأ.
- أن يكون قادراً على الكتابة بها بطريقة صحيحة تمكن من يقرأ له

من فهم ما يرمي إليه.

والكتاب الذي يصلح للتدريس للأجنبي هو الذي يوصلنا لهذه الأهداف الأربعة وهي القدرة على السماع والفهم والتحدث والكتابة. أما كتب النحو التي تدرس حالياً في مدارسنا الإعدادية والثانوية فلا تكفي إلا لضبط القراءة فقط ولا تصلح لتحصيل الخطوات سالفة الذكر لأنها تقتصر على شرح القاعدة النحوية مع عرض تمارين كثيرة لإجادة القاعدة. وهذه الكتب لا يمكن بالطبع الاستغناء عنها ولكننا نحتاج إليها بعد إجادة اللغة العربية.

واللغة من وجهة نظري مثل قيادة السيارة، وقواعد النحو مثل كتب القواعد النظرية للقيادة، ولا يكفي مطلقاً لمن يحفظ هذه القواعد أن يتمكن من قيادة السيارة بل لا بد له من ممارسة القيادة فعلاً لساعات طويلة وعلى فترات متقاربة حتى تصبح خطوات القيادة مجرد عمل آلي يؤديه السائق دون تفكير.

واللغة - كما يقول ابن خلدون - ملكة لسانية تكتسب بتعود النطق الصحيح وتكرار أن يؤدي ذلك إلى رسوخ الملكة وتمكنها لدى من ينطق اللغة ويترتب على ذلك أن اللغة الصحيحة تكتسب من البيئة سماعاً وقراءة وكتابة. وعلينا الآن اصطناع المناخ اللغوي الصافي لتكوين تلك الملكة ولا يتأتى ذلك إلا بوضع خطة دراسية ذكية، وأول ما جيب البدء به هو وضع الكتاب الذي يوصلنا إلى هذا الهدف.

المشكلة الرابعة: مدرس اللغة (Teacher of Language)

ليس كل مدرس يقوم بتدريس اللغة العربية يصلح للقيام بتدريسها للأجانب لأن من شرط المدرس الصالح أن يكون معداً ومهيئاً للتدريس بالطرق الحديثة المتبعة في تدريس اللغات الأجنبية بحيث يتمكن من الوصول بالطالب إلى الأهداف سالفة الذكر، وأن يكون قبل كل شيء قادراً على التحدث باللغة العربية الفصحى ويمارس الحديث بها دون سواها.

وحبذا لو كان المدرس في المرحلة الأولى من تعليم العربية للأجانب يجيد اللغة الوطنية للدارس أو يجيد لغة أخرى يعرفها الدارس حتى يتمكن من إدراك المشاكل الخاصة التي قد تعترض سبيل الدارس، وخاصة مشاكل الأصوات والحروف التي قد لا يكون لها وجود في لغته، فيعمل على تكرار تدريبه على نطقها حتى يتمكن منها، وحتى يمكنه أيضاً اطلاعه على المعنى الدقيق للكلمات والمهارات.

ترتيب فصول الكتاب التعليمي (Arrangement of Chapters)

أما عن ترتيب فصول الكتاب الذي يصلح للتدريس فيختلف في ذلك مؤلف عن آخر، كل والهدف الذي يود الوصول إليه.

ولو ألقينا نظرة سريعة على كتب النحو العربية مثلاً فسوف نجد أنها قد رتبت على أساس أن الرفع يسبق النصب، وأن النصب يسبق الجر، وبالتالي تأتي المرفوعات قبل المنصوبات والمنصوبات قبل المجرورات، بل ومن النحويين من ذهب إلى الرفع أشرف من النصب وأن النصب أشرف من الجر وهكذا.

ببيلوغرافيا

(Bibliography)

المراجع والمصادر

الكتب العربية

١. أمين موسى قنديل، أصول التربية وفن التدريس الجزء الأول.

٢. اتحاد المعلمين العرب، تطوير تعليم اللغة العربية، الخرطوم، ١٩٧٦.

٣. داؤد عبده، قائمة المفردات الشائعة، معهد اللغة العربية، الرياض ١٩٧٦.

٤. علي القاسمي، علم اللغة وصناعة المعجم، جامعة الرياض، الرياض ١٩٧٥.

٥. علي القاسمي، مختبر اللغة، دار القلم، الكويت، ١٩٧٠.

٦. كمال بشر، دراسات في علم اللغة، دار المعارف، القاهرة، ١٩٧١

٧. السيد محمد خيري وآخرون، علم النفس التربوي، جامعة الرياض، الرياض، ١٩٧٣.

٨. محمد حسين المخزنجي: طرق التربية الحديثة.

٩. محمود إسماعيل صيني، تصميم اختبارات اللغة العربية بوصفها لغة أجنبية، معهد اللغة العربية، الرياض ١٩٧٧.

١٠. هيلين باركهرست: التربية على طريقة دالتن ترجمة زكريا ميخائيل.

١١. هيوز وهيوز، التعلم والتعليم- مدخل في التربية وعلم النفس- ترجمة حسن الدجيلي، الرياض- جامعة الرياض، الرياض ١٩٧٥.

الكتب الإنكليزية

1. Allen, J.P.B. & Widdowson, H.G. (1975) Grammar and language teaching, in J.P.B. Allen and S. Pit Corder (eds.), Papers in Applied Linguistics vol. 2, London: Oxford University Press.
2. Anthony, E.M. (1972). Approach, method and technique, in H.B. Allen & R.N. Campbell (eds.) Teaching
3. Austin, John (1962). How to Do Things with Words. Cambridge, Mass.: Harvard University Press.
4. Bigge, Morris, L. (1964). Learning Theories for Teachers. N.Y.: Harper & Row.
5. Bloom, B.S. et al, (1975). Toxono Educational Objectives. N.Y.: David McKay. Bloomfield, L. (1933). Language. N.Y.: Holt, Rinehart & Winston.
6. Breen, M.P. and Candling C. (1950). The Essentials of a communicative curriculum in language teaching.
7. Brown, H. Douglas (1980). Principles of Language Learning and Teaching. Englewood Cliffs, N.Y.: Prentice-Hall Inc.
8. Goody (Ed). 1978. Questions and Politeness: Strategies in Social Interaction. Cambridge: Cambridge University Press.
9. Byrd, Donald, R.H. (1986). English Language Instruction in the Gulf Arab States, Arab Bureau of Education for the Gulf States, Riyadh, and Gulf Arab States Educational Research Centre, Kuwait.
10. Carroll, Lewis. (1972). Through the Looking Glass. Boston: Lee and Shepard.
11. Chastain, K. (1971). Developing Second Language Skills. Chicago: Rand McNally.
12. Chomsky, Noam (1965). Aspects of the Theory of Syntax. Cambridge, Mass.: MIT Press.
13. Chomsky, Noam (1966). Linguistic Theory. Northeast Conference Reports, Language Teaching: Broader Con texts. Minasha, Wisconsin.
14. Corder, S. Pit (1981). Error Analysis and Inter-language. London: Oxford University Press.
15. Dulay H.C. and Burt, M.K. (1974a).Natural Sequences in Child Second Language Acquisition. Language Learning.
16. Ervin-Tripp, S.M. (1972). On Sociolinguistic Rules: Alternation and Co-occurrence. In Gumperz & Hymes (Eds), Directions in Sociolinguistics. N.Y.: Holt, Rinehart & Winston.
17. Frake, C.O. (1975). How to enter a Yakan House. In M. Sanches and B.G. Blount (eds.) 1975.
18. Fries, Charles C. (1940). American English Grammar. New York: Appleton - Century.
19. Fries, C.C. (1945). Teaching and Learning English as a Foreign Language. Ann Arbor: University of Michigan Press.
20. Gardner, R. and Lambert, W.E. (1972). Attitudes and Motivation in Second Language Learning. Rowley, Mass: Newbury House.

21. George, H.V. (1972). Common Errors in Language Learning. Rowley, Mass: Newbury House.
22. Good enough, W.H. (1957). Cultural Anthropology and Linguistics. Georgetown University Monograph Series on Languages and Linguistics.
23. Goody, E.N. (1978). Questions and Politeness: Strategies in Social Interaction. Cambridge: Cambridge University Press.
24. Halliday, Michael (1973). Explorations in the Functions of Language. London: Edward Arnold
25. Harris, Zelig M. (1951). Methods in Structural Linguistics. Chicago: The University of Chicago Press House, J. (1979).
26. Hudson, R.A. (1980-83). Sociolinguistics. Cambridge: Cambridge University Press.
27. Hymes, Dell (1972). Models of the Interaction of Language and Social Life. In J.J. Gumperz & D.
28. Jakobovits, Leon, A. (1971): Foreign Language Learning. Rowley, Mass: Newbury House Publishers.
29. James, Carl. (1971) The Exculpation of Contrastive Linguistics, in Gerhard Nickel (ed.): Papers in Contrastive Linguistics. Cambridge: at the University Press.
30. Joos, Martin (1967). The Five Clocks. N.Y.: Hartcourt, Brace and World, Inc.
31. Kharma, N.N. (1983). A Contrastive Analysis of the Use of Verb Forms in English and Arabic. Heidelberg: Julius Groos Verlag.
32. Kharma, N.N. and A.H. Hajjaj (1988). Teaching English to Arab Students. Harlow and London: Longman.
33. Krashen, Stephen. (1982). Principles and Practice in Second Language Acquisition. Oxford: Pergamon Press.
34. Krashen, Stephen. (1985). the Input Hypothesis: Issues and Implications. London: Longman.
35. Krashen, S. & T.D. Terrell. (1983). The Natural Approach: Language Acquisition in the Classroom, Oxford: Pergamon Press and San Francisco: Alemany Press.
36. Lenneberg, Eric (1967). The Biological Foundations of Language. N.Y.: John Wiley & Sons.
37. Loveday, Leo. (1982). The Sociolinguistics of Learning and Using a Non-Native Language. Oxford: Pergamon Press.
38. Macaulay, R. (1980). Generally Speaking: How Children Learn Language. Rowley, Massachusetts: Newbury House Publishers, Inc.
39. Mackey, W. (1965). Language Teaching Analysis. London: Longman
40. Moulton, W. (1961). Linguistics and language teaching in the United States 1940-1960 in Mohrmann, C. et al (eds.). Trends in European and American Linguistics 1930- 1960. Utrecht: Spectrum Publishers.
41. Nickel, Gerhard (ed.) (1971). Papers in Contrastive Linguistics. Cambridge: at the University Press.
42. Palmer, H. (1917) & (1964). The Scientific Study and Teaching of Languages. London: Oxford University Press.

43. Pike, Kenneth L. (1954-1960). Language in Relation to a Unified Theory of the Structure of Human Behaviour. Glendale: Summer Institute of Linguistics. New edition. The Hague: Mouton 1967.
44. Porter, Don (1986). Testing in the Forcign Language Programme: Areas of Change, in Tradition and Innovation in English Language Teaching. London: Longman.
45. Pride, J.B. & Holmes, D. (eds.) (1972). Sociolinguistics. Harmondsworth: Penguin.
46. Quirk, Randolfet al. (1972). A Grammar of Contemporary English. London: Longman Group Ltd.
47. Quirk, R. & Greenbaum, S. (1973). A University Grammar of English. London: Longman Group Ltd.
48. Revell, Jane (1983). Teaching techniques for communicative English. London: Macmillan.
49. Richards, Jack C. (1971). A Non-contrastive Approach to Error Analysis. English Language Teaching,
50. Richards, Jack C. (1974). Error Analysis. London: Longman Group Ltd.
51. Rivers, Wilga (1981). Teaching Foreign Language Skills. Chicago: Chicago University Press
52. Roberts, Paul (1962). English Sentences. N.Y.: Harcourt, Brace & World Inc.
53. Roberts, Paul (1966). English Syntax. N.Y.: Harcourt, Brace & World Inc.
54. Sanches, M. & B.G. Blount (eds.) (1975). Socio-cultural Dimensions of Language Use. N.Y.: Academic Press.
55. Sapir, Edward (1921). Language N.Y.: Harcourt, Brace & World Inc.
56. Stern, H.H. (1983). Fundamental Concepts of Language Teaching. London: Oxford University Press.
57. Taylor, Barry B. (1975). The use of overgeneralization and transfer learning strategies by elementary and intermediate students in ESL. Language Learning.
58. Van Els, T., et al (1984). Applied Linguistics and the Learning and Teaching of Foreign Languages. Lon don: Oxford University Press.
59. Whorl, Benjamin L. (1956). Science and Linguistics. In J.B. Carroll (ed.) Language, Thought and Reality. Cam bridge, Mass: MIT Press.
60. Wilkins, D.A. (1972 a). Linguistics in Language Teaching. London: Edward Arnold.
61. Wilkins, David (1986). Language teaching aims: an educational and linguistic perspective, in Tradition and Innovation in English Language Teaching. Longman
62. Yalden, Janice (1983). The Communicative Syllabus Oxford: Pergamon Press.